UCRANIANO
VOCABULÁRIO

PALAVRAS MAIS ÚTEIS

PORTUGUÊS
UCRANIANO

Para alargar o seu léxico e apurar
as suas competências linguísticas

7000 palavras

Vocabulário Português-Ucraniano - 7000 palavras

Por Andrey Taranov

Os vocabulários da T&P Books destinam-se a ajudar a aprender, a memorizar, e a rever palavras estrangeiras. O dicionário é dividido em temas, cobrindo todas as principais esferas de atividades quotidianas, negócios, ciência, cultura, etc.

O processo de aprendizagem, utilizando os dicionários baseados em temáticas da T&P Books dá-lhe as seguintes vantagens:

- Informação de origem corretamente agrupada predetermina o sucesso em fases subsequentes da memorização de palavras
- Disponibilização de palavras derivadas da mesma raiz, o que permite a memorização de unidades de texto (em vez de palavras separadas)
- Pequenas unidades de palavras facilitam o processo de estabelecimento de vínculos associativos necessários para a consolidação do vocabulário
- O nível de conhecimento da língua pode ser estimado pelo número de palavras aprendidas

T&P Books Publishing
www.tpbooks.com

Este livro também está disponível em formato E-book.
Por favor visite www.tpbooks.com ou as principais livrarias on-line.

VOCABULÁRIO UCRANIANO
palavras mais úteis

Os vocabulários da T&P Books destinam-se a ajudar a aprender, a memorizar, e a rever palavras estrangeiras. O vocabulário contém mais de 7000 palavras de uso comum organizadas tematicamente.

O vocabulário contém as palavras mais comummente usadas
Recomendado como adicional para qualquer curso de línguas
Satisfaz as necessidades dos iniciados e dos alunos avançados de línguas estrangeiras
Conveniente para o uso diário, sessões de revisão e atividades de auto-teste
Permite avaliar o seu vocabulário

Características especias do vocabulário

• As palavras estão organizadas de acordo com o seu significado, e não por ordem alfabética
• As palavras são apresentadas em três colunas para facilitar os processos de revisão e auto-teste
• As palavras compostas são divididas em pequenos blocos para facilitar o processo de aprendizagem
• O vocabulário oferece uma transcrição simples e adequada de cada palavra estrangeira

O vocabulário contém 198 tópicos incluindo:

Conceitos básicos, Números, Cores, Meses, Estações do ano, Unidades de medida, Roupas & Acessórios, Alimentos & Nutrição, Restaurante, Membros da Família, Parentes, Caráter, Sentimentos, Emoções, Doenças, Cidade, Passeios, Compras, Dinheiro, Casa, Lar, Escritório, Trabalho no Escritório, Importação & Exportação, Marketing, Pesquisa de Emprego, Desportos, Educação, Computador, Internet, Ferramentas, Natureza, Países, Nacionalidades e muito mais ...

TABELA DE CONTEÚDOS

GUIA DE PRONUNCIAÇÃO

Letra	Exemplo Ucraniano	Alfabeto fonético T&P	Exemplo Português

Vogais

Letra	Exemplo Ucraniano	Alfabeto fonético T&P	Exemplo Português
А а	акт	[a]	chamar
Е е	берет	[e], [ɛ]	mover
Є є	модельєр	[ɛ]	mesquita
И и	ритм	[k]	kiwi
І і	компанія	[i]	sinónimo
Ї ї	поїзд	[ji]	gaseificada
О о	око	[ɔ]	emboço
У у	буря	[u]	bonita
Ю ю	костюм	['u]	nacional
Я я	маяк	[ja], ['a]	Himalaias

Consoantes

Letra	Exemplo Ucraniano	Alfabeto fonético T&P	Exemplo Português
Б б	бездна	[b]	barril
В в	вікно	[w]	página web
Г г	готель	[ɦ]	agora
Ґ ґ	ґудзик	[g]	gosto
Д д	дефіс	[d]	dentista
Ж ж	жанр	[ʒ]	talvez
З з	зброя	[z]	sésamo
Й й	йти	[j]	géiser
К к	крок	[k]	kiwi
Л л	лев	[l]	libra
М м	мати	[m]	magnólia
Н н	назва	[n]	natureza
П п	приз	[p]	presente
Р р	радість	[r]	riscar
С с	сон	[s]	sanita
Т т	тир	[t]	tulipa
Ф ф	фарба	[f]	safári
Х х	холод	[h]	[h] aspirada
Ц ц	церква	[ts]	tsé-tsé
Ч ч	час	[tʃ]	Tchau!
Ш ш	шуба	[ʃ]	mês
Щ щ	щука	[ɕ]	shiatsu
ь	камінь	[ʲ]	sinal suave
ъ	ім'я	[ʲ]	sinal forte

ABREVIATURAS
usadas no vocabulário

Abreviaturas do Português

adj	-	adjetivo
adv	-	advérbio
anim.	-	animado
conj.	-	conjunção
desp.	-	desporto
etc.	-	etecetra
ex.	-	por exemplo
f	-	nome feminino
f pl	-	feminino plural
fem.	-	feminino
inanim.	-	inanimado
m	-	nome masculino
m pl	-	masculino plural
m, f	-	masculino, feminino
masc.	-	masculino
mat.	-	matemática
mil.	-	militar
pl	-	plural
prep.	-	preposição
pron.	-	pronome
sb.	-	sobre
sing.	-	singular
v aux	-	verbo auxiliar
vi	-	verbo intransitivo
vi, vt	-	verbo intransitivo, transitivo
vr	-	verbo reflexivo
vt	-	verbo transitivo

Abreviaturas do Ucraniano

ж	-	nome feminino
мн	-	plural
с	-	neutro
ч	-	nome masculino

11

CONCEITOS BÁSICOS

Conceitos básicos. Parte 1

1. Pronomes

eu	я	[ja]
tu	ти	[ti]
ele	він	[win]
ela	вона	[wo'na]
ele, ela (neutro)	воно	[wo'nɔ]
nós	ми	[mɨ]
vocês	ви	[wɨ]
eles, elas	вони	[wo'nɨ]

2. Cumprimentos. Saudações. Despedidas

Olá!	Здрастуй!	['zdrastuj]
Bom dia! (formal)	Здрастуйте!	['zdrastujtɛ]
Bom dia! (de manhã)	Доброго ранку!	['dɔbroɦo 'ranku]
Boa tarde!	Добрий день!	['dɔbrij dɛnʲ]
Boa noite!	Добрий вечір!	['dɔbrij 'wɛʧir]
cumprimentar (vt)	вітатися	[wi'tatisʲa]
Olá!	Привіт!	[pri'wit]
saudação (f)	привітання (c)	[priwi'tanʲa]
saudar (vt)	вітати	[wi'tati]
Como vai?	Як справи?	[jak 'sprawɨ]
Como vai?	Як у вас справи?	[jak u was 'sprawɨ]
O que há de novo?	Що нового?	[ɕo no'wɔɦo]
Até à vista!	До побачення!	[do po'batʃɛnʲa]
Até breve!	До скорої зустрічі!	[do 'skɔrojɨ 'zustritʃi!]
Adeus! (sing.)	Прощавай!	[proɕa'waj]
Adeus! (pl)	Прощавайте!	[proɕa'wajtɛ]
despedir-se (vr)	прощатися	[pro'ɕatisʲa]
Até logo!	Бувай!	[bu'waj]
Obrigado! -a!	Дякую!	['dʲakuʲu]
Muito obrigado! -a!	Щиро дякую!	['ɕiro 'dʲakuʲu]
De nada	Будь ласка	[budʲ 'laska]
Não tem de quê	Не варто подяки	[nɛ 'warto po'dʲaki]
De nada	Нема за що	[nɛ'ma za ɕo]
Desculpa!	Вибач!	['wibatʃ]
Desculpe!	Вибачте!	['wibatʃtɛ]

desculpar (vt)	вибачати	[wiba'tʃati]
desculpar-se (vr)	вибачатися	[wiba'tʃatisʲa]
As minhas desculpas	Мої вибачення	[moɨ 'wibatʃɛnʲa]
Desculpe!	Вибачте!	['wibatʃtɛ]
perdoar (vt)	вибачати	[wiba'tʃati]
por favor	будь ласка	[budʲ 'laska]

Não se esqueça!	Не забудьте!	[nɛ za'budʲtɛ]
Certamente! Claro!	Звичайно!	[zwi'tʃajno]
Claro que não!	Звичайно ні!	[zwi'tʃajno ni]
Está bem! De acordo!	Згоден!	['zɦɔdɛn]
Basta!	Досить!	['dɔsitʲ]

3. Números cardinais. Parte 1

zero	нуль	[nulʲ]
um	один	[o'din]
dois	два	[dwa]
três	три	[tri]
quatro	чотири	[tʃo'tiri]

cinco	п'ять	[pʲʲatʲ]
seis	шість	[ʃistʲ]
sete	сім	[sim]
oito	вісім	['wisim]
nove	дев'ять	['dɛwʲʲatʲ]

dez	десять	['dɛsʲatʲ]
onze	одинадцять	[odi'nadtsʲatʲ]
doze	дванадцять	[dwa'nadtsʲatʲ]
treze	тринадцять	[tri'nadtsʲatʲ]
catorze	чотирнадцять	[tʃotir'nadtsʲatʲ]

quinze	п'ятнадцять	[pʲʲat'nadtsʲatʲ]
dezasseis	шістнадцять	[ʃist'nadtsʲatʲ]
dezassete	сімнадцять	[sim'nadtsʲatʲ]
dezoito	вісімнадцять	[wisim'nadtsʲatʲ]
dezanove	дев'ятнадцять	[dɛwʲʲat'nadtsʲatʲ]

vinte	двадцять	['dwadtsʲatʲ]
vinte e um	двадцять один	['dwadtsʲatʲ o'din]
vinte e dois	двадцять два	['dwadtsʲatʲ dwa]
vinte e três	двадцять три	['dwadtsʲatʲ tri]

trinta	тридцять	['tridtsʲatʲ]
trinta e um	тридцять один	['tridtsʲatʲ o'din]
trinta e dois	тридцять два	['tridtsʲatʲ dwa]
trinta e três	тридцять три	['tridtsʲatʲ tri]

quarenta	сорок	['sɔrok]
quarenta e um	сорок один	['sɔrok o'din]
quarenta e dois	сорок два	['sɔrok dwa]
quarenta e três	сорок три	['sɔrok tri]
cinquenta	п'ятдесят	[pʲʲatdɛ's'ʲat]

cinquenta e um	п'ятдесят один	[pʲatdɛ'sʲat o'din]
cinquenta e dois	п'ятдесят два	[pʲatdɛ'sʲat dwa]
cinquenta e três	п'ятдесят три	[pʲatdɛ'sʲat tri]
sessenta	шістдесят	[ʃizdɛ'sʲat]
sessenta e um	шістдесят один	[ʃizdɛ'sʲat o'din]
sessenta e dois	шістдесят два	[ʃizdɛ'sʲat dwa]
sessenta e três	шістдесят три	[ʃizdɛ'sʲat tri]
setenta	сімдесят	[simdɛ'sʲat]
setenta e um	сімдесят один	[simdɛ'sʲat odin]
setenta e dois	сімдесят два	[simdɛ'sʲat dwa]
setenta e três	сімдесят три	[simdɛ'sʲat tri]
oitenta	вісімдесят	[wisimdɛ'sʲat]
oitenta e um	вісімдесят один	[wisimdɛ'sʲat o'din]
oitenta e dois	вісімдесят два	[wisimdɛ'sʲat dwa]
oitenta e três	вісімдесят три	[wisimdɛ'sʲat tri]
noventa	дев'яносто	[dɛwʲa'nɔsto]
noventa e um	дев'яносто один	[dɛwʲa'nɔsto o'din]
noventa e dois	дев'яносто два	[dɛwʲa'nɔsto dwa]
noventa e três	дев'яносто три	[dɛwʲa'nɔsto tri]

4. Números cardinais. Parte 2

cem	сто	[sto]
duzentos	двісті	['dwisti]
trezentos	триста	['trista]
quatrocentos	чотириста	[tʃo'tirista]
quinhentos	п'ятсот	[pʲa'tsɔt]
seiscentos	шістсот	[ʃist'sɔt]
setecentos	сімсот	[sim'sɔt]
oitocentos	вісімсот	[wisim'sɔt]
novecentos	дев'ятсот	[dɛwʲa'tsɔt]
mil	тисяча	['tisʲatʃa]
dois mil	дві тисячі	[dwi 'tisʲatʃi]
três mil	три тисячі	[tri 'tisʲatʃi]
dez mil	десять тисяч	['dɛsʲatʲ 'tisʲatʃ]
cem mil	сто тисяч	[sto 'tisʲatʃ]
um milhão	мільйон (ч)	[milʲ'jɔn]
mil milhões	мільярд (ч)	[mi'ljard]

5. Números. Frações

fração (f)	дріб (ч)	[drib]
um meio	одна друга	[od'na 'druɦa]
um terço	одна третя	[od'na 'trɛtʲa]
um quarto	одна четверта	[od'na tʃɛt'wɛrta]
um oitavo	одна восьма	[od'na 'wɔsʲma]

um décimo	одна десята	[od'na dɛ'sʲata]
dois terços	дві третіх	[dwi 'trɛtih]
três quartos	три четвертих	[trɨ tʃɛt'wɛrtih]

6. Números. Operações básicas

subtração (f)	віднімання (c)	[widni'manʲa]
subtrair (vi, vt)	віднімати	[widni'mati]
divisão (f)	ділення (c)	['dilɛnʲa]
dividir (vt)	ділити	[di'liti]

adição (f)	додавання (c)	[doda'wanʲa]
somar (vt)	додати	[do'dati]
adicionar (vt)	прибавляти	[pribaw'lʲati]
multiplicação (f)	множення (c)	['mnɔʒɛnʲa]
multiplicar (vt)	множити	['mnɔʒiti]

7. Números. Diversos

algarismo, dígito (m)	цифра (ж)	['tsifra]
número (m)	число (c)	[tʃis'lo]
numeral (m)	числівник (ч)	[tʃis'liwnɨk]
menos (m)	мінус (ч)	['minus]
mais (m)	плюс (ч)	[plʲus]
fórmula (f)	формула (ж)	['formula]

cálculo (m)	обчислення (c)	[ob'tʃislɛnʲa]
contar (vt)	рахувати	[rahu'wati]
calcular (vt)	підраховувати	[pidra'howuwati]
comparar (vt)	порівнювати	[po'riwnʲuwati]

Quanto, -os, -as?	Скільки?	['skilʲki]
soma (f)	сума (ж)	['suma]
resultado (m)	результат (ч)	[rɛzulʲ'tat]
resto (m)	залишок (ч)	['zaliʃok]
alguns, algumas ...	декілька	['dɛkilʲka]
um pouco de ...	небагато...	[nɛba'hato]
resto (m)	решта (ж)	['rɛʃta]
um e meio	півтора	[piwto'ra]
dúzia (f)	дюжина (ж)	['dʲuʒina]

ao meio	навпіл	['nawpil]
em partes iguais	порівну	['poriwnu]
metade (f)	половина (ж)	[polo'wina]
vez (f)	раз (ч)	[raz]

8. Os verbos mais importantes. Parte 1

| abrir (vt) | відчинити | [widtʃi'niti] |
| acabar, terminar (vt) | закінчувати | [za'kintʃuwati] |

aconselhar (vt)	радити	['raditi]
adivinhar (vt)	вгадати	[wha'dati]
advertir (vt)	попереджувати	[popɛ'rɛdʒuwati]
ajudar (vt)	допомагати	[dopoma'ɦati]
almoçar (vi)	обідати	[o'bidati]
alugar (~ um apartamento)	зняти	['znʲati]
amar (vt)	кохати	[ko'hati]
ameaçar (vt)	погрожувати	[poɦ'rɔʒuwati]
anotar (escrever)	записувати	[za'pisuwati]
apanhar (vt)	ловити	[lo'wɨti]
apressar-se (vr)	поспішати	[pospi'ʃati]
arrepender-se (vr)	жалкувати	[ʒalku'wati]
assinar (vt)	підписувати	[pid'pisuwati]
atirar, disparar (vi)	стріляти	[stri'lʲati]
brincar (vi)	жартувати	[ʒartu'wati]
brincar, jogar (crianças)	грати	['ɦrati]
buscar (vt)	шукати	[ʃu'kati]
caçar (vi)	полювати	[polʲu'wati]
cair (vi)	падати	['padati]
cavar (vt)	рити	['riti]
cessar (vt)	припиняти	[pripi'nʲati]
chamar (~ por socorro)	кликати	['klɨkati]
chegar (vi)	приїжджати	[prijiz'zati]
chorar (vi)	плакати	['plakati]
começar (vt)	починати	[potʃi'nati]
comparar (vt)	порівнювати	[po'riwnʲuwati]
compreender (vt)	розуміти	[rozu'miti]
concordar (vi)	погоджуватися	[po'ɦɔdʒuwatisʲa]
confiar (vt)	довіряти	[dowi'rʲati]
confundir (equivocar-se)	плутати	['plutati]
conhecer (vt)	знати	['znati]
contar (fazer contas)	лічити	[li'tʃiti]
contar com (esperar)	розраховувати на...	[rozra'ɦowuwatɨ na]
continuar (vt)	продовжувати	[pro'dɔwʒuwati]
controlar (vt)	контролювати	[kontrolʲu'wati]
convidar (vt)	запрошувати	[za'prɔʃuwati]
correr (vi)	бігти	['biɦti]
criar (vt)	створити	[stwo'riti]
custar (vt)	коштувати	['kɔʃtuwati]

9. Os verbos mais importantes. Parte 2

dar (vt)	давати	[da'wati]
dar uma dica	підказати	[pidka'zati]
decorar (enfeitar)	прикрашати	[prikra'ʃati]
defender (vt)	захищати	[zahi'ɕati]
deixar cair (vt)	упускати	[upus'kati]

descer (para baixo)	спускатися	[spus'katisʲa]
desculpar (vt)	вибачати	[wiba'tʃati]
desculpar-se (vr)	вибачатися	[wiba'tʃatisʲa]
dirigir (~ uma empresa)	керувати	[kɛru'wati]
discutir (notícias, etc.)	обговорювати	[obɦo'worʲuwati]
dizer (vt)	сказати	[ska'zati]
duvidar (vt)	сумніватися	[sumni'watisʲa]
encontrar (achar)	знаходити	[zna'hɔditi]
enganar (vt)	обманювати	[ob'manʲuwati]
entrar (na sala, etc.)	входити	['whɔditi]
enviar (uma carta)	відправляти	[widpraw'lʲati]
errar (equivocar-se)	помилятися	[pomi'lʲatisʲa]
escolher (vt)	вибирати	[wibi'rati]
esconder (vt)	ховати	[ho'wati]
escrever (vt)	писати	[pɨ'sati]
esperar (o autocarro, etc.)	чекати	[tʃɛ'kati]
esperar (ter esperança)	сподіватися	[spodi'watisʲa]
esquecer (vt)	забувати	[zabu'wati]
estudar (vt)	вивчати	[wiw'tʃati]
exigir (vt)	вимагати	[wima'hati]
existir (vi)	існувати	[isnu'wati]
explicar (vt)	пояснювати	[poʲasnʲuwati]
falar (vi)	говорити	[ɦowo'riti]
faltar (clases, etc.)	пропускати	[propus'kati]
fazer (vt)	робити	[ro'biti]
gabar-se, jactar-se (vr)	хвалитися	[hwa'litisʲa]
gostar (apreciar)	подобатися	[po'dobatisʲa]
gritar (vi)	кричати	[kri'tʃati]
guardar (cartas, etc.)	зберігати	[zbɛri'hati]
informar (vt)	інформувати	[informu'wati]
insistir (vi)	наполягати	[napolʲa'hati]
insultar (vt)	ображати	[obra'ʒati]
interessar-se (vr)	цікавитися	[tsi'kawitisʲa]
ir (a pé)	йти	[jti]
ir nadar	купатися	[ku'patisʲa]
jantar (vi)	вечеряти	[wɛ'tʃɛrʲati]

10.   Os verbos mais importantes. Parte 3

ler (vt)	читати	[tʃi'tati]
libertar (cidade, etc.)	звільняти	[zwilʲ'nʲati]
matar (vt)	убивати	[ubi'wati]
mencionar (vt)	згадувати	['zɦaduwati]
mostrar (vt)	показувати	[po'kazuwati]
mudar (modificar)	змінювати	['zminʲuwati]
nadar (vi)	плавати	['plawati]
negar-se a ...	відмовлятися	[widmow'lʲatisʲa]

objetar (vt)	заперечувати	[zapɛ'rɛtʃuwati]
observar (vt)	спостерігати	[spostɛri'ɦati]
ordenar (mil.)	наказувати	[na'kazuwati]
ouvir (vt)	чути	['tʃuti]
pagar (vt)	платити	[pla'titi]
parar (vi)	зупинятися	[zupi'nʲatisʲa]
participar (vi)	брати участь	['bratɨ 'utʃastʲ]
pedir (comida)	замовляти	[zamow'lʲati]
pedir (um favor, etc.)	просити	[pro'siti]
pegar (tomar)	брати	['brati]
pensar (vt)	думати	['dumati]
perceber (ver)	помічати	[pomi'tʃati]
perdoar (vt)	прощати	[pro'ɕati]
perguntar (vt)	запитувати	[za'pituwati]
permitir (vt)	дозволяти	[dozwo'lʲati]
pertencer a …	належати	[na'lɛʒati]
planear (vt)	планувати	[planu'wati]
possuir (vt)	володіти	[wolo'diti]
preferir (vt)	воліти	[wo'liti]
preparar (vt)	готувати	[ɦotu'wati]
prever (vt)	передбачити	[pɛrɛd'batʃiti]
prometer (vt)	обіцяти	[obi'tsʲati]
pronunciar (vt)	вимовляти	[wimow'lʲati]
propor (vt)	пропонувати	[proponu'wati]
punir (castigar)	покарати	[poka'rati]

11. Os verbos mais importantes. Parte 4

quebrar (vt)	ламати	[la'mati]
queixar-se (vr)	скаржитися	['skarʒitisʲa]
querer (desejar)	хотіти	[ho'titi]
recomendar (vt)	рекомендувати	[rɛkomɛndu'wati]
repetir (dizer outra vez)	повторювати	[pow'tɔrʲuwati]
repreender (vt)	лаяти	['laʲati]
reservar (~ um quarto)	резервувати	[rɛzɛrwu'wati]
responder (vt)	відповідати	[widpowi'dati]
rezar, orar (vi)	молитися	[mo'litisʲa]
rir (vi)	сміятися	[smi'ʲatisʲa]
roubar (vt)	красти	['krasti]
saber (vt)	знати	['znati]
sair (~ de casa)	виходити	[wi'hɔditi]
salvar (vt)	рятувати	[rʲatu'wati]
seguir …	іти слідом	[i'tɨ 'slidom]
sentar-se (vr)	сідати	[si'dati]
ser necessário	бути потрібним	['buti po'tribnim]
ser, estar	бути	['buti]
significar (vt)	означати	[ozna'tʃati]

sorrir (vi)	посміхатися	[posmi'hatisʲa]
subestimar (vt)	недооцінювати	[nɛdoo'tsinʲuwati]
surpreender-se (vr)	дивуватись	[diwu'watisʲ]
tentar (vt)	пробувати	['prɔbuwati]
ter (vt)	мати	['mati]
ter fome	хотіти їсти	[ho'titi 'jisti]
ter medo	боятися	[boʲʲatisʲa]
ter sede	хотіти пити	[ho'titi 'piti]
tocar (com as mãos)	торкати	[tor'kati]
tomar o pequeno-almoço	снідати	['snidati]
trabalhar (vi)	працювати	[pratsʲu'wati]
traduzir (vt)	перекладати	[pɛrɛkla'dati]
unir (vt)	об'єднувати	[o'bʲɛdnuwati]
vender (vt)	продавати	[proda'wati]
ver (vt)	бачити	['batʃiti]
virar (ex. ~ à direita)	повертати	[powɛr'tati]
voar (vi)	летіти	[lɛ'titi]

12. Cores

cor (f)	колір (ч)	['kɔlir]
matiz (m)	відтінок (ч)	[wid'tinok]
tom (m)	тон (ч)	[ton]
arco-íris (m)	веселка (ж)	[wɛ'sɛlka]
branco	білий	['bilij]
preto	чорний	['tʃɔrnij]
cinzento	сірий	['sirij]
verde	зелений	[zɛ'lɛnij]
amarelo	жовтий	['ʒɔwtij]
vermelho	червоний	[tʃɛr'wɔnij]
azul	синій	['sinij]
azul claro	блакитний	[bla'kitnij]
rosa	рожевий	[ro'ʒɛwij]
laranja	помаранчевий	[poma'rantʃɛwij]
violeta	фіолетовий	[fio'lɛtowij]
castanho	коричневий	[ko'ritʃnɛwij]
dourado	золотий	[zolo'tij]
prateado	сріблястий	[srib'lʲastij]
bege	бежевий	['bɛʒɛwij]
creme	кремовий	['krɛmowij]
turquesa	бірюзовий	[birʲu'zɔwij]
vermelho cereja	вишневий	[wiʃ'nɛwij]
lilás	бузковий	[buz'kɔwij]
carmesim	малиновий	[ma'linowij]
claro	світлий	['switlij]
escuro	темний	['tɛmnij]

vivo	яскравий	[jas'krawij]
de cor	кольоровий	[kolʲo'rɔwij]
a cores	кольоровий	[kolʲo'rɔwij]
preto e branco	чорно-білий	['t͡ʃorno 'bilij]
unicolor	однобарвний	[odno'barwnij]
multicor	різнобарвний	[rizno'barwnij]

13. Questões

Quem?	Хто?	[hto]
Que?	Що?	[ɕo]
Onde?	Де?	[dɛ]
Para onde?	Куди?	[ku'di]
De onde?	Звідки?	['zwidki]
Quando?	Коли?	[ko'l<i]
Para quê?	Навіщо?	[na'wiɕo]
Porquê?	Чому?	[t͡ʃo'mu]

Para quê?	Для чого?	[dlʲa 't͡ʃɔɦo]
Como?	Як?	[jak]
Qual?	Який?	[ja'kij]
Qual? (entre dois ou mais)	Котрий?	[kot'rij]

A quem?	Кому?	[ko'mu]
Sobre quem?	Про кого?	[pro 'kɔɦo]
Do quê?	Про що?	[pro ɕo]
Com quem?	З ким?	[z kim]

Quanto, -os, -as?	Скільки?	['skilʲki]
De quem? (masc.)	Чий?	[t͡ʃij]
De quem é? (fem.)	Чия?	[t͡ʃiʲ'a]
De quem são? (pl)	Чиї?	['t͡ʃijiʲ]

14. Palavras funcionais. Advérbios. Parte 1

Onde?	Де?	[dɛ]
aqui	тут	[tut]
lá, ali	там	[tam]

| em algum lugar | десь | [dɛsʲ] |
| em lugar nenhum | ніде | [ni'dɛ] |

| ao pé de … | біля | ['bilʲa] |
| ao pé da janela | біля вікна | ['bilʲa wik'na] |

Para onde?	Куди?	[ku'di]
para cá	сюди	[sʲu'di]
para lá	туди	[tu'di]
daqui	звідси	['zwidsi]
de lá, dali	звідти	['zwidti]
perto	близько	['blizʲko]
longe	далеко	[da'lɛko]

perto de …	біля	['bilʲa]
ao lado de	поряд	['porʲad]
perto, não fica longe	недалеко	[nɛda'lɛko]
esquerdo	лівий	['liwɨj]
à esquerda	зліва	['zliwa]
para esquerda	ліворуч	[li'worutʃ]
direito	правий	['prawɨj]
à direita	справа	['sprawa]
para direita	праворуч	[pra'worutʃ]
à frente	спереду	['spɛrɛdu]
da frente	передній	[pɛ'rɛdnij]
em frente (para a frente)	уперед	[upɛ'rɛd]
atrás de …	позаду	[po'zadu]
por detrás (vir ~)	ззаду	['zzadu]
para trás	назад	[na'zad]
meio (m), metade (f)	середина (ж)	[sɛ'rɛdɨna]
no meio	посередині	[posɛ'rɛdini]
de lado	збоку	['zbɔku]
em todo lugar	скрізь	[skrizʲ]
ao redor (olhar ~)	навколо	[naw'kɔlo]
de dentro	зсередини	[zsɛ'rɛdinɨ]
para algum lugar	кудись	[ku'disʲ]
diretamente	прямо	['prʲamo]
de volta	назад	[na'zad]
de algum lugar	звідки-небудь	['zwidkɨ 'nɛbudʲ]
de um lugar	звідкись	['zwidkisʲ]
em primeiro lugar	по-перше	[po 'pɛrʃɛ]
em segundo lugar	по-друге	[po 'druɦɛ]
em terceiro lugar	по-третє	[po 'trɛtɛ]
de repente	раптом	['raptom]
no início	спочатку	[spo'tʃatku]
pela primeira vez	уперше	[u'pɛrʃɛ]
muito antes de …	задовго до…	[za'dɔwɦo do]
de novo, novamente	заново	['zanowo]
para sempre	назовсім	[na'zɔwsim]
nunca	ніколи	[ni'kɔlɨ]
de novo	знову	['znɔwu]
agora	тепер	[tɛ'pɛr]
frequentemente	часто	['tʃasto]
então	тоді	[to'di]
urgentemente	терміново	[tɛrmi'nɔwo]
usualmente	звичайно	[zwi'tʃajno]
a propósito, …	до речі,…	[do 'rɛtʃi]
é possível	можливо	[mɔʒ'lɨwo]

provavelmente	мабуть	[ma'butʲ]
talvez	може бути	['mɔʒɛ 'buti]
além disso, …	крім того,…	[krim 'tɔɦo]
por isso …	тому	['tomu]
apesar de …	незважаючи на…	[nɛzwa'ʒaʲutʃɨ na]
graças a …	завдяки…	[zawdʲa'kɨ]

que (pron.)	що	[ɕo]
que (conj.)	що	[ɕo]
algo	щось	[ɕosʲ]
alguma coisa	що-небудь	[ɕo 'nɛbudʲ]
nada	нічого	[ni'tʃɔɦo]

quem	хто	[hto]
alguém (~ teve uma ideia …)	хтось	[htosʲ]
alguém	хто-небудь	[hto 'nɛbudʲ]

ninguém	ніхто	[nih'tɔ]
para lugar nenhum	нікуди	['nikudɨ]
de ninguém	нічий	[ni'tʃij]
de alguém	чий-небудь	[tʃij 'nɛbudʲ]

tão	так	[tak]
também (gostaria ~ de …)	також	[ta'kɔʒ]
também (~ eu)	теж	[tɛʒ]

15. Palavras funcionais. Advérbios. Parte 2

Porquê?	Чому?	[tʃo'mu]
por alguma razão	чомусь	[tʃo'musʲ]
porque …	тому, що…	['tomu, ɕo …]
por qualquer razão	навіщось	[na'wiɕosʲ]

e (tu ~ eu)	і	[i]
ou (ser ~ não ser)	або	[a'bɔ]
mas (porém)	але	[a'lɛ]
para (~ a minha mãe)	для	[dlʲa]

demasiado, muito	занадто	[za'nadto]
só, somente	тільки	['tilʲki]
exatamente	точно	['tɔtʃno]
cerca de (~ 10 kg)	близько	['blizʲko]

aproximadamente	приблизно	[prib'lizno]
aproximado	приблизний	[prib'liznij]
quase	майже	['majʒɛ]
resto (m)	решта (ж)	['rɛʃta]

o outro (segundo)	інший	['inʃij]
outro	інший	['inʃij]
cada	кожен	['kɔʒɛn]
qualquer	будь-який	[budʲ ja'kij]
muitos, muitas	багато	[ba'ɦato]
muito	багато	[ba'ɦato]

muito	багато	[ba'ɦato]
muitas pessoas	багато хто	[ba'ɦato hto]
todos	всі	[wsi]

em troca de …	в обмін на…	[w 'ɔbmin na]
em troca	натомість	[na'tɔmistʲ]
à mão	вручну	[wrutʃ'nu]
pouco provável	навряд чи	[naw'rʲad ʧi]

provavelmente	мабуть	[ma'butʲ]
de propósito	навмисно	[naw'misno]
por acidente	випадково	[wipad'kɔwo]

muito	дуже	['duʒɛ]
por exemplo	наприклад	[na'priklad]
entre	між	[miʒ]
entre (no meio de)	серед	['sɛrɛd]
tanto	стільки	['stilʲki]
especialmente	особливо	[osob'liwo]

Conceitos básicos. Parte 2

16. Opostos

rico	багатий	[ba'ɦatij]
pobre	бідний	['bidnij]
doente	хворий	['hwɔrij]
são	здоровий	[zdo'rɔwij]
grande	великий	[wɛ'lɨkij]
pequeno	маленький	[ma'lɛnʲkij]
rapidamente	швидко	['ʃwɨdko]
lentamente	повільно	[po'wilʲno]
rápido	швидкий	[ʃwɨd'kij]
lento	повільний	[po'wilʲnij]
alegre	веселий	[wɛ'sɛlij]
triste	сумний	[sum'nij]
juntos	разом	['razom]
separadamente	окремо	[ok'rɛmo]
em voz alta (ler ~)	вголос	['wɦɔlos]
para si (em silêncio)	про себе	[pro 'sɛbɛ]
alto	високий	[wi'sɔkij]
baixo	низький	[nizʲ'kij]
profundo	глибокий	[ɦlɨ'bɔkij]
pouco fundo	мілкий	[mil'kij]
sim	так	[tak]
não	ні	[ni]
distante (no espaço)	далекий	[da'lɛkij]
próximo	близький	[blizʲ'kij]
longe	далеко	[da'lɛko]
perto	поруч	['pɔrutʃ]
longo	довгий	['dɔwɦij]
curto	короткий	[ko'rɔtkij]
bom, bondoso	добрий	['dɔbrij]
mau	злий	['zlij]

casado	одружений	[od'ruʒɛnij]
solteiro	холостий	[holos'tij]
proibir (vt)	заборонити	[zaboro'niti]
permitir (vt)	дозволити	[doz'wɔliti]
fim (m)	кінець (ч)	[ki'nɛʦ]
começo (m)	початок (ч)	[po'tʃatok]
esquerdo	лівий	['liwij]
direito	правий	['prawij]
primeiro	перший	['pɛrʃij]
último	останній	[os'tanij]
crime (m)	злочин (ч)	['zlɔtʃin]
castigo (m)	кара (ж)	['kara]
ordenar (vt)	наказати	[naka'zati]
obedecer (vt)	підкоритися	[pidko'ritisʲa]
reto	прямий	[prʲa'mij]
curvo	кривий	[kri'wij]
paraíso (m)	рай (ч)	[raj]
inferno (m)	пекло (с)	['pɛklo]
nascer (vi)	народитися	[naro'ditisʲa]
morrer (vi)	померти	[po'mɛrti]
forte	сильний	['siɫʲnij]
fraco, débil	слабкий	[slab'kij]
idoso	старий	[sta'rij]
jovem	молодий	[molo'dij]
velho	старий	[sta'rij]
novo	новий	[no'wij]
duro	твердий	[twɛr'dij]
mole	м'який	[mʲa'kij]
tépido	теплий	['tɛplij]
frio	холодний	[ho'lɔdnij]
gordo	товстий	[tows'tij]
magro	худий	[hu'dij]
estreito	вузький	[wuzʲ'kij]
largo	широкий	[ʃi'rɔkij]
bom	добрий	['dɔbrij]
mau	поганий	[po'ɦanij]
valente	хоробрий	[ho'rɔbrij]
cobarde	боягузливий	[boja'ɦuzliwij]

17. Dias da semana

segunda-feira (f)	понеділок (ч)	[poneˈdilok]
terça-feira (f)	вівторок (ч)	[wiwˈtɔrok]
quarta-feira (f)	середа (ж)	[sɛrɛˈda]
quinta-feira (f)	четвер (ч)	[tʃɛtˈwɛr]
sexta-feira (f)	п'ятниця (ж)	[ˈpʲatnitsʲa]
sábado (m)	субота (ж)	[suˈbɔta]
domingo (m)	неділя (ж)	[nɛˈdilʲa]
hoje	сьогодні	[sʲoˈhɔdni]
amanhã	завтра	[ˈzawtra]
depois de amanhã	післязавтра	[pislʲaˈzawtra]
ontem	вчора	[ˈwtʃɔra]
anteontem	позавчора	[pozawˈtʃɔra]
dia (m)	день (ч)	[dɛnʲ]
dia (m) de trabalho	робочий день (ч)	[roˈbɔtʃij dɛnʲ]
feriado (m)	святковий день (ч)	[swʲatˈkɔwij dɛnʲ]
dia (m) de folga	вихідний день (ч)	[wihidˈnij dɛnʲ]
fim (m) de semana	вихідні (мн)	[wihidˈni]
o dia todo	весь день	[wɛsʲ dɛnʲ]
no dia seguinte	на наступний день	[na naˈstupnij dɛnʲ]
há dois dias	2 дні тому	[dwa dni ˈtɔmu]
na véspera	напередодні	[napɛrɛˈdɔdni]
diário	щоденний	[ɕoˈdɛnij]
todos os dias	щодня	[ɕodˈnʲa]
semana (f)	тиждень (ч)	[ˈtiʒdɛnʲ]
na semana passada	на минулому тижні	[na miˈnulomu ˈtiʒni]
na próxima semana	на наступному тижні	[na naˈstupnomu ˈtiʒni]
semanal	щотижневий	[ɕotiʒˈnɛwij]
cada semana	щотижня	[ɕoˈtiʒnʲa]
duas vezes por semana	два рази на тиждень	[dwa ˈrazi na ˈtiʒdɛnʲ]
cada terça-feira	кожен вівторок	[ˈkɔʒɛn wiwˈtɔrok]

18. Horas. Dia e noite

manhã (f)	ранок (ч)	[ˈranok]
de manhã	вранці	[ˈwrantsi]
meio-dia (m)	полудень (ч)	[ˈpɔludɛnʲ]
à tarde	після обіду	[ˈpislʲa oˈbidu]
noite (f)	вечір (ч)	[ˈwɛtʃir]
à noite (noitinha)	увечері	[uˈwɛtʃɛri]
noite (f)	ніч (ж)	[nitʃ]
à noite	уночі	[unoˈtʃi]
meia-noite (f)	північ (ж)	[ˈpiwnitʃ]
segundo (m)	секунда (ж)	[sɛˈkunda]
minuto (m)	хвилина (ж)	[hwiˈlina]
hora (f)	година (ж)	[hoˈdina]

meia hora (f)	півгодини (мн)	[piwɦo'dɨnɨ]
quarto (m) de hora	чверть (ж) години	[ʧwɛrtʲ ɦo'dɨnɨ]
quinze minutos	15 хвилин	[pʲʲat'nadtsʲatʲ hwɨ'lin]
vinte e quatro horas	доба (ж)	[do'ba]

nascer (m) do sol	схід (ч) сонця	[shid 'sɔntsʲa]
amanhecer (m)	світанок (ч)	[swi'tanok]
madrugada (f)	ранній ранок (ч)	['ranij 'ranok]
pôr do sol (m)	захід (ч)	['zahid]

de madrugada	рано вранці	['rano 'wrantsi]
hoje de manhã	сьогодні вранці	[sʲo'ɦɔdni 'wrantsi]
amanhã de manhã	завтра вранці	['zawtra 'wrantsi]

hoje à tarde	сьогодні вдень	[sʲo'ɦɔdni wdɛnʲ]
à tarde	після обіду	['pislʲa o'bidu]
amanhã à tarde	завтра після обіду	['zawtra 'pislʲa o'bidu]

| hoje à noite | сьогодні увечері | [sʲo'ɦɔdni u'wɛʧɛri] |
| amanhã à noite | завтра увечері | ['zawtra u'wɛʧɛri] |

às três horas em ponto	рівно о третій годині	['riwno o t'rɛtij ɦo'dɨnɨ]
por volta das quatro	біля четвертої години	['bilʲa ʧɛt'wɛrtoji ɦo'dɨnɨ]
às doze	до дванадцятої години	[do dwa'nadtsʲatoji ɦo'dɨnɨ]

dentro de vinte minutos	за двадцять хвилин	[za 'dwadtsʲatʲ hwɨ'lin]
dentro duma hora	за годину	[za ɦo'dɨnu]
a tempo	вчасно	['wʧasno]

menos um quarto	без чверті	[bɛz 'ʧwɛrti]
durante uma hora	протягом години	['prɔtʲaɦom ɦo'dɨnɨ]
a cada quinze minutos	кожні п'ятнадцять хвилин	['kɔʒni pʲʲat'nadtsʲatʲ hwɨ'lin]
as vinte e quatro horas	цілодобово	[tsilodo'bowo]

19. Meses. Estações

janeiro (m)	січень (ч)	['siʧɛnʲ]
fevereiro (m)	лютий (ч)	['lʲutij]
março (m)	березень (ч)	['bɛrɛzɛnʲ]
abril (m)	квітень (ч)	['kwitɛnʲ]
maio (m)	травень (ч)	['trawɛnʲ]
junho (m)	червень (ч)	['ʧɛrwɛnʲ]

julho (m)	липень (ч)	['lipɛnʲ]
agosto (m)	серпень (ч)	['sɛrpɛnʲ]
setembro (m)	вересень (ч)	['wɛrɛsɛnʲ]
outubro (m)	жовтень (ч)	['ʒowtɛnʲ]
novembro (m)	листопад (ч)	[listo'pad]
dezembro (m)	грудень (ч)	['ɦrudɛnʲ]

primavera (f)	весна (ж)	[wɛs'na]
na primavera	навесні	[nawɛs'ni]
primaveril	весняний	[wɛs'nʲanij]
verão (m)	літо (c)	['lito]

no verão	влітку	['wlitku]
de verão	літній	['litnij]
outono (m)	осінь (ж)	['ɔsinʲ]
no outono	восени	[wosɛ'nɨ]
outonal	осінній	[o'sinij]
inverno (m)	зима (ж)	[zi'ma]
no inverno	взимку	['wzimku]
de inverno	зимовий	[zi'mɔwij]
mês (m)	місяць (ч)	['misʲats]
este mês	в цьому місяці	[w tsʲomu 'misʲatsi]
no próximo mês	в наступному місяці	[w na'stupnomu 'misʲatsi]
no mês passado	в минулому місяці	[w mɨ'nulomu 'misʲatsi]
há um mês	місяць тому	['misʲats 'tomu]
dentro de um mês	через місяць	['tʃɛrɛz 'misʲats]
dentro de dois meses	через 2 місяці	['tʃɛrɛz dwa 'misʲatsi]
todo o mês	весь місяць	[wɛsʲ 'misʲats]
um mês inteiro	цілий місяць	['tsilij 'misʲats]
mensal	щомісячний	[ɕo'misʲatʃnij]
mensalmente	щомісяця	[ɕo'misʲatsʲa]
cada mês	кожний місяць	['kɔʒnij 'misʲats]
duas vezes por mês	два рази на місяць	[dwa 'razɨ na 'misʲats]
ano (m)	рік (ч)	[rik]
este ano	в цьому році	[w tsʲomu 'rɔtsi]
no próximo ano	в наступному році	[w na'stupnomu 'rɔtsi]
no ano passado	в минулому році	[w mɨ'nulomu 'rɔtsi]
há um ano	рік тому	[rik 'tomu]
dentro dum ano	через рік	['tʃɛrɛz rik]
dentro de 2 anos	через два роки	['tʃɛrɛz dwa 'rɔkɨ]
todo o ano	увесь рік	[u'wɛsʲ rik]
um ano inteiro	цілий рік	['tsilij rik]
cada ano	кожен рік	['kɔʒɛn 'rik]
anual	щорічний	[ɕo'ritʃnij]
anualmente	щороку	[ɕo'rɔku]
quatro vezes por ano	чотири рази на рік	[tʃo'tɨrɨ 'razɨ na rik]
data (~ de hoje)	число (c)	[tʃis'lɔ]
data (ex. ~ de nascimento)	дата (ж)	['data]
calendário (m)	календар (ч)	[kalɛn'dar]
meio ano	півроку	[piw'rɔku]
seis meses	півріччя (c)	[piw'ritʃʲa]
estação (f)	сезон (ч)	[sɛ'zɔn]
século (m)	вік (ч)	[wik]

20. Tempo. Diversos

tempo (m)	час (c)	[tʃas]
momento (m)	мить (ж)	[mɨtʲ]

instante (m)	мить (ж)	[mitʲ]
instantâneo	миттєвий	[mit'tɛwij]
lapso (m) de tempo	відрізок (ч)	[wid'rizok]
vida (f)	життя (c)	[ʒitʲtʲa]
eternidade (f)	вічність (ж)	['witʃnistʲ]
época (f)	епоха (ж)	[ɛ'poha]
era (f)	ера (ж)	['ɛra]
ciclo (m)	цикл (ч)	['tsikl]
período (m)	період (ч)	[pɛ'riod]
prazo (m)	термін (ч)	['tɛrmin]
futuro (m)	майбутнє (c)	[maj'butnɛ]
futuro	майбутній	[maj'butnij]
da próxima vez	наступного разу	[na'stupnoɦo 'razu]
passado (m)	минуле (c)	[mi'nulɛ]
passado	минулий	[mi'nulij]
na vez passada	минулого разу	[mi'nuloɦo 'razu]
mais tarde	пізніше	[piz'niʃɛ]
depois	після	['pislʲa]
atualmente	сьогодення	[sʲoɦo'dɛnʲa]
agora	зараз	['zaraz]
imediatamente	негайно	[nɛ'ɦajno]
em breve, brevemente	незабаром	[nɛza'barom]
de antemão	завчасно	[zaw'tʃasno]
há muito tempo	давно	[daw'nɔ]
há pouco tempo	нещодавно	[nɛɕo'dawno]
destino (m)	доля (ж)	['dolʲa]
recordações (f pl)	пам'ять (ж)	['pamʲatʲ]
arquivo (m)	архів (ч)	[ar'hiw]
durante ...	під час	[pid 'tʃas]
durante muito tempo	довго	['dɔwɦo]
pouco tempo	недовго	[nɛ'dɔwɦo]
cedo (levantar-se ~)	рано	['rano]
tarde (deitar-se ~)	пізно	['pizno]
para sempre	назавжди	[na'zawʒdi]
começar (vt)	починати	[potʃi'nati]
adiar (vt)	перенести	[pɛrɛ'nɛsti]
simultaneamente	одночасно	[odno'tʃasno]
permanentemente	постійно	[pos'tijno]
constante (ruído, etc.)	постійний	[pos'tijnij]
temporário	тимчасовий	[timtʃa'sɔwij]
às vezes	інколи	['inkoli]
raramente	рідко	['ridko]
frequentemente	часто	['tʃasto]

21. Linhas e formas

quadrado (m)	квадрат (ч)	[kwad'rat]
quadrado	квадратний	[kwad'ratnij]

círculo (m)	коло (c)	['kɔlo]
redondo	круглий	['kruɦlij]
triângulo (m)	трикутник (ч)	[tri'kutnik]
triangular	трикутний	[tri'kutnij]

oval (f)	овал (ч)	[o'wal]
oval	овальний	[o'walʲnij]
retângulo (m)	прямокутник (ч)	[prʲamo'kutnik]
retangular	прямокутний	[prʲamo'kutnij]

pirâmide (f)	піраміда (ж)	[pira'mida]
rombo, losango (m)	ромб (ч)	[romb]
trapézio (m)	трапеція (ж)	[tra'pɛtsiʲa]
cubo (m)	куб (ч)	[kub]
prisma (m)	призма (ж)	['prizma]

circunferência (f)	коло (c)	['kɔlo]
esfera (f)	сфера (ж)	['sfɛra]
globo (m)	куля (ж)	['kulʲa]
diâmetro (m)	діаметр (ч)	[di'amɛtr]
raio (m)	радіус (ч)	['radius]
perímetro (m)	периметр (ч)	[pɛ'rimɛtr]
centro (m)	центр (ч)	[ʦɛntr]

horizontal	горизонтальний	[ɦorizon'talʲnij]
vertical	вертикальний	[wɛrti'kalʲnij]
paralela (f)	паралель (ж)	[para'lɛlʲ]
paralelo	паралельний	[para'lɛlʲnij]

linha (f)	лінія (ж)	['liniʲa]
traço (m)	риса (ж)	['risa]
reta (f)	пряма лінія (ж)	[prʲa'ma 'liniʲa]
curva (f)	крива лінія (ж)	[kri'wa 'liniʲa]
fino (linha ~a)	тонкий	[ton'kij]
contorno (m)	контур (ч)	['kɔntur]

interseção (f)	перетин (ч)	[pɛ'rɛtin]
ângulo (m) reto	прямий кут (ч)	[prʲa'mij kut]
segmento (m)	сегмент (ч)	[sɛɦ'mɛnt]
setor (m)	сектор (ч)	['sɛktor]
lado (de um triângulo, etc.)	бік (ч)	[bik]
ângulo (m)	кут (ч)	[kut]

22. Unidades de medida

peso (m)	вага (ж)	[wa'ɦa]
comprimento (m)	довжина (ж)	[dowʒi'na]
largura (f)	ширина (ж)	[ʃiri'na]
altura (f)	висота (ж)	[wiso'ta]
profundidade (f)	глибина (ж)	[ɦlibi'na]
volume (m)	об'єм (ч)	[o'bʲɛm]
área (f)	площа (ж)	['plɔɕa]
grama (m)	грам (ч)	[ɦram]
miligrama (m)	міліграм (ч)	[mili'ɦram]

quilograma (m)	кілограм (ч)	[kilo'ɦram]
tonelada (f)	тонна (ж)	['tɔna]
libra (453,6 gramas)	фунт (ч)	['funt]
onça (f)	унція (ж)	['untsiˈa]

metro (m)	метр (ч)	[mɛtr]
milímetro (m)	міліметр (ч)	[mili'mɛtr]
centímetro (m)	сантиметр (ч)	[santi'mɛtr]
quilómetro (m)	кілометр (ч)	[kilo'mɛtr]
milha (f)	миля (ж)	['milˈa]

polegada (f)	дюйм (ч)	[dˈujm]
pé (304,74 mm)	фут (ч)	[fut]
jarda (914,383 mm)	ярд (ч)	[jard]

| metro (m) quadrado | квадратний метр (ч) | [kwad'ratnij mɛtr] |
| hectare (m) | гектар (ч) | [ɦɛk'tar] |

litro (m)	літр (ч)	[litr]
grau (m)	градус (ч)	['ɦradus]
volt (m)	вольт (ч)	[wolˈt]
ampere (m)	ампер (ч)	[am'pɛr]
cavalo-vapor (m)	кінська сила (ж)	['kinsˈka 'siɫa]

quantidade (f)	кількість (ж)	['kilˈkistˈ]
um pouco de …	небагато...	[nɛba'ɦato]
metade (f)	половина (ж)	[polo'wina]
dúzia (f)	дюжина (ж)	['dˈuʒina]
peça (f)	штука (ж)	['ʃtuka]

| dimensão (f) | розмір (ч) | ['rɔzmir] |
| escala (f) | масштаб (ч) | [masʃ'tab] |

mínimo	мінімальний	[mini'malˈnij]
menor, mais pequeno	найменший	[naj'mɛnʃij]
médio	середній	[sɛ'rɛdnij]
máximo	максимальний	[maksi'malˈnij]
maior, mais grande	найбільший	[naj'bilˈʃij]

23. Recipientes

boião (m) de vidro	банка (ж)	['banka]
lata (~ de cerveja)	банка (ж)	['banka]
balde (m)	відро (с)	[wid'rɔ]
barril (m)	бочка (ж)	['bɔtʃka]

bacia (~ de plástico)	таз (ч)	[taz]
tanque (m)	бак (ч)	[bak]
cantil (m) de bolso	фляжка (ж)	['flˈaʒka]
bidão (m) de gasolina	каністра (ж)	[ka'nistra]
cisterna (f)	цистерна (ж)	[tsis'tɛrna]

| caneca (f) | кухоль (ч) | ['kuholˈ] |
| chávena (f) | чашка (ж) | ['tʃaʃka] |

pires (m)	блюдце (c)	['blʲudtsɛ]
copo (m)	склянка (ж)	['sklʲanka]
taça (f) de vinho	келих (ч)	['kɛlih]
panela, caçarola (f)	каструля (ж)	[kas'trulʲa]

| garrafa (f) | пляшка (ж) | ['plʲaʃka] |
| gargalo (m) | горлечко | ['ɦorlɛtʃko] |

jarro, garrafa (f)	карафа (ж)	[ka'rafa]
jarro (m) de barro	глечик (ч)	['ɦlɛtʃik]
recipiente (m)	посудина (ж)	[po'sudina]
pote (m)	горщик (ч)	['ɦorɕik]
vaso (m)	ваза (ж)	['waza]

frasco (~ de perfume)	флакон (ч)	[fla'kɔn]
frasquinho (ex. ~ de iodo)	пляшечка (ж)	['plʲaʃɛtʃka]
tubo (~ de pasta dentífrica)	тюбик (ч)	['tʲubik]

saca (ex. ~ de açúcar)	мішок (ч)	[mi'ʃɔk]
saco (~ de plástico)	пакет (ч)	[pa'kɛt]
maço (m)	пачка (ж)	['patʃka]

caixa (~ de sapatos, etc.)	коробка (ж)	[ko'rɔbka]
caixa (~ de madeira)	ящик (ч)	['ʲaɕik]
cesta (f)	кошик (ч)	['kɔʃik]

24. Materiais

material (m)	матеріал (ч)	[matɛri'al]
madeira (f)	дерево (c)	['dɛrɛwo]
de madeira	дерев'яний	[dɛrɛ'wʲanij]

| vidro (m) | скло (c) | ['sklo] |
| de vidro | скляний | [sklʲa'nij] |

| pedra (f) | камінь (ч) | ['kaminʲ] |
| de pedra | кам'яний | [kamʲa'nij] |

| plástico (m) | пластмаса (ж) | [plast'masa] |
| de plástico | пластмасовий | [plast'masowij] |

| borracha (f) | гума (ж) | ['ɦuma] |
| de borracha | гумовий | ['ɦumowij] |

| tecido, pano (m) | тканина (ж) | [tka'nina] |
| de tecido | з тканини | [z tka'nini] |

| papel (m) | папір (ч) | [pa'pir] |
| de papel | паперовий | [papɛ'rɔwij] |

cartão (m)	картон (ч)	[kar'tɔn]
de cartão	картонний	[kar'tɔnij]
polietileno (m)	поліетилен (ч)	[poliɛti'lɛn]
celofane (m)	целофан (ч)	[tsɛlo'fan]

linóleo (m)	лінолеум (ч)	[li'nɔlɛum]
contraplacado (m)	фанера (ж)	[fa'nɛra]
porcelana (f)	фарфор (ч)	['farfor]
de porcelana	порцеляновий	[porʦɛ'lʲanowij]
barro (f)	глина (ж)	['ɦlina]
de barro	глиняний	['ɦlinʲanij]
cerâmica (f)	кераміка (ж)	[kɛ'ramika]
de cerâmica	керамічний	[kɛra'miʧnij]

25. Metais

metal (m)	метал (ч)	[mɛ'tal]
metálico	металевий	[mɛta'lɛwij]
liga (f)	сплав (ч)	[splaw]
ouro (m)	золото (с)	['zɔloto]
de ouro	золотий	[zolo'tij]
prata (f)	срібло (с)	['sriblo]
de prata	срібний	['sribnij]
ferro (m)	залізо (с)	[za'lizo]
de ferro	залізний	[za'liznij]
aço (m)	сталь (ж)	[stalʲ]
de aço	сталевий	[sta'lɛwij]
cobre (m)	мідь (ж)	[midʲ]
de cobre	мідний	['midnij]
alumínio (m)	алюміній (ч)	[alʲu'minij]
de alumínio	алюмінієвий	[alʲu'miniɛwij]
bronze (m)	бронза (ж)	['brɔnza]
de bronze	бронзовий	['brɔnzowij]
latão (m)	латунь (ж)	[la'tunʲ]
níquel (m)	нікель (ч)	['nikɛlʲ]
platina (f)	платина (ж)	['platina]
mercúrio (m)	ртуть (ж)	[rtutʲ]
estanho (m)	олово (с)	['ɔlowo]
chumbo (m)	свинець (ч)	[swi'nɛʦ]
zinco (m)	цинк (ч)	['ʦink]

O SER HUMANO

O ser humano. O corpo

26. Humanos. Conceitos básicos

ser (m) humano	людина (ж)	[lʲu'dina]
homem (m)	чоловік (ч)	[tʃolo'wik]
mulher (f)	жінка (ж)	['ʒinka]
criança (f)	дитина (ж)	[di'tina]
menina (f)	дівчинка (ж)	['diwtʃinka]
menino (m)	хлопчик (ч)	['hlɔptʃik]
adolescente (m)	підліток (ч)	['pidlitok]
velho (m)	старий (ч)	[sta'rij]
velha, anciã (f)	стара жінка (ж)	[sta'ra 'ʒinka]

27. Anatomia humana

organismo (m)	організм (ч)	[orħa'nizm]
coração (m)	серце (с)	['sɛrtsɛ]
sangue (m)	кров (ж)	[krow]
artéria (f)	артерія (ж)	[ar'tɛriʲa]
veia (f)	вена (ж)	['wɛna]
cérebro (m)	мозок (ч)	['mɔzok]
nervo (m)	нерв (ч)	[nɛrw]
nervos (m pl)	нерви (мн)	['nɛrwi]
vértebra (f)	хребець (ч)	[hrɛ'bɛts]
coluna (f) vertebral	хребет (ч)	[hrɛ'bɛt]
estômago (m)	шлунок (ч)	['ʃlunok]
intestinos (m pl)	кишечник (ч)	[ki'ʃɛtʃnik]
intestino (m)	кишка (ж)	['kiʃka]
fígado (m)	печінка (ж)	[pɛ'tʃinka]
rim (m)	нирка (ж)	['nirka]
osso (m)	кістка (ж)	['kistka]
esqueleto (m)	скелет (ч)	[skɛ'lɛt]
costela (f)	ребро (с)	[rɛb'rɔ]
crânio (m)	череп (ч)	['tʃɛrɛp]
músculo (m)	м'яз (ч)	['mʔʲaz]
bíceps (m)	біцепс (ч)	['bitsɛps]
tríceps (m)	трицепс (ч)	['tritsɛps]
tendão (m)	сухожилля (с)	[suho'ʒilʲa]
articulação (f)	суглоб (ч)	[suħ'lɔb]

pulmões (m pl)	легені (мн)	[lɛ'ɦɛni]
órgãos (m pl) genitais	статеві органи (мн)	[sta'tɛwi 'ɔrɦani]
pele (f)	шкіра (ж)	['ʃkira]

28. Cabeça

cabeça (f)	голова (ж)	[ɦolo'wa]
cara (f)	обличчя (с)	[ob'litʲʲa]
nariz (m)	ніс (ч)	[nis]
boca (f)	рот (ч)	[rot]

olho (m)	око (с)	['ɔko]
olhos (m pl)	очі (мн)	['ɔtʃi]
pupila (f)	зіниця (ж)	[zi'nitsʲa]
sobrancelha (f)	брова (ж)	[bro'wa]
pestana (f)	вія (ж)	['wiʲa]
pálpebra (f)	повіка (ж)	[po'wika]

língua (f)	язик (ч)	[ja'zik]
dente (m)	зуб (ч)	[zub]
lábios (m pl)	губи (мн)	['ɦubi]
maçãs (f pl) do rosto	вилиці (мн)	['wilitsi]
gengiva (f)	ясна (мн)	['ʲasna]
palato (m)	піднебіння (с)	[pidnɛ'binʲa]

narinas (f pl)	ніздрі (мн)	['nizdri]
queixo (m)	підборіддя (с)	[pidbo'riddʲa]
mandíbula (f)	щелепа (ж)	[ɕɛ'lɛpa]
bochecha (f)	щока (ж)	[ɕo'ka]

testa (f)	чоло (с)	[tʃo'lɔ]
têmpora (f)	скроня (ж)	['skronʲa]
orelha (f)	вухо (с)	['wuho]
nuca (f)	потилиця (ж)	[po'tilitsʲa]
pescoço (m)	шия (ж)	['ʃiʲa]
garganta (f)	горло (с)	['ɦɔrlo]

cabelos (m pl)	волосся (с)	[wo'lɔssʲa]
penteado (m)	зачіска (ж)	['zatʃiska]
corte (m) de cabelo	стрижка (ж)	['striʒka]
peruca (f)	парик (ч)	[pa'rik]

bigode (m)	вуса (мн)	['wusa]
barba (f)	борода (ж)	[boro'da]
usar, ter (~ barba, etc.)	носити	[no'siti]
trança (f)	коса (ж)	[ko'sa]
suíças (f pl)	бакенбарди (мн)	[bakɛn'bardi]

ruivo	рудий	[ru'dij]
grisalho	сивий	['siwij]
calvo	лисий	['lisij]
calva (f)	лисина (ж)	['lisina]
rabo-de-cavalo (m)	хвіст (ч)	[hwist]
franja (f)	чубчик (ч)	['tʃubtʃik]

29. Corpo humano

mão (f)	кисть (ж)	[kistʲ]
braço (m)	рука (ж)	[ru'ka]
dedo (m)	палець (ч)	['palɛts]
dedo (m) do pé	палець	['palɛtsʲ]
polegar (m)	великий палець (ч)	[wɛ'likij 'palɛts]
dedo (m) mindinho	мізинець (ч)	[mi'zinɛts]
unha (f)	ніготь (ч)	['niɦotʲ]
punho (m)	кулак (ч)	[ku'lak]
palma (f) da mão	долоня (ж)	[do'lɔnʲa]
pulso (m)	зап'ясток (ч)	[za'pʲastok]
antebraço (m)	передпліччя (с)	[pɛrɛdp'litʲa]
cotovelo (m)	лікоть (ч)	['likotʲ]
ombro (m)	плече (с)	[plɛ'tʃɛ]
perna (f)	гомілка (ж)	[ɦo'milka]
pé (m)	ступня (ж)	[stup'nʲa]
joelho (m)	коліно (с)	[ko'lino]
barriga (f) da perna	литка (ж)	['litka]
anca (f)	стегно (с)	[stɛɦ'nɔ]
calcanhar (m)	п'ятка (ж)	['pʲatka]
corpo (m)	тіло (с)	['tilo]
barriga (f)	живіт (ч)	[ʒi'wit]
peito (m)	груди (мн)	['ɦrudi]
seio (m)	груди (мн)	['ɦrudi]
lado (m)	бік (ч)	[bik]
costas (f pl)	спина (ж)	['spina]
região (f) lombar	поперек (ч)	[popɛ'rɛk]
cintura (f)	талія (ж)	['taliʲa]
umbigo (m)	пупок (ч)	[pu'pɔk]
nádegas (f pl)	сідниці (мн)	[sid'nitsi]
traseiro (m)	зад (ч)	[zad]
sinal (m)	родимка (ж)	['rɔdimka]
sinal (m) de nascença	родима пляма (ж)	[ro'dima 'plʲama]
tatuagem (f)	татуювання (с)	[tatuʲu'wanʲa]
cicatriz (f)	рубець (ч)	[ru'bɛts]

Vestuário & Acessórios

30. Roupa exterior. Casacos

roupa (f)	одяг (ч)	['ɔdʲaɦ]
roupa (f) exterior	верхній одяг (ч)	['wɛrhnij 'ɔdʲaɦ]
roupa (f) de inverno	зимовий одяг (ч)	[zi'mɔwij 'ɔdʲaɦ]
sobretudo (m)	пальто (с)	[palʲ'tɔ]
casaco (m) de peles	шуба (ж)	['ʃuba]
casaco curto (m) de peles	кожушок (ч)	[koʒu'ʃɔk]
casaco (m) acolchoado	пуховик (ч)	[puho'wik]
casaco, blusão (m)	куртка (ж)	['kurtka]
impermeável (m)	плащ (ч)	[plaɕ]
impermeável	непромокальний	[nɛpromo'kalʲnij]

31. Vestuário de homem & mulher

camisa (f)	сорочка (ж)	[so'rɔtʃka]
calças (f pl)	штани (мн)	[ʃta'ni]
calças (f pl) de ganga	джинси (мн)	['dʒinsi]
casaco (m) de fato	піджак (ч)	[pi'dʒak]
fato (m)	костюм (ч)	[kos'tʲum]
vestido (ex. ~ vermelho)	сукня (ж)	['suknʲa]
saia (f)	спідниця (ж)	[spid'nitsʲa]
blusa (f)	блузка (ж)	['bluzka]
casaco (m) de malha	кофта (ж)	['kɔfta]
casaco, blazer (m)	жакет (ч)	[ʒa'kɛt]
T-shirt, camiseta (f)	футболка (ж)	[fut'bɔlka]
calções (Bermudas, etc.)	шорти (мн)	['ʃɔrti]
fato (m) de treino	спортивний костюм (ч)	[spor'tiwnij kos'tʲum]
roupão (m) de banho	халат (ч)	[ha'lat]
pijama (m)	піжама (ж)	[pi'ʒama]
suéter (m)	светр (ч)	[swɛtr]
pulôver (m)	пуловер (ч)	[pulo'wɛr]
colete (m)	жилет (ч)	[ʒi'lɛt]
fraque (m)	фрак (ч)	[frak]
smoking (m)	смокінг (ч)	['smɔkinɦ]
uniforme (m)	форма (ж)	['fɔrma]
roupa (f) de trabalho	робочий одяг (ч)	[ro'bɔtʃij 'ɔdʲaɦ]
fato-macaco (m)	комбінезон (ч)	[kombinɛ'zɔn]
bata (~ branca, etc.)	халат (ч)	[ha'lat]

32. Vestuário. Roupa interior

roupa (f) interior	білизна (ж)	[bi'lizna]
cuecas boxer (f pl)	труси (мн)	[tru'si]
cuecas (f pl)	жіноча білизна	[ʒi'nɔtʃa biliz'na]
camisola (f) interior	майка (ж)	['majka]
peúgas (f pl)	шкарпетки (мн)	[ʃkar'pɛtki]
camisa (f) de noite	нічна сорочка (ж)	[nitʃ'na so'rɔtʃka]
sutiã (m)	бюстгальтер (ч)	[bʲust'ɦalʲtɛr]
meias longas (f pl)	гольфи (мн)	['ɦɔlʲfi]
meia-calça (f)	колготки (мн)	[kol'ɦɔtki]
meias (f pl)	панчохи (мн)	[pan'tʃohi]
fato (m) de banho	купальник (ч)	[ku'palʲnik]

33. Adereços de cabeça

chapéu (m)	шапка (ж)	['ʃapka]
chapéu (m) de feltro	капелюх (ч)	[kapɛ'lʲuh]
boné (m) de beisebol	бейсболка (ж)	[bɛjs'bɔlka]
boné (m)	кашкет (ч)	[kaʃ'kɛt]
boina (f)	берет (ч)	[bɛ'rɛt]
capuz (m)	каптур (ч)	[kap'tur]
panamá (m)	панамка (ж)	[pa'namka]
gorro (m) de malha	в'язана шапочка (ж)	['wʲazana 'ʃapotʃka]
lenço (m)	хустка (ж)	['hustka]
chapéu (m) de mulher	капелюшок (ч)	[kapɛ'lʲuʃok]
capacete (m) de proteção	каска (ж)	['kaska]
bibico (m)	пілотка (ж)	[pi'lɔtka]
capacete (m)	шолом (ч)	[ʃo'lɔm]
chapéu-coco (m)	котелок (ч)	[kotɛ'lɔk]
chapéu (m) alto	циліндр (ч)	[tsi'lindr]

34. Calçado

calçado (m)	взуття (с)	[wzut'tʲa]
botinas (f pl)	черевики (мн)	[tʃɛrɛ'wiki]
sapatos (de salto alto, etc.)	туфлі (мн)	['tufli]
botas (f pl)	чоботи (мн)	['tʃɔboti]
pantufas (f pl)	капці (мн)	['kaptsi]
ténis (m pl)	кросівки (мн)	[kro'siwki]
sapatilhas (f pl)	кеди (мн)	['kɛdi]
sandálias (f pl)	сандалі (мн)	[san'dali]
sapateiro (m)	чоботар (ч)	[tʃobo'tar]
salto (m)	каблук (ч)	[kab'luk]

par (m)	пара (ж)	['para]
atacador (m)	шнурок (ч)	[ʃnu'rɔk]
apertar os atacadores	шнурувати	[ʃnuru'wati]
calçadeira (f)	ріжок (ч) для взуття	[ri'ʒɔk dlʲa wzu'tʲa]
graxa (f) para calçado	крем (ч) для взуття	[krɛm dlʲa wzut'tʲa]

35. Têxtil. Tecidos

algodão (m)	бавовна (ж)	[ba'wɔwna]
de algodão	з бавовни	[z ba'wɔwnɪ]
linho (m)	льон (ч)	[lʲon]
de linho	з льону	[z lʲonu]
seda (f)	шовк (ч)	['ʃɔwk]
de seda	шовковий	[ʃow'kɔwɪj]
lã (f)	вовна (ж)	['wɔwna]
de lã	вовняний	['wɔwnʲanɪj]
veludo (m)	оксамит (ч)	[oksa'mɪt]
camurça (f)	замша (ж)	['zamʃa]
bombazina (f)	вельвет (ч)	[wɛlʲ'wɛt]
náilon (m)	нейлон (ч)	[nɛj'lɔn]
de náilon	з нейлону	[z nɛj'lɔnu]
poliéster (m)	поліестер (ч)	[poli'ɛstɛr]
de poliéster	поліестровий	[poli'ɛstrowɪj]
couro (m)	шкіра (ж)	['ʃkira]
de couro	зі шкіри	[zi 'ʃkiri]
pele (f)	хутро (с)	['hutro]
de peles, de pele	хутряний	[hu'trʲanɪj]

36. Acessórios pessoais

luvas (f pl)	рукавички (мн)	[ruka'wɪtʃki]
mitenes (f pl)	рукавиці (мн)	[ruka'wɪtsi]
cachecol (m)	шарф (ч)	[ʃarf]
óculos (m pl)	окуляри (мн)	[oku'lʲari]
armação (f) de óculos	оправа (ж)	[op'rawa]
guarda-chuva (m)	парасолька (ж)	[para'sɔlʲka]
bengala (f)	ціпок (ч)	[tsi'pɔk]
escova (f) para o cabelo	щітка (ж) для волосся	['ɕitka dlʲa wo'lɔssʲa]
leque (m)	віяло (с)	['wiʲalo]
gravata (f)	краватка (ж)	[kra'watka]
gravata-borboleta (f)	краватка-метелик (ж)	[kra'watka mɛ'tɛlik]
suspensórios (m pl)	підтяжки (мн)	[pid'tʲaʒki]
lenço (m)	носовичок (ч)	[nosowi'tʃɔk]
pente (m)	гребінець (ч)	[hrɛbi'nɛts]
travessão (m)	заколка (ж)	[za'kɔlka]

| gancho (m) de cabelo | шпилька (ж) | ['ʃpiɫ'ka] |
| fivela (f) | пряжка (ж) | ['prʲaʒka] |

| cinto (m) | ремінь (ч) | ['rɛminʲ] |
| correia (f) | ремінь (ч) | ['rɛminʲ] |

mala (f)	сумка (ж)	['sumka]
mala (f) de senhora	сумочка (ж)	['sumotʃka]
mochila (f)	рюкзак (ч)	[rʲuk'zak]

37. Vestuário. Diversos

moda (f)	мода (ж)	['mɔda]
na moda	модний	['mɔdnij]
estilista (m)	модельєр (ч)	[modɛ'ljɛr]

colarinho (m), gola (f)	комір (ч)	['kɔmir]
bolso (m)	кишеня (ж)	[ki'ʃɛnʲa]
de bolso	кишеньковий	[kiʃɛnʲ'kɔwij]
manga (f)	рукав (ч)	[ru'kaw]
alcinha (f)	петля (ж)	[pɛt'lʲa]
braguilha (f)	ширинка (ж)	[ʃi'rinka]

fecho (m) de correr	блискавка (ж)	['bliskawka]
fecho (m), colchete (m)	застібка (ж)	['zastibka]
botão (m)	ґудзик (ч)	['gudzik]
casa (f) de botão	петля (ж)	[pɛt'lʲa]
soltar-se (vr)	відірватися	[widir'watisʲa]

coser, costurar (vi)	шити	['ʃiti]
bordar (vt)	вишивати	[wiʃi'wati]
bordado (m)	вишивка (ж)	['wiʃiwka]
agulha (f)	голка (ж)	['ɦɔlka]
fio (m)	нитка (ж)	['nitka]
costura (f)	шов (ч)	[ʃow]

sujar-se (vr)	забруднитися	[zabrud'nitisʲa]
mancha (f)	пляма (ж)	['plʲama]
engelhar-se (vr)	зім'ятися	[zi'mʲatisʲa]
rasgar (vt)	порвати	[por'wati]
traça (f)	міль (ж)	[milʲ]

38. Cuidados pessoais. Cosméticos

pasta (f) de dentes	зубна паста (ж)	[zub'na 'pasta]
escova (f) de dentes	зубна щітка (ж)	[zub'na 'ɕitka]
escovar os dentes	чистити зуби	['tʃistiti 'zubi]

máquina (f) de barbear	бритва (ж)	['britwa]
creme (m) de barbear	крем (ч) для гоління	[krɛm dlʲa ɦo'linʲa]
barbear-se (vr)	голитися	[ɦo'litisʲa]
sabonete (m)	мило (с)	['miɫo]

champô (m)	шампунь (ч)	[ʃamˈpunʲ]
tesoura (f)	ножиці (мн)	[ˈnɔʒitsi]
lima (f) de unhas	пилочка (ж) для нігтів	[ˈpɪlotʃka dlʲa ˈniɦtiw]
corta-unhas (m)	щипчики (мн)	[ˈɕiptʃiki]
pinça (f)	пінцет (ч)	[pinˈtsɛt]

cosméticos (m pl)	косметика (ж)	[kosˈmɛtika]
máscara (f) facial	маска (ж)	[ˈmaska]
manicura (f)	манікюр (ч)	[maniˈkʲur]
fazer a manicura	робити манікюр	[roˈbiti maniˈkʲur]
pedicure (f)	педикюр (ч)	[pɛdiˈkʲur]

mala (f) de maquilhagem	косметичка (ж)	[kosmɛˈtitʃka]
pó (m)	пудра (ж)	[ˈpudra]
caixa (f) de pó	пудрениця (ж)	[ˈpudrɛnitsʲa]
blush (m)	рум'яна (мн)	[ruˈmʔʲana]

perfume (m)	парфуми (мн)	[parˈfumi]
água (f) de toilette	туалетна вода (ж)	[tuaˈlɛtna woˈda]
loção (f)	лосьйон (ч)	[loˈsjon]
água-de-colónia (f)	одеколон (ч)	[odɛkoˈlɔn]

sombra (f) de olhos	тіні (мн) для повік	[ˈtini dlʲa poˈwik]
lápis (m) delineador	олівець (ч) для очей	[oliˈwɛts dlʲa oˈtʃɛj]
máscara (f), rímel (m)	туш (ж)	[tuʃ]

batom (m)	губна помада (ж)	[ɦubˈna poˈmada]
verniz (m) de unhas	лак (ч) для нігтів	[lak dlʲa ˈniɦtiw]
laca (f) para cabelos	лак (ч) для волосся	[lak dlʲa woˈlɔssʲa]
desodorizante (m)	дезодорант (ч)	[dɛzodoˈrant]

creme (m)	крем (ч)	[krɛm]
creme (m) de rosto	крем (ч) для обличчя	[krɛm dlʲa obˈlitʃa]
creme (m) de mãos	крем (ч) для рук	[krɛm dlʲa ruk]
creme (m) antirrugas	крем (ч) проти зморшок	[krɛm ˈprɔti ˈzmorʃok]
creme (m) de dia	денний крем (ч)	[ˈdɛnnij krɛm]
creme (m) de noite	нічний крем (ч)	[nitʃˈnij krɛm]
de dia	денний	[ˈdɛnij]
da noite	нічний	[nitʃˈnij]

tampão (m)	тампон (ч)	[tamˈpɔn]
papel (m) higiénico	туалетний папір (ч)	[tuaˈlɛtnij paˈpir]
secador (m) elétrico	фен (ч)	[fɛn]

39. Joalheria

joias (f pl)	коштовність (ж)	[koʃˈtɔwnistʲ]
precioso	коштовний	[koʃˈtɔwnij]
marca (f) de contraste	проба (ж)	[ˈprɔba]

anel (m)	каблучка (ж)	[kabˈlutʃka]
aliança (f)	обручка (ж)	[obˈrutʃka]
pulseira (f)	браслет (ч)	[brasˈlɛt]
brincos (m pl)	сережки (мн)	[sɛˈrɛʒki]

colar (m)	намисто (с)	[na'misto]
coroa (f)	корона (ж)	[ko'rɔna]
colar (m) de contas	намисто (с)	[na'misto]

diamante (m)	діамант (ч)	[dia'mant]
esmeralda (f)	смарагд (ч)	[sma'raɦd]
rubi (m)	рубін (ч)	[ru'bin]
safira (f)	сапфір (ч)	[sap'fir]
pérola (f)	перли (мн)	['pɛrli]
âmbar (m)	бурштин (ч)	[burʃ'tin]

40. Relógios de pulso. Relógios

relógio (m) de pulso	годинник (ч)	[ɦo'dinik]
mostrador (m)	циферблат (ч)	[tsifɛrb'lat]
ponteiro (m)	стрілка (ж)	['strilka]
bracelete (f) em aço	браслет (ч)	[bras'lɛt]
bracelete (f) em couro	ремінець (ч)	[rɛmi'nɛts]

pilha (f)	батарейка (ж)	[bata'rɛjka]
descarregar-se	сісти	['sisti]
trocar a pilha	поміняти батарейку	[pomi'nʲati bata'rɛjku]
estar adiantado	поспішати	[pospi'ʃati]
estar atrasado	відставати	[widsta'wati]

relógio (m) de parede	годинник (ч) настінний	[ɦo'dinik nas'tinij]
ampulheta (f)	годинник (ч) пісочний	[ɦo'dinik pi'sɔtʃnij]
relógio (m) de sol	годинник (ч) сонячний	[ɦo'dinik 'sɔnʲatʃnij]
despertador (m)	будильник (ч)	[bu'dilʲnik]
relojoeiro (m)	годинникар (ч)	[ɦodini'kar]
reparar (vt)	ремонтувати	[rɛmontu'wati]

Alimentação. Nutrição

41. Comida

carne (f)	м'ясо (c)	['m'/aso]
galinha (f)	курка (ж)	['kurka]
frango (m)	курча (c)	[kur'ʧa]
pato (m)	качка (ж)	['kaʧka]
ganso (m)	гусак (ч)	[ɦu'sak]
caça (f)	дичина (ж)	[diʧi'na]
peru (m)	індичка (ж)	[in'diʧka]
carne (f) de porco	свинина (ж)	[swi'nina]
carne (f) de vitela	телятина (ж)	[tɛ'l'atina]
carne (f) de carneiro	баранина (ж)	[ba'ranina]
carne (f) de vaca	яловичина (ж)	['/alowiʧina]
carne (f) de coelho	кріль (ч)	[kril']
chouriço, salsichão (m)	ковбаса (ж)	[kowba'sa]
salsicha (f)	сосиска (ж)	[so'siska]
bacon (m)	бекон (ч)	[bɛ'kɔn]
fiambre (f)	шинка (ж)	['ʃinka]
presunto (m)	окіст (ч)	['ɔkist]
patê (m)	паштет (ч)	[paʃ'tɛt]
fígado (m)	печінка (ж)	[pɛ'ʧinka]
carne (f) moída	фарш (ч)	[farʃ]
língua (f)	язик (ч)	[ja'zik]
ovo (m)	яйце (c)	[jaj'tsɛ]
ovos (m pl)	яйця (мн)	['/ajts'a]
clara (f) do ovo	білок (ч)	[bi'lɔk]
gema (f) do ovo	жовток (ч)	[ʒow'tɔk]
peixe (m)	риба (ж)	['riba]
mariscos (m pl)	морепродукти (мн)	[morɛpro'dukti]
crustáceos (m pl)	ракоподібні (мн)	[rakopo'dibni]
caviar (m)	ікра (ж)	[ik'ra]
caranguejo (m)	краб (ч)	[krab]
camarão (m)	креветка (ж)	[krɛ'wɛtka]
ostra (f)	устриця (ж)	['ustrits'a]
lagosta (f)	лангуст (ч)	[lan'ɦust]
polvo (m)	восьминіг (ч)	[wos'mi'niɦ]
lula (f)	кальмар (ч)	[kal'ʲmar]
esturjão (m)	осетрина (ж)	[osɛt'rina]
salmão (m)	лосось (ч)	[lo'sɔs']
halibute (m)	палтус (ч)	['paltus]
bacalhau (m)	тріска (ж)	[tris'ka]

cavala, sarda (f)	скумбрія (ж)	['skumbri'a]
atum (m)	тунець (ч)	[tu'nɛts]
enguia (f)	вугор (ч)	[wu'ɦɔr]
truta (f)	форель (ж)	[fo'rɛl']
sardinha (f)	сардина (ж)	[sar'dina]
lúcio (m)	щука (ж)	['ɕuka]
arenque (m)	оселедець (ч)	[osɛ'lɛdɛts]
pão (m)	хліб (ч)	[hlib]
queijo (m)	сир (ч)	[sir]
açúcar (m)	цукор (ч)	['tsukor]
sal (m)	сіль (ж)	[sil']
arroz (m)	рис (ч)	[ris]
massas (f pl)	макарони (мн)	[maka'rɔni]
talharim (m)	локшина (ж)	[lokʃi'na]
manteiga (f)	вершкове масло (с)	[wɛrʃ'kɔwɛ 'maslo]
óleo (m) vegetal	олія (ж) рослинна	[o'li'a ros'lina]
óleo (m) de girassol	соняшникова олія (ж)	['sɔn'aʃnikowa o'li'a]
margarina (f)	маргарин (ч)	[marɦa'rin]
azeitonas (f pl)	оливки (мн)	[o'liwki]
azeite (m)	олія (ж) оливкова	[o'li'a o'liwkowa]
leite (m)	молоко (с)	[molo'kɔ]
leite (m) condensado	згущене молоко (с)	['zɦuɕɛnɛ molo'kɔ]
iogurte (m)	йогурт (ч)	['jɔɦurt]
nata (f) azeda	сметана (ж)	[smɛ'tana]
nata (f) do leite	вершки (мн)	[wɛrʃ'ki]
maionese (f)	майонез (ч)	[ma'o'nɛz]
creme (m)	крем (ч)	[krɛm]
grãos (m pl) de cereais	крупа (ж)	[kru'pa]
farinha (f)	борошно (с)	['bɔroʃno]
enlatados (m pl)	консерви (мн)	[kon'sɛrwi]
flocos (m pl) de milho	кукурудзяні пластівці (мн)	[kuku'rudz'ani plastiw'tsi]
mel (m)	мед (ч)	[mɛd]
doce (m)	джем (ч)	[dʒɛm]
pastilha (f) elástica	жувальна гумка (ж)	[ʒu'wal'na 'ɦumka]

42. Bebidas

água (f)	вода (ж)	[wo'da]
água (f) potável	питна вода (ж)	[pit'na wo'da]
água (f) mineral	мінеральна вода (ж)	[minɛ'ral'na wo'da]
sem gás	без газу	[bɛz 'ɦazu]
gaseificada	газований	[ɦa'zɔwanij]
com gás	з газом	[z 'ɦazom]
gelo (m)	лід (ч), крига (ж)	[lid], ['kriɦa]

com gelo	з льодом	[z lʲodom]
sem álcool	безалкогольний	[bɛzalkoˈɦolʲnij]
bebida (f) sem álcool	безалкогольний напій (ч)	[bɛzalkoˈɦolʲnij naˈpij]
refresco (m)	прохолодний напій (ч)	[prohoˈlɔdnij ˈnapij]
limonada (f)	лимонад (ч)	[lɨmoˈnad]
bebidas (f pl) alcoólicas	алкогольні напої (мн)	[alkoˈɦolʲni naˈpɔji]
vinho (m)	вино (с)	[wɨˈnɔ]
vinho (m) branco	біле вино (с)	[ˈbilɛ wɨˈnɔ]
vinho (m) tinto	червоне вино (с)	[ʧɛrˈwonɛ wɨˈnɔ]
licor (m)	лікер (ч)	[liˈkɛr]
champanhe (m)	шампанське (с)	[ʃamˈpansʲkɛ]
vermute (m)	вермут (ч)	[ˈwɛrmut]
uísque (m)	віскі (с)	[ˈwiski]
vodka (f)	горілка (ж)	[ɦoˈrilka]
gim (m)	джин (ч)	[dʒin]
conhaque (m)	коньяк (ч)	[koˈnʲak]
rum (m)	ром (ч)	[rom]
café (m)	кава (ж)	[ˈkawa]
café (m) puro	чорна кава (ж)	[ˈʧɔrna ˈkawa]
café (m) com leite	кава (ж) з молоком	[ˈkawa z moloˈkɔm]
cappuccino (m)	капучино (с)	[kapuˈʧino]
café (m) solúvel	розчинна кава (ж)	[rozˈʧina ˈkawa]
leite (m)	молоко (с)	[moloˈkɔ]
coquetel (m)	коктейль (ч)	[kokˈtɛjlʲ]
batido (m) de leite	молочний коктейль (ч)	[moˈlɔʧnij kokˈtɛjlʲ]
sumo (m)	сік (ч)	[sik]
sumo (m) de tomate	томатний сік (ч)	[toˈmatnij ˈsik]
sumo (m) de laranja	апельсиновий сік (ч)	[apɛlʲˈsinowij sik]
sumo (m) fresco	свіжовижатий сік (ч)	[swiʒoˈwiʒatij sik]
cerveja (f)	пиво (с)	[ˈpɨwo]
cerveja (f) clara	світле пиво (с)	[ˈswitlɛ ˈpɨwo]
cerveja (f) preta	темне пиво (с)	[ˈtɛmnɛ ˈpɨwo]
chá (m)	чай (ч)	[ʧaj]
chá (m) preto	чорний чай (ч)	[ˈʧɔrnij ʧaj]
chá (m) verde	зелений чай (ч)	[zɛˈlɛnij ʧaj]

43. Vegetais

legumes (m pl)	овочі (мн)	[ˈɔwoʧi]
verduras (f pl)	зелень (ж)	[ˈzɛlɛnʲ]
tomate (m)	помідор (ч)	[pomiˈdɔr]
pepino (m)	огірок (ч)	[oɦiˈrɔk]
cenoura (f)	морква (ж)	[ˈmɔrkwa]
batata (f)	картопля (ж)	[karˈtɔplʲa]
cebola (f)	цибуля (ж)	[tsɨˈbulʲa]

alho (m)	часник (ч)	[ʧas'nik]
couve (f)	капуста (ж)	[ka'pusta]
couve-flor (f)	кольорова капуста (ж)	[kolʲo'rɔwa ka'pusta]
couve-de-bruxelas (f)	брюссельська капуста (ж)	[brʲu'sɛlʲsʲka ka'pusta]
brócolos (m pl)	броколі (ж)	['brɔkoli]

beterraba (f)	буряк (ч)	[bu'rʲak]
beringela (f)	баклажан (ч)	[bakla'ʒan]
curgete (f)	кабачок (ч)	[kaba'ʧɔk]
abóbora (f)	гарбуз (ч)	[ɦar'buz]
nabo (m)	ріпа (ж)	['ripa]

salsa (f)	петрушка (ж)	[pɛt'ruʃka]
funcho, endro (m)	кріп (ч)	[krip]
alface (f)	салат (ч)	[sa'lat]
aipo (m)	селера (ж)	[sɛ'lɛra]
espargo (m)	спаржа (ж)	['sparʒa]
espinafre (m)	шпинат (ч)	[ʃpi'nat]

ervilha (f)	горох (ч)	[ɦo'rɔh]
fava (f)	боби (мн)	[bo'bi]
milho (m)	кукурудза (ж)	[kuku'rudza]
feijão (m)	квасоля (ж)	[kwa'sɔlʲa]

pimentão (m)	перець (ч)	['pɛrɛʦ]
rabanete (m)	редиска (ж)	[rɛ'diska]
alcachofra (f)	артишок (ч)	[arti'ʃɔk]

44. Frutos. Nozes

fruta (f)	фрукт (ч)	[frukt]
maçã (f)	яблуко (с)	['ʲabluko]
pera (f)	груша (ж)	['ɦruʃa]
limão (m)	лимон (ч)	[li'mɔn]
laranja (f)	апельсин (ч)	[apɛlʲ'sin]
morango (m)	полуниця (ж)	[polu'niʦʲa]

tangerina (f)	мандарин (ч)	[manda'rin]
ameixa (f)	слива (ж)	['sliwa]
pêssego (m)	персик (ч)	['pɛrsik]
damasco (m)	абрикос (ч)	[abri'kɔs]
framboesa (f)	малина (ж)	[ma'lina]
ananás (m)	ананас (ч)	[ana'nas]

banana (f)	банан (ч)	[ba'nan]
melancia (f)	кавун (ч)	[ka'wun]
uva (f)	виноград (ч)	[wino'ɦrad]
ginja, cereja (f)	вишня, черешня (ж)	['wiʃnʲa], [ʧɛ'rɛʃnʲa]
ginja (f)	вишня (ж)	['wiʃnʲa]
cereja (f)	черешня (ж)	[ʧɛ'rɛʃnʲa]
meloa (f)	диня (ж)	['dinʲa]

| toranja (f) | грейпфрут (ч) | [ɦrɛjp'frut] |
| abacate (m) | авокадо (с) | [awo'kado] |

papaia (f)	папайя (ж)	[pa'paʲa]
manga (f)	манго (с)	['manɦo]
romã (f)	гранат (ч)	[ɦra'nat]

groselha (f) vermelha	порічки (мн)	[po'ritʃki]
groselha (f) preta	чорна смородина (ж)	['tʃorna smo'rodina]
groselha (f) espinhosa	аґрус (ч)	['agrus]
mirtilo (m)	чорниця (ж)	[tʃor'nitsʲa]
amora silvestre (f)	ожина (ж)	[o'ʒina]

uvas (f pl) passas	родзинки (мн)	[ro'dzinki]
figo (m)	інжир (ч)	[in'ʒir]
tâmara (f)	фінік (ч)	['finik]

amendoim (m)	арахіс (ч)	[a'rahis]
amêndoa (f)	мигдаль (ч)	[miɦ'dalʲ]
noz (f)	горіх (ч) волоський	[ɦo'rih wo'lɔsʲkij]
avelã (f)	ліщина (ж)	[li'ɕina]
coco (m)	горіх (ч) кокосовий	[ɦo'rih ko'kɔsowij]
pistáchios (m pl)	фісташки (мн)	[fis'taʃki]

45. Pão. Bolaria

pastelaria (f)	кондитерські вироби (мн)	[kon'ditɛrsʲki 'wirobi]
pão (m)	хліб (ч)	[hlib]
bolacha (f)	печиво (с)	['pɛtʃiwo]

chocolate (m)	шоколад (ч)	[ʃoko'lad]
de chocolate	шоколадний	[ʃoko'ladnij]
rebuçado (m)	цукерка (ж)	[tsu'kɛrka]
bolo (cupcake, etc.)	тістечко (с)	['tistɛtʃko]
bolo (m) de aniversário	торт (ч)	[tort]

| tarte (~ de maçã) | пиріг (ч) | [pi'riɦ] |
| recheio (m) | начинка (ж) | [na'tʃinka] |

doce (m)	варення (с)	[wa'rɛnʲa]
geleia (f) de frutas	мармелад (ч)	[marmɛ'lad]
waffle (m)	вафлі (мн)	['wafli]
gelado (m)	морозиво (с)	[mo'rɔziwo]
pudim (m)	пудинг (ч)	['pudinɦ]

46. Pratos cozinhados

prato (m)	страва (ж)	['strawa]
cozinha (~ portuguesa)	кухня (ж)	['kuhnʲa]
receita (f)	рецепт (ч)	[rɛ'tsɛpt]
porção (f)	порція (ж)	['portsiʲa]

salada (f)	салат (ч)	[sa'lat]
sopa (f)	юшка (ж)	['ʲuʃka]
caldo (m)	бульйон (ч)	[bu'lʲɔn]

sandes (f)	канапка (ж)	[ka'napka]
ovos (m pl) estrelados	яєчня (ж)	[ja'ɛʃnʲa]
hambúrguer (m)	гамбургер (ч)	['hamburhɛr]
bife (m)	біфштекс (ч)	[bif'ʃtɛks]
conduto (m)	гарнір (ч)	[har'nir]
espaguete (m)	спагеті (мн)	[spa'hɛti]
puré (m) de batata	картопляне пюре (с)	[kartop'lʲanɛ pʲu'rɛ]
pizza (f)	піца (ж)	['pitsa]
papa (f)	каша (ж)	['kaʃa]
omelete (f)	омлет (ч)	[om'lɛt]
cozido em água	варений	[wa'rɛnij]
fumado	копчений	[kop'ʧɛnij]
frito	смажений	['smaʒɛnij]
seco	сушений	['suʃɛnij]
congelado	заморожений	[zamo'rɔʒɛnij]
em conserva	маринований	[mari'nɔwanij]
doce (açucarado)	солодкий	[so'lɔdkij]
salgado	солоний	[so'lɔnij]
frio	холодний	[ho'lɔdnij]
quente	гарячий	[ha'rʲaʧij]
amargo	гіркий	[hir'kij]
gostoso	смачний	[smaʧ'nij]
cozinhar (em água a ferver)	варити	[wa'riti]
fazer, preparar (vt)	готувати	[hotu'wati]
fritar (vt)	смажити	['smaʒiti]
aquecer (vt)	розігрівати	[rozihri'wati]
salgar (vt)	солити	[so'liti]
apimentar (vt)	перчити	[pɛr'ʧiti]
ralar (vt)	терти	['tɛrti]
casca (f)	шкірка (ж)	['ʃkirka]
descascar (vt)	чистити	['ʧistiti]

47. Especiarias

sal (m)	сіль (ж)	[silʲ]
salgado	солоний	[so'lɔnij]
salgar (vt)	солити	[so'liti]
pimenta (f) preta	чорний перець (ч)	['ʧɔrnij 'pɛrɛts]
pimenta (f) vermelha	червоний перець (ч)	[ʧɛr'wɔnij 'pɛrɛts]
mostarda (f)	гірчиця (ж)	[hir'ʧitsʲa]
raiz-forte (f)	хрін (ч)	[hrin]
condimento (m)	приправа (ж)	[prip'rawa]
especiaria (f)	прянощі (мн)	[prʲa'nɔɕi]
molho (m)	соус (ч)	['sɔus]
vinagre (m)	оцет (ч)	['ɔtsɛt]
anis (m)	аніс (ч)	['anis]

manjericão (m)	базилік (ч)	[bazi'lik]
cravo (m)	гвоздика (ж)	[ɦwoz'dika]
gengibre (m)	імбир (ч)	[im'bɨr]
coentro (m)	коріандр (ч)	[kori'andr]
canela (f)	кориця (ж)	[ko'rɨtsʲa]

sésamo (m)	кунжут (ч)	[kun'ʒut]
folhas (f pl) de louro	лавровий лист (ч)	[law'rɔwɨj list]
páprica (f)	паприка (ж)	['paprika]
cominho (m)	кмин (ч)	[kmin]
açafrão (m)	шафран (ч)	[ʃafʲran]

48. Refeições

| comida (f) | їжа (ж) | ['jiʒa] |
| comer (vt) | їсти | ['jisti] |

pequeno-almoço (m)	сніданок (ч)	[sni'danok]
tomar o pequeno-almoço	снідати	['snidati]
almoço (m)	обід (ч)	[o'bid]
almoçar (vi)	обідати	[o'bidati]
jantar (m)	вечеря (ж)	[wɛ'tʃɛrʲa]
jantar (vi)	вечеряти	[wɛ'tʃɛrʲati]

| apetite (m) | апетит (ч) | [apɛ'tit] |
| Bom apetite! | Смачного! | [smatʃʲnɔɦo] |

abrir (~ uma lata, etc.)	відкривати	[widkri'wati]
derramar (vt)	пролити	[pro'liti]
derramar-se (vr)	пролитись	[pro'litisʲ]

ferver (vi)	кипіти	[kɨ'piti]
ferver (vt)	кип'ятити	[kipʲa'titi]
fervido	кип'ячений	[kipʲa'tʃɛnɨj]
arrefecer (vt)	охолодити	[oholo'diti]
arrefecer-se (vr)	охолоджуватись	[oho'lɔdʒuwatisʲ]

| sabor, gosto (m) | смак (ч) | [smak] |
| gostinho (m) | присмак (ч) | ['prismak] |

fazer dieta	худнути	['hudnuti]
dieta (f)	дієта (ж)	[di'ɛta]
vitamina (f)	вітамін (ч)	[wita'min]
caloria (f)	калорія (ж)	[ka'lɔrʲia]

| vegetariano (m) | вегетаріанець (ч) | [wɛɦɛtari'anɛts] |
| vegetariano | вегетаріанський | [wɛɦɛtari'ansʲkij] |

gorduras (f pl)	жири (мн)	[ʒɨ'ri]
proteínas (f pl)	білки (мн)	[bil'ki]
carboidratos (m pl)	вуглеводи (мн)	[wuɦlɛ'wɔdi]
fatia (~ de limão, etc.)	скибка (ж)	['skɨbka]
pedaço (~ de bolo)	шматок (ч)	[ʃma'tɔk]
migalha (f)	крихта (ж)	['krɨhta]

49. Por a mesa

colher (f)	ложка (ж)	['lɔʒka]
faca (f)	ніж (ч)	[niʒ]
garfo (m)	виделка (ж)	[wi'dɛlka]

chávena (f)	чашка (ж)	['ʧaʃka]
prato (m)	тарілка (ж)	[ta'rilka]
pires (m)	блюдце (с)	['blʲudtsɛ]
guardanapo (m)	серветка (ж)	[sɛr'wɛtka]
palito (m)	зубочистка (ж)	[zubo'ʧistka]

50. Restaurante

restaurante (m)	ресторан (ч)	[rɛsto'ran]
café (m)	кав'ярня (ж)	[ka'wʲʲarnʲa]
bar (m), cervejaria (f)	бар (ч)	[bar]
salão (m) de chá	чайна (ж)	['ʧajna]

empregado (m) de mesa	офіціант (ч)	[ofitsi'ant]
empregada (f) de mesa	офіціантка (ж)	[ofitsi'antka]
barman (m)	бармен (ч)	[bar'mɛn]

ementa (f)	меню (с)	[mɛ'nʲu]
lista (f) de vinhos	карта (ж) вин	['karta win]
reservar uma mesa	забронювати столик	[zabronʲu'watɨ 'stɔlik]

prato (m)	страва (ж)	['strawa]
pedir (vt)	замовити	[za'mɔwitɨ]
fazer o pedido	зробити замовлення	[zro'bitɨ za'mɔwlɛnʲa]

aperitivo (m)	аперитив (ч)	[apɛri'tiw]
entrada (f)	закуска (ж)	[za'kuska]
sobremesa (f)	десерт (ч)	[dɛ'sɛrt]

conta (f)	рахунок (ч)	[ra'hunok]
pagar a conta	оплатити рахунок	[opla'titɨ ra'hunok]
dar o troco	дати решту	['datɨ 'rɛʃtu]
gorjeta (f)	чайові (мн)	[ʧaʲo'wi]

Família, parentes e amigos

51. Informação pessoal. Formulários

nome (m)	ім'я (c)	[i'm^ʲa]
apelido (m)	прізвище (c)	['prizwiɕɛ]
data (f) de nascimento	дата (ж) народження	['data na'rɔdʒɛnʲa]
local (m) de nascimento	місце (c) народження	['mistsɛ na'rɔdʒɛnʲa]
nacionalidade (f)	національність (ж)	[natsio'nalʲnistʲ]
lugar (m) de residência	місце (c) проживання	['mistsɛ proʒi'wanʲa]
país (m)	країна (ж)	[kra'jina]
profissão (f)	професія (ж)	[pro'fɛsiʲa]
sexo (m)	стать (ж)	[statʲ]
estatura (f)	зріст (ч)	[zrist]
peso (m)	вага (ж)	[wa'ɦa]

52. Membros da família. Parentes

mãe (f)	мати (ж)	['mati]
pai (m)	батько (ч)	['batʲko]
filho (m)	син (ч)	[sin]
filha (f)	дочка (ж)	[dotʃ'ka]
filha (f) mais nova	молодша дочка (ж)	[mo'lɔdʃa dotʃ'ka]
filho (m) mais novo	молодший син (ч)	[mo'lɔdʃij sin]
filha (f) mais velha	старша дочка (ж)	['starʃa dotʃ'ka]
filho (m) mais velho	старший син (ч)	['starʃij sin]
irmão (m)	брат (ч)	[brat]
irmão (m) mais velho	старший брат (ч)	[star'ʃij brat]
irmão (m) mais novo	молодший брат (ч)	[mo'lɔdʃij brat]
irmã (f)	сестра (ж)	[sɛst'ra]
irmã (f) mais velha	старша сестра (ж)	[star'ʃa sɛst'ra]
irmã (f) mais nova	молодша сестра (ж)	[mo'lɔdʃa sɛst'ra]
primo (m)	двоюрідний брат (ч)	[dwoʲu'ridnij brat]
prima (f)	двоюрідна сестра (ж)	[dwoʲu'ridna sɛst'ra]
mamã (f)	мати (ж)	['mati]
papá (m)	тато (ч)	['tato]
pais (pl)	батьки (мн)	[batʲ'ki]
criança (f)	дитина (ж)	[di'tina]
crianças (f pl)	діти (мн)	['diti]
avó (f)	бабуся (ж)	[ba'busʲa]
avô (m)	дід (ч)	['did]
neto (m)	онук (ч)	[o'nuk]

neta (f)	онука (ж)	[o'nuka]
netos (pl)	онуки (мн)	[o'nukɨ]
tio (m)	дядько (ч)	['dʲadʲko]
tia (f)	тітка (ж)	['titka]
sobrinho (m)	племінник (ч)	[plɛ'minɨk]
sobrinha (f)	племінниця (ж)	[plɛ'minitsʲa]
sogra (f)	теща (ж)	['tɛça]
sogro (m)	свекор (ч)	['swɛkor]
genro (m)	зять (ч)	[zʲatʲ]
madrasta (f)	мачуха (ж)	['maʧuha]
padrasto (m)	вітчим (ч)	['witʃim]
criança (f) de colo	немовля (с)	[nɛmow'lʲa]
bebé (m)	малюк (ч)	[ma'lʲuk]
menino (m)	малюк (ч)	[ma'lʲuk]
mulher (f)	дружина (ж)	[dru'ʒɨna]
marido (m)	чоловік (ч)	[ʧolo'wik]
esposo (m)	чоловік (ч)	[ʧolo'wik]
esposa (f)	дружина (ж)	[dru'ʒɨna]
casado	одружений	[od'ruʒɛnɨj]
casada	заміжня	[za'miʒnʲa]
solteiro	холостий	[holos'tij]
solteirão (m)	холостяк (ч)	[holos'tʲak]
divorciado	розлучений	[roz'luʧɛnɨj]
viúva (f)	вдова (ж)	[wdo'wa]
viúvo (m)	вдівець (ч)	[wdi'wɛts]
parente (m)	родич (ч)	['rɔdɨʧ]
parente (m) próximo	близький родич (ч)	[blɨzʲ'kij 'rɔdɨʧ]
parente (m) distante	далекий родич (ч)	[da'lɛkij 'rɔdɨʧ]
parentes (m pl)	рідні (мн)	['ridni]
órfão (m), órfã (f)	сирота (ч)	[siro'ta]
órfão (m)	сирота (ч)	[siro'ta]
órfã (f)	сирота (ж)	[siro'ta]
tutor (m)	опікун (ч)	[opi'kun]
adotar (um filho)	усиновити	[usino'wɨti]
adotar (uma filha)	удочерити	[udoʧɛ'rɨti]

53. Amigos. Colegas de trabalho

amigo (m)	друг (ч)	[druɦ]
amiga (f)	подруга (ж)	['pɔdruɦa]
amizade (f)	дружба (ж)	['druʒba]
ser amigos	дружити	[dru'ʒiti]
amigo (m)	приятель (ч)	['prijatɛlʲ]
amiga (f)	приятелька (ж)	['prijatɛlʲka]
parceiro (m)	партнер (ч)	[part'nɛr]
chefe (m)	шеф (ч)	[ʃɛf]

superior (m)	начальник (ч)	[na'tʃalʲnik]
proprietário (m)	власник	['wlasnik]
subordinado (m)	підлеглий (ч)	[pid'lɛɦlij]
colega (m)	колега (ч)	[ko'lɛɦa]

conhecido (m)	знайомий (ч)	[zna'jɔmij]
companheiro (m) de viagem	попутник (ч)	[po'putnik]
colega (m) de classe	однокласник (ч)	[odno'klasnik]

vizinho (m)	сусід (ч)	[su'sid]
vizinha (f)	сусідка (ж)	[su'sidka]
vizinhos (pl)	сусіди (мн)	[su'sidɨ]

54. Homem. Mulher

mulher (f)	жінка (ж)	['ʒinka]
rapariga (f)	дівчина (ж)	['diwtʃina]
noiva (f)	наречена (ж)	[narɛ'tʃɛna]

bonita	гарна	['ɦarna]
alta	висока	[wɨ'sɔka]
esbelta	стрункa	[stru'nka]
de estatura média	невисокого зросту	[nɛwɨ'sɔkoɦo 'zrɔstu]

| loura (f) | блондинка (ж) | [blon'dinka] |
| morena (f) | брюнетка (ж) | [brʲu'nɛtka] |

de senhora	дамський	['damsʲkij]
virgem (f)	незаймана дівчина (ж)	[nɛ'zajmana 'diwtʃina]
grávida	вагітна	[wa'ɦitna]

homem (m)	чоловік (ч)	[tʃolo'wik]
louro (m)	блондин (ч)	[blon'din]
moreno (m)	брюнет (ч)	[brʲu'nɛt]
alto	високий	[wɨ'sɔkij]
de estatura média	невисокого зросту	[nɛwɨ'sɔkoɦo 'zrɔstu]

rude	брутальний	[bru'talʲnij]
atarracado	кремезний	[krɛ'mɛznij]
robusto	міцний	[mits'nij]
forte	сильний	['sɨlʲnij]
força (f)	сила (ж)	['sɨla]

gordo	повний	['pɔwnij]
moreno	смаглявий	[smaɦ'lʲawij]
esbelto	стрункий	[stru'nkij]
elegante	елегантний	[ɛlɛ'ɦantnij]

55. Idade

| idade (f) | вік (ч) | [wik] |
| juventude (f) | юність (ж) | ['ʲunistʲ] |

jovem	молодий	[molo'dij]
mais novo	молодший	[mo'lɔdʃij]
mais velho	старший	['starʃij]

jovem (m)	юнак (ч)	[ʲu'nak]
adolescente (m)	підліток (ч)	['pidlitok]
rapaz (m)	хлопець (ч)	['hlɔpɛts]

| velho (m) | старий (ч) | [sta'rij] |
| velhota (f) | стара жінка (ж) | [sta'ra 'ʒinka] |

adulto	дорослий	[do'rɔslij]
de meia-idade	середніх років	[sɛ'rɛdnih ro'kiw]
idoso, de idade	похилий	[po'hilij]
velho	старий	[sta'rij]

reforma (f)	пенсія (ж)	['pɛnsiʲa]
reformar-se (vr)	вийти на пенсію	['wijti na 'pɛnsiʲu]
reformado (m)	пенсіонер (ч)	[pɛnsio'nɛr]

56. Crianças

criança (f)	дитина (ж)	[di'tina]
crianças (f pl)	діти (мн)	['diti]
gémeos (m pl)	близнюки (мн)	[bliznʲu'ki]

berço (m)	колиска (ж)	[ko'liska]
guizo (m)	бряскальце (с)	['brʲazkalʲtsɛ]
fralda (f)	підгузок (ч)	[pid'ɦuzok]

chupeta (f)	соска (ж)	['sɔska]
carrinho (m) de bebé	коляска (ж)	[ko'lʲaska]
jardim (m) de infância	дитячий садок (ч)	[di'tʲatʃij sa'dɔk]
babysitter (f)	няня (ж)	['nʲanʲa]

infância (f)	дитинство (с)	[di'tinstwo]
boneca (f)	лялька (ж)	['lʲalʲka]
brinquedo (m)	іграшка (ж)	['iɦraʃka]
jogo (m) de armar	конструктор (ч)	[kon'struktor]
bem-educado	вихований	['wihowanij]
mal-educado	невихований	[nɛ'wihowanij]
mimado	розбещений	[roz'bɛɕɛnij]

ser travesso	пустувати	[pustu'wati]
travesso, traquinas	пустотливий	[pustot'liwij]
travessura (f)	пустощі (мн)	['pustoɕi]
criança (f) travessa	пустун (ч)	[pus'tun]

| obediente | слухняний | [sluh'nʲanij] |
| desobediente | неслухняний | [nɛsluh'nʲanij] |

dócil	розумний	[ro'zumnij]
inteligente	розумний	[ro'zumnij]
menino (m) prodígio	вундеркінд (ч)	[wundɛr'kind]

57. Casais. Vida de família

beijar (vt)	цілувати	[ʦilu'wati]
beijar-se (vr)	цілуватися	[ʦilu'watisʲa]
família (f)	сім'я (ж)	[si'mʲʲa]
familiar	сімейний	[sʲi'mɛjnij]
casal (m)	пара (ж)	['para]
matrimónio (m)	шлюб (ч)	[ʃlʲub]
lar (m)	домашнє вогнище (с)	[do'maʃnɛ 'wɔɦniɕɛ]
dinastia (f)	династія (ж)	[di'nastiʲa]
encontro (m)	побачення (с)	[po'baʧɛnʲa]
beijo (m)	поцілунок (ч)	[poʦi'lunok]
amor (m)	кохання (с)	[ko'hanʲa]
amar (vt)	кохати	[ko'hati]
amado, querido	кохана	[ko'hana]
ternura (f)	ніжність (ж)	['niʒnistʲ]
terno, afetuoso	ніжний	['niʒnij]
fidelidade (f)	вірність (ж)	['wirnistʲ]
fiel	вірний	['wirnij]
cuidado (m)	турбота (ж)	[tur'bota]
carinhoso	турботливий	[tur'botliwij]
recém-casados (m pl)	молодята (мн)	[molo'dʲata]
lua de mel (f)	медовий місяць (ч)	[mɛ'dɔwij 'misʲaʦ]
casar-se (com um homem)	вийти заміж	['wijti 'zamiʒ]
casar-se (com uma mulher)	одружуватися	[od'ruʒuwatisʲa]
bodas (f pl) de ouro	золоте весілля (с)	[zolo'tɛ wɛ'silʲa]
aniversário (m)	річниця (ж)	[riʧ'niʦʲa]
amante (m)	коханець (ч)	[ko'hanɛʦ]
amante (f)	коханка (ж)	[ko'hanka]
adultério (m)	зрада (ж)	['zrada]
cometer adultério	зрадити	['zraditi]
ciumento	ревнивий	[rɛw'niwij]
ser ciumento	ревнувати	[rɛwnu'wati]
divórcio (m)	розлучення (с)	[roz'luʧɛnʲa]
divorciar-se (vr)	розлучитися	[rozlu'ʧitisʲa]
brigar (discutir)	сваритися	[swa'ritisʲa]
fazer as pazes	миритися	[mi'ritisʲa]
juntos	разом	['razom]
sexo (m)	секс (ч)	[sɛks]
felicidade (f)	щастя (с)	['ɕastʲa]
feliz	щасливий	[ɕas'liwij]
infelicidade (f)	нещастя (с)	[nɛ'ɕastʲa]
infeliz	нещасний	[nɛ'ɕasnij]

Caráter. Sentimentos. Emoções

58. Sentimentos. Emoções

sentimento (m)	почуття (c)	[poˈʧutˈtʲa]
sentimentos (m pl)	почуття (мн)	[poˈʧutˈtʲa]
sentir (vt)	відчувати	[widʧuˈwati]
fome (f)	голод (ч)	[ˈɦɔlod]
ter fome	хотіти їсти	[hoˈtiti ˈjisti]
sede (f)	спрага (ж)	[ˈspraɦa]
ter sede	хотіти пити	[hoˈtiti ˈpiti]
sonolência (f)	сонливість (ж)	[sonˈlʲiwistʲ]
estar sonolento	хотіти спати	[hoˈtiti ˈspati]
cansaço (m)	втома (ж)	[ˈwtɔma]
cansado	втомлений	[ˈwtɔmlɛnij]
ficar cansado	втомитися	[wtoˈmitisʲa]
humor (m)	настрій (ч)	[ˈnastrij]
tédio (m)	нудьга (ж)	[nudʲˈɦa]
aborrecer-se (vr)	нудьгувати	[nudʲɦuˈwati]
isolamento (m)	самота (ж)	[samoˈta]
isolar-se	усамітнюватися	[usaˈmitnʲuwatisʲa]
preocupar (vt)	хвилювати	[hwiɫuˈwati]
preocupar-se (vr)	хвилюватися	[hwiɫuˈwatisʲa]
preocupação (f)	хвилювання (c)	[hwiɫuˈwanʲa]
ansiedade (f)	занепокоєння (c)	[zanɛpoˈkɔɛnʲa]
preocupado	занепокоєний	[zanɛpoˈkɔɛnij]
estar nervoso	нервуватися	[nɛrwuˈwatisʲa]
entrar em pânico	панікувати	[paniˈkuˈwati]
esperança (f)	надія (ж)	[naˈdʲiʲa]
esperar (vt)	сподіватися	[spodiˈwatisʲa]
certeza (f)	упевненість (ж)	[uˈpɛwnɛnistʲ]
certo	упевнений	[uˈpɛwnɛnij]
indecisão (f)	невпевненість (ж)	[nɛwˈpɛwnɛnistʲ]
indeciso	невпевнений	[nɛwˈpɛwnɛnij]
ébrio, bêbado	п'яний	[ˈpʲjanij]
sóbrio	тверезий	[twɛˈrɛzij]
fraco	слабкий	[slabˈkij]
feliz	щасливий	[ɕasˈlʲiwij]
assustar (vt)	налякати	[naˈlʲaˈkati]
fúria (f)	шаленство (c)	[ʃaˈlɛnstwo]
ira, raiva (f)	лють (ж)	[lʲutʲ]
depressão (f)	депресія (ж)	[dɛˈprɛsʲiʲa]
desconforto (m)	дискомфорт (ч)	[diskomˈfɔrt]

conforto (m)	комфорт (ч)	[kom'fɔrt]
arrepender-se (vr)	жалкувати	[ʒalku'wati]
arrependimento (m)	жаль (ч)	[ʒalʲ]
azar (m), má sorte (f)	невезіння (c)	[nɛwɛ'zinʲa]
tristeza (f)	прикрість (ж)	['prikristʲ]
vergonha (f)	сором (ч)	['sɔrom]
alegria (f)	веселість (ж)	[wɛ'sɛlistʲ]
entusiasmo (m)	ентузіазм (ч)	[ɛntuzi'azm]
entusiasta (m)	ентузіаст (ч)	[ɛntuzi'ast]
mostrar entusiasmo	проявити ентузіазм	[proja'witi ɛntuzi'azm]

59. Caráter. Personalidade

caráter (m)	характер (ч)	[ha'raktɛr]
falha (f) de caráter	вада (ж)	['wada]
mente (f), razão (f)	ум (ч), розум (ч)	[um], ['rɔzum]
mente (f)	ум (ч)	[um]
razão (f)	розум (ч)	['rɔzum]
consciência (f)	совість (ж)	['sɔwistʲ]
hábito (m)	звичка (ж)	['zwitʃka]
habilidade (f)	здібність (ж)	['zdibnistʲ]
saber (~ nadar, etc.)	уміти	[u'miti]
paciente	терплячий	[tɛrp'lʲatʃij]
impaciente	нетерплячий	[nɛtɛr'plʲatʃij]
curioso	цікавий	[tsi'kawij]
curiosidade (f)	цікавість (ж)	[tsi'kawistʲ]
modéstia (f)	скромність (ж)	['skrɔmnistʲ]
modesto	скромний	['skrɔmnij]
imodesto	нескромний	[nɛ'skrɔmnij]
preguiça (f)	лінь (ж)	[linʲ]
preguiçoso	ледачий	[lɛ'datʃij]
preguiçoso (m)	ледар (ч)	['lɛdar]
astúcia (f)	хитрість (ж)	['hitristʲ]
astuto	хитрий	['hitrij]
desconfiança (f)	недовіра (ж)	[nɛdo'wira]
desconfiado	недовірливий	[nɛdo'wirliwij]
generosidade (f)	щедрість (ж)	['ɕɛdristʲ]
generoso	щедрий	['ɕɛdrij]
talentoso	талановитий	[talano'witij]
talento (m)	талант (ч)	[ta'lant]
corajoso	сміливий	[smi'liwij]
coragem (f)	сміливість (ж)	[smi'liwistʲ]
honesto	чесний	['tʃɛsnij]
honestidade (f)	чесність (ж)	['tʃɛsnistʲ]
prudente	обережний	[obɛ'rɛʒnij]
valente	відважний	[wid'waʒnij]

| sério | серйозний | [sɛ'rʲoznij] |
| severo | суворий | [su'wɔrij] |

decidido	рішучий	[ri'ʃutʃij]
indeciso	нерішучий	[nɛri'ʃutʃij]
tímido	сором'язливий	[soro'mʲazliwij]
timidez (f)	сором'язливість (ж)	[soro'mʲazliwistʲ]

confiança (f)	довіра (ж)	[do'wira]
confiar (vt)	вірити	['wiriti]
crédulo	довірливий	[do'wirliwij]

sinceramente	щиро	['ɕiro]
sincero	щирий	['ɕirij]
sinceridade (f)	щирість (ж)	['ɕiristʲ]
aberto	відкритий	[wid'kritij]

calmo	тихий	['tiɦij]
franco	відвертий	[wid'wɛrtij]
ingénuo	наївний	[na'jiwnij]
distraído	неуважний	[nɛu'waʒnij]
engraçado	кумедний	[ku'mɛdnij]

ganância (f)	жадібність (ж)	['ʒadibnistʲ]
ganancioso	жадібний	['ʒadibnij]
avarento	скупий	[sku'pij]
mau	злий	['zlij]
teimoso	впертий	['wpɛrtij]
desagradável	неприємний	[nɛpri'ɛmnij]

egoísta (m)	егоїст (ч)	[ɛɦo'jist]
egoísta	егоїстичний	[ɛɦojis'titʃnij]
cobarde (m)	боягуз (ч)	[boja'ɦuz]
cobarde	боягузливий	[boja'ɦuzliwij]

60. O sono. Sonhos

dormir (vi)	спати	['spati]
sono (m)	сон (ч)	[son]
sonho (m)	сон (ч)	[son]
sonhar (vi)	бачити сни	['batʃiti sni]
sonolento	сонний	['sɔnij]

cama (f)	ліжко (с)	['liʒko]
colchão (m)	матрац (ч)	[mat'rats]
cobertor (m)	ковдра (ж)	['kɔwdra]
almofada (f)	подушка (ж)	[po'duʃka]
lençol (m)	простирадло (с)	[prostiʲradlo]

insónia (f)	безсоння (с)	[bɛz'sɔnʲa]
insone	безсонний	[bɛz'sɔnij]
sonífero (m)	снодійне (с)	[sno'dijnɛ]
tomar um sonífero	прийняти снодійне	[prijˈnʲati sno'dijnɛ]
estar sonolento	хотіти спати	[ho'titi 'spati]

bocejar (vi)	позіхати	[pozi'hati]
ir para a cama	йти спати	[jti 'spati]
fazer a cama	стелити ліжко	[stɛ'liti 'liʒko]
adormecer (vi)	заснути	[zas'nuti]

pesadelo (m)	страхіття (c)	[stra'hittʲa]
ronco (m)	хропіння (c)	[hro'pinʲa]
roncar (vi)	хропіти	[hro'piti]

despertador (m)	будильник (ч)	[bu'dilʲnik]
acordar, despertar (vt)	розбудити	[rozbu'diti]
acordar (vi)	прокидатися	[proki'datisʲa]
levantar-se (vr)	вставати	[wsta'wati]
lavar-se (vr)	умитися	[u'mitisʲa]

61. Humor. Riso. Alegria

humor (m)	гумор (ч)	['humor]
sentido (m) de humor	почуття (c) гумору	[potʃu'tʲa 'humoru]
divertir-se (vr)	веселитися	[wɛsɛ'litisʲa]
alegre	веселий	[wɛ'sɛlij]
alegria (f)	веселощі (мн)	[wɛ'sɛloɕi]

sorriso (m)	посмішка (ж)	['pɔsmiʃka]
sorrir (vi)	посміхатися	[posmi'hatisʲa]
começar a rir	засміятися	[zasmiʲ'atisʲa]
rir (vi)	сміятися	[smiʲ'atisʲa]
riso (m)	сміх (ч)	[smih]

anedota (f)	анекдот (ч)	[anɛk'dɔt]
engraçado	смішний	[smiʃ'nij]
ridículo	кумедний	[ku'mɛdnij]

brincar, fazer piadas	жартувати	[ʒartu'wati]
piada (f)	жарт (ч)	[ʒart]
alegria (f)	радість (ж)	['radistʲ]
regozijar-se (vr)	радіти	[ra'diti]
alegre	радісний	['radisnij]

62. Discussão, conversação. Parte 1

| comunicação (f) | спілкування (c) | [spilku'wanʲa] |
| comunicar-se (vr) | спілкуватися | [spilku'watisʲa] |

conversa (f)	розмова (ж)	[roz'mɔwa]
diálogo (m)	діалог (ч)	[dia'lɔh]
discussão (f)	дискусія (ж)	[dis'kusiʲa]
debate (m)	суперечка (ж)	[supɛ'rɛtʃka]
debater (vt)	сперечатися	[spɛrɛ'tʃatisʲa]

| interlocutor (m) | співрозмовник (ч) | [spiwroz'mɔwnik] |
| tema (m) | тема (ж) | ['tɛma] |

ponto (m) de vista	точка (ж) зору	['tɔtʃka 'zɔru]
opinião (f)	думка (ж)	['dumka]
discurso (m)	промова (ж)	[pro'mɔwa]

discussão (f)	обговорення (c)	[obɦo'wɔrɛnʲa]
discutir (vt)	обговорювати	[obɦo'wɔrʲuwati]
conversa (f)	бесіда (ж)	['bɛsida]
conversar (vi)	бесідувати	[bɛ'siduwati]
encontro (m)	зустріч (ж)	['zustritʃ]
encontrar-se (vr)	зустрічатися	[zustri'tʃatisʲa]

provérbio (m)	прислів'я (c)	[pris'liwʲʲa]
ditado (m)	приказка (ж)	['prikazka]
adivinha (f)	загадка (ж)	['zaɦadka]
dizer uma adivinha	загадувати загадку	[za'ɦaduwati 'zaɦadku]
senha (f)	пароль (ч)	[pa'rɔlʲ]
segredo (m)	секрет (ч)	[sɛk'rɛt]

juramento (m)	клятва (ж)	['klʲatwa]
jurar (vi)	клястися	['klʲastisʲa]
promessa (f)	обіцянка (ж)	[obi'tsʲanka]
prometer (vt)	обіцяти	[obi'tsʲati]

conselho (m)	порада (ж)	[po'rada]
aconselhar (vt)	радити	['raditi]
seguir o conselho	дотримуватись поради	[do'trimuwatisʲ po'radi]
escutar (~ os conselhos)	слухатись	['sluhatisʲ]

novidade, notícia (f)	новина (ж)	[nowi'na]
sensação (f)	сенсація (ж)	[sɛn'satsiʲa]
informação (f)	відомості (мн)	[wi'dɔmosti]
conclusão (f)	висновок (ч)	['wisnowok]
voz (f)	голос (ч)	['ɦɔlos]
elogio (m)	комплімент (ч)	[kompli'mɛnt]
amável	люб'язний	[lʲu'bʲʲaznij]

palavra (f)	слово (c)	['slɔwo]
frase (f)	фраза (ж)	['fraza]
resposta (f)	відповідь (ж)	['widpowidʲ]

| verdade (f) | правда (ж) | ['prawda] |
| mentira (f) | брехня (ж) | [brɛh'nʲa] |

pensamento (m)	думка (ж)	['dumka]
ideia (f)	думка (ж)	['dumka]
fantasia (f)	фантазія (ж)	[fan'taziʲa]

63. Discussão, conversação. Parte 2

estimado	шановний	[ʃa'nɔwnij]
respeitar (vt)	поважати	[powa'ʒati]
respeito (m)	повага (ж)	[po'waɦa]
Estimado ..., Caro ...	Шановний...	[ʃa'nɔwnij]
apresentar (vt)	познайомити	[pozna'jomiti]

travar conhecimento	познайомитися	[pozna'jɔmitisʲa]
intenção (f)	намір (ч)	['namir]
tencionar (vt)	мати наміри	['mati 'namiri]
desejo (m)	побажання (c)	[poba'ʒanʲa]
desejar (ex. ~ boa sorte)	побажати	[poba'ʒati]
surpresa (f)	здивування (c)	[zdiwu'wanʲa]
surpreender (vt)	дивувати	[diwu'wati]
surpreender-se (vr)	дивуватись	[diwu'watisʲ]
dar (vt)	дати	['dati]
pegar (tomar)	взяти	['wzʲati]
devolver (vt)	повернути	[powɛr'nuti]
retornar (vt)	віддати	[wid'dati]
desculpar-se (vr)	вибачатися	[wiba'tʃatisʲa]
desculpa (f)	вибачення (c)	['wibatʃɛnʲa]
perdoar (vt)	вибачати	[wiba'tʃati]
falar (vi)	розмовляти	[rozmow'lʲati]
escutar (vt)	слухати	['sluhati]
ouvir até o fim	вислухати	['wisluhati]
compreender (vt)	зрозуміти	[zrozu'miti]
mostrar (vt)	показати	[poka'zati]
olhar para …	дивитися	[di'witisʲa]
chamar (dizer em voz alta o nome)	покликати	[pok'likati]
distrair (vt)	турбувати	[turbu'wati]
perturbar (vt)	заважати	[zawa'ʒati]
entregar (~ em mãos)	передати	[pɛrɛ'dati]
pedido (m)	прохання (c)	[pro'hanʲa]
pedir (ex. ~ ajuda)	просити	[pro'siti]
exigência (f)	вимога (ж)	[wi'mɔha]
exigir (vt)	вимагати	[wima'hati]
chamar nomes (vt)	дражнити	[draʒ'niti]
zombar (vt)	насміхатися	[nasmi'hatisʲa]
zombaria (f)	насмішка (ж)	[na'smiʃka]
alcunha (f)	прізвисько (c)	['prizwisʲko]
insinuação (f)	натяк (ч)	['natʲak]
insinuar (vt)	натякати	[natʲa'kati]
subentender (vt)	мати на увазі	['mati na u'wazi]
descrição (f)	опис (ч)	['ɔpis]
descrever (vt)	описати	[opi'sati]
elogio (m)	похвала (ж)	[pohwa'la]
elogiar (vt)	хвалити	[hwa'liti]
desapontamento (m)	розчарування (c)	[roztʃaru'wanʲa]
desapontar (vt)	розчарувати	[roztʃaru'wati]
desapontar-se (vr)	розчаруватися	[roztʃaru'watisʲa]
suposição (f)	припущення (c)	[pri'puçɛnʲa]
supor (vt)	припускати	[pripus'kati]

| advertência (f) | застереження (c) | [zastɛ'rɛʒɛnʲa] |
| advertir (vt) | застерегти | [zastɛrɛɦ'ti] |

64. Discussão, conversação. Parte 3

| convencer (vt) | умовити | [u'mɔwiti] |
| acalmar (vt) | заспокоювати | [zaspo'kɔʲuwati] |

silêncio (o ~ é de ouro)	мовчання (c)	[mow'tʃanʲa]
ficar em silêncio	мовчати	[mow'tʃati]
sussurrar (vt)	шепнути	[ʃɛp'nuti]
sussurro (m)	шепіт (ч)	['ʃɛpit]

| francamente | відверто | [wid'wɛrto] |
| a meu ver ... | на мою думку... | [na mo'ʲu 'dumku] |

detalhe (~ da história)	деталь (ж)	[dɛ'talʲ]
detalhado	детальний	[dɛ'talʲnij]
detalhadamente	детально	[dɛ'talʲno]

| dica (f) | підказка (ж) | [pid'kazka] |
| dar uma dica | підказати | [pidka'zati] |

olhar (m)	погляд (ч)	['pɔɦlʲad]
dar uma vista de olhos	поглянути	[poɦ'lʲanuti]
fixo (olhar ~)	нерухомий	[nɛru'hɔmij]
piscar (vi)	кліпати	['klipati]
pestanejar (vt)	підморгнути	[pidmorɦ'nuti]
acenar (com a cabeça)	кивнути	[kiw'nuti]

suspiro (m)	зітхання (c)	[zit'hanʲa]
suspirar (vi)	зітхнути	[zith'nuti]
estremecer (vi)	здригатися	[zdri'ɦatisʲa]
gesto (m)	жест (ч)	[ʒɛst]
tocar (com as mãos)	доторкнутися	[dotor'knutisʲa]
agarrar (~ pelo braço)	хапати	[ha'pati]
bater de leve	плескати	[plɛs'kati]

Cuidado!	Обережно!	[obɛ'rɛʒno]
A sério?	Невже?	[nɛw'ʒɛ]
Tem certeza?	Ти впевнений?	[ti 'wpɛwnɛnij]
Boa sorte!	Хай щастить!	[haj ɕas'titʲ]
Compreendi!	Зрозуміло!	[zrozu'milo]
Que pena!	Шкода!	['ʃkɔda]

65. Acordo. Recusa

consentimento (~ mútuo)	згода (ж)	['zɦɔda]
consentir (vi)	погоджуватися	[po'ɦɔdʒuwatisʲa]
aprovação (f)	схвалення (c)	[sh'walɛnʲa]
aprovar (vt)	схвалити	[shwa'liti]
recusa (f)	відмова (ж)	[wid'mɔwa]

negar-se (vt)	відмовлятися	[widmow'lʲatisʲa]
Está ótimo!	Чудово!	[ʧu'dowo]
Muito bem!	Добре!	['dɔbrɛ]
Está bem! De acordo!	Згода!	['zɦɔda]

proibido	заборонений	[zabo'rɔnɛnij]
é proibido	не можна	[nɛ 'mɔʒna]
é impossível	неможливо	[nɛmoʒ'łiwo]
incorreto	помилковий	[pomił'kɔwij]

rejeitar (~ um pedido)	відхилити	[widhi'liti]
apoiar (vt)	підтримати	[pid'trimati]
aceitar (desculpas, etc.)	прийняти	[prij'nʲati]

confirmar (vt)	підтвердити	[pid'twɛrditi]
confirmação (f)	підтвердження (c)	[pid'twɛrdʒɛnʲa]
permissão (f)	дозвіл (ч)	['dɔzwil]
permitir (vt)	дозволити	[doz'woliti]
decisão (f)	рішення (c)	['riʃɛnʲa]
não dizer nada	промовчати	[promow'ʧati]

condição (com uma ~)	умова (ж)	[u'mɔwa]
pretexto (m)	відмовка (ж)	[wid'mɔwka]
elogio (m)	похвала (ж)	[pohwa'la]
elogiar (vt)	хвалити	[hwa'liti]

66. Sucesso. Boa sorte. Insucesso

êxito, sucesso (m)	успіх (ч)	['uspih]
com êxito	успішно	[us'piʃno]
bem sucedido	успішний	[us'piʃnij]

sorte (fortuna)	везіння (c)	[wɛ'zinʲa]
Boa sorte!	Хай щастить!	[haj ɕas'titʲ]
de sorte	вдалий	['wdalij]
sortudo, felizardo	везучий	[wɛ'zuʧij]

fracasso (m)	невдача (ж)	[nɛw'daʧa]
pouca sorte (f)	невдача (ж)	[nɛw'daʧa]
azar (m), má sorte (f)	невезіння (c)	[nɛwɛ'zinʲa]

| mal sucedido | невдалий | [nɛw'dalij] |
| catástrofe (f) | катастрофа (ж) | [kata'strofa] |

orgulho (m)	гордість (ж)	['ɦordistʲ]
orgulhoso	гордовитий	[ɦordo'witij]
estar orgulhoso	гордитися	[ɦor'ditisʲa]

vencedor (m)	переможець (ч)	[pɛrɛ'mɔʒɛʦ]
vencer (vi)	перемогти	[pɛrɛmoɦ'ti]
perder (vt)	програти	[proɦ'rati]
tentativa (f)	спроба (ж)	['sprɔba]
tentar (vt)	намагатися	[nama'ɦatisʲa]
chance (m)	шанс (ч)	[ʃans]

67. Conflitos. Emoções negativas

grito (m)	крик (ч)	[krik]
gritar (vi)	кричати	[kri'tʃati]
começar a gritar	закричати	[zakri'tʃati]
discussão (f)	сварка (ж)	['swarka]
discutir (vt)	сваритися	[swa'ritisʲa]
escândalo (m)	скандал (ч)	[skan'dal]
criar escândalo	сваритися	[swa'ritisʲa]
conflito (m)	конфлікт (ч)	[kon'flikt]
mal-entendido (m)	непорозуміння (с)	[nɛporozu'minʲa]
insulto (m)	приниження (с)	[pri'niʒɛnʲa]
insultar (vt)	принизити	[pri'niziti]
insultado	принижений	[pri'niʒɛnij]
ofensa (f)	образа (ж)	[ob'raza]
ofender (vt)	образити	[ob'raziti]
ofender-se (vr)	образитись	[ob'razitisʲ]
indignação (f)	обурення (с)	[o'burɛnʲa]
indignar-se (vr)	обурюватися	[o'burʲuwatisʲa]
queixa (f)	скарга (ж)	['skarɦa]
queixar-se (vr)	скаржитися	['skarʒitisʲa]
desculpa (f)	вибачення (с)	['wibatʃɛnʲa]
desculpar-se (vr)	вибачатися	[wiba'tʃatisʲa]
pedir perdão	просити вибачення	[pro'sitʲ 'wibatʃɛnʲa]
crítica (f)	критика (ж)	['kritika]
criticar (vt)	критикувати	[kritiku'wati]
acusação (f)	обвинувачення (с)	[obwinu'watʃɛnʲa]
acusar (vt)	звинувачувати	[zwinu'watʃuwati]
vingança (f)	помста (ж)	['pɔmsta]
vingar (vt)	мстити	['mstiti]
vingar-se (vr)	помститися	[poms'titisʲa]
desprezo (m)	зневага (ж)	[znɛ'waɦa]
desprezar (vt)	зневажати	[znɛwa'ʒati]
ódio (m)	ненависть (ж)	[nɛ'nawistʲ]
odiar (vt)	ненавидіти	[nɛna'widiti]
nervoso	нервовий	[nɛr'wɔwij]
estar nervoso	нервувати	[nɛrwu'wati]
zangado	сердитий	[sɛr'ditij]
zangar (vt)	розсердити	[roz'sɛrditi]
humilhação (f)	приниження (с)	[pri'niʒɛnʲa]
humilhar (vt)	принижувати	[pri'niʒuwati]
humilhar-se (vr)	принижуватись	[pri'niʒuwatisʲ]
choque (m)	шок (ч)	[ʃok]
chocar (vt)	шокувати	[ʃoku'wati]
aborrecimento (m)	неприємність (ж)	[nɛpri'ɛmnistʲ]

desagradável	неприємний	[nɛpri'ɛmnij]
medo (m)	страх (ч)	[strah]
terrível (tempestade, etc.)	страшний	['straʃnij]
assustador (ex. história ~a)	страшний	['straʃnij]
horror (m)	жах (ч)	[ʒah]
horrível (crime, etc.)	жахливий	[ʒah'liwij]
começar a tremer	почати тремтіти	[po'tʃati trɛm'titi]
chorar (vi)	плакати	['plakati]
começar a chorar	заплакати	[za'plakati]
lágrima (f)	сльоза (ж)	[slʲo'za]
falta (f)	провина (ж)	[pro'wina]
culpa (f)	провина (ж)	[pro'wina]
desonra (f)	ганьба (ж)	[ɦanʲ'ba]
protesto (m)	протест (ч)	[pro'tɛst]
stresse (m)	стрес (ч)	['strɛs]
perturbar (vt)	заважати	[zawa'ʒati]
zangar-se com …	лютувати	[lʲutu'wati]
zangado	злий	['zlij]
terminar (vt)	припиняти	[pripi'nʲati]
praguejar	лаятися	['laʲatisʲa]
assustar-se	лякатися	[lʲa'katisʲa]
golpear (vt)	ударити	[u'dariti]
brigar (na rua, etc.)	битися	['bitisʲa]
resolver (o conflito)	урегулювати	[urɛɦulʲu'wati]
descontente	незадоволений	[nɛzado'wolɛnij]
furioso	розлючений	[roz'lʲutʃɛnij]
Não está bem!	Це недобре!	[tsɛ nɛ'dobrɛ]
É mau!	Це погано!	[tsɛ po'ɦano]

Medicina

doença (f)	хвороба (ж)	[hwo'rɔba]
estar doente	хворіти	[hwo'riti]
saúde (f)	здоров'я (с)	[zdo'rɔwˀja]
nariz (m) a escorrer	нежить (ч)	['nɛʒitʲ]
amigdalite (f)	ангіна (ж)	[an'ɦina]
constipação (f)	застуда (ж)	[za'studa]
constipar-se (vr)	застудитися	[zastu'ditisʲa]
bronquite (f)	бронхіт (ч)	[bron'hit]
pneumonia (f)	запалення (с) легенів	[za'palɛnja lɛ'ɦɛniw]
gripe (f)	грип (ч)	[ɦrip]
míope	короткозорий	[korotko'zɔrij]
presbita	далекозорий	[dalɛko'zɔrij]
estrabismo (m)	косоокість (ж)	[koso'ɔkistʲ]
estrábico	косоокий	[koso'ɔkij]
catarata (f)	катаракта (ж)	[kata'rakta]
glaucoma (m)	глаукома (ж)	[ɦlau'kɔma]
AVC (m), apoplexia (f)	інсульт (ч)	[in'sulʲt]
ataque (m) cardíaco	інфаркт (ч)	[in'farkt]
enfarte (m) do miocárdio	інфаркт (ч) міокарду	[in'farkt mio'kardu]
paralisia (f)	параліч (ч)	[para'litʃ]
paralisar (vt)	паралізувати	[paralizu'wati]
alergia (f)	алергія (ж)	[alɛr'ɦiʲa]
asma (f)	астма (ж)	['astma]
diabetes (f)	діабет (ч)	[dia'bɛt]
dor (f) de dentes	зубний біль (ч)	[zub'nij bilʲ]
cárie (f)	карієс (ч)	['kariɛs]
diarreia (f)	діарея (ж)	[dia'rɛʲa]
prisão (f) de ventre	запор (ч)	[za'pɔr]
desarranjo (m) intestinal	розлад (ч) шлунку	['rɔzlad 'ʃlunku]
intoxicação (f) alimentar	отруєння (с)	[ot'ruɛnʲa]
intoxicar-se	отруїтись	[otru'jitisʲ]
artrite (f)	артрит (ч)	[art'rit]
raquitismo (m)	рахіт (ч)	[ra'hit]
reumatismo (m)	ревматизм (ч)	[rɛwma'tizm]
arteriosclerose (f)	атеросклероз (ч)	[atɛrosklɛ'rɔz]
gastrite (f)	гастрит (ч)	[ɦast'rit]
apendicite (f)	апендицит (ч)	[apɛndi'tsit]

colecistite (f)	холецистит (ч)	[holɛtsis'tit]
úlcera (f)	виразка (ж)	['wirazka]
sarampo (m)	кір (ч)	[kir]
rubéola (f)	краснуха (ж)	[kras'nuha]
iterícia (f)	жовтуха (ж)	[ʒow'tuha]
hepatite (f)	гепатит (ч)	[ɦɛpa'tit]
esquizofrenia (f)	шизофренія (ж)	[ʃizofrɛ'niʲa]
raiva (f)	сказ (ч)	[skaz]
neurose (f)	невроз (ч)	[nɛw'rɔz]
comoção (f) cerebral	струс (ч) мозку	['strus 'mɔzku]
cancro (m)	рак (ч)	[rak]
esclerose (f)	склероз (ч)	[sklɛ'rɔz]
esclerose (f) múltipla	розсіяний склероз (ч)	[roz'siʲanij sklɛ'rɔz]
alcoolismo (m)	алкоголізм (ч)	[alkoɦo'lizm]
alcoólico (m)	алкоголік (ч)	[alko'ɦolik]
sífilis (f)	сифіліс (ч)	['sifilis]
SIDA (f)	СНІД (ч)	[snid]
tumor (m)	пухлина (ж)	[puh'lina]
maligno	злоякісна	[zlo'ʲakisna]
benigno	доброякісна	[dobro'ʲakisna]
febre (f)	гарячка (ж)	[ɦa'rʲatʃka]
malária (f)	малярія (ж)	[malʲa'riʲa]
gangrena (f)	гангрена (ж)	[ɦan'ɦrɛna]
enjoo (m)	морська хвороба (ж)	[morsʲ'ka hwo'rɔba]
epilepsia (f)	епілепсія (ж)	[ɛpi'lɛpsiʲa]
epidemia (f)	епідемія (ж)	[ɛpi'dɛmiʲa]
tifo (m)	тиф (ч)	[tif]
tuberculose (f)	туберкульоз (ч)	[tubɛrku'lʲoz]
cólera (f)	холера (ж)	[ho'lɛra]
peste (f)	чума (ж)	[tʃu'ma]

69. Sintomas. Tratamentos. Parte 1

sintoma (m)	симптом (ч)	[simp'tɔm]
temperatura (f)	температура (ж)	[tɛmpɛra'tura]
febre (f)	висока температура (ж)	[wi'sɔka tɛmpɛra'tura]
pulso (m)	пульс (ч)	[pulʲs]
vertigem (f)	запаморочення (с)	[za'pamorotʃɛnʲa]
quente (testa, etc.)	гарячий	[ɦa'rʲatʃij]
calafrio (m)	озноб (ч)	[oz'nɔb]
pálido	блідий	[bli'dij]
tosse (f)	кашель (ч)	['kaʃɛlʲ]
tossir (vi)	кашляти	['kaʃlʲati]
espirrar (vi)	чхати	['tʃhati]
desmaio (m)	непритомність (ж)	[nɛpri'tomnistʲ]

desmaiar (vi)	знепритомніти	[znɛpri'tɔmniti]
nódoa (f) negra	синець (ч)	[si'nɛts]
galo (m)	гуля (ж)	['ɦulʲa]
magoar-se (vr)	ударитись	[u'daritisʲ]
pisadura (f)	забите місце (с)	[za'bitɛ 'mistsɛ]
aleijar-se (vr)	забитися	[za'bitisʲa]
coxear (vi)	кульгати	[kulʲ'ɦati]
deslocação (f)	вивих (ч)	['wiwih]
deslocar (vt)	вивихнути	['wiwihnuti]
fratura (f)	перелом (ч)	[pɛrɛ'lɔm]
fraturar (vt)	отримати перелом	[ot'rimati pɛrɛ'lɔm]
corte (m)	поріз (ч)	[po'riz]
cortar-se (vr)	порізатися	[po'rizatisʲa]
hemorragia (f)	кровотеча (ж)	[krowo'tɛtʃa]
queimadura (f)	опік (ч)	['ɔpik]
queimar-se (vr)	обпектися	[obpɛk'tisʲa]
picar (vt)	уколоти	[uko'lɔti]
picar-se (vr)	уколотися	[uko'lɔtisʲa]
lesionar (vt)	пошкодити	[poʃ'kɔditi]
lesão (m)	ушкодження (с)	[uʃ'kɔdʒɛnʲa]
ferida (f), ferimento (m)	рана (ж)	['rana]
trauma (m)	травма (ж)	['trawma]
delirar (vi)	марити	['mariti]
gaguejar (vi)	заїкатися	[zaji'katisʲa]
insolação (f)	сонячний удар (ч)	['sɔnʲatʃnij u'dar]

70. Sintomas. Tratamentos. Parte 2

dor (f)	біль (ч)	[bilʲ]
farpa (no dedo)	скалка (ж)	['skalka]
suor (m)	піт (ч)	[pit]
suar (vi)	спітніти	[spit'niti]
vómito (m)	блювота (ж)	[blʲu'wɔta]
convulsões (f pl)	судома (ж)	[su'dɔma]
grávida	вагітна	[wa'ɦitna]
nascer (vi)	народитися	[naro'ditisʲa]
parto (m)	пологи (мн)	[po'lɔɦi]
dar à luz	народжувати	[na'rɔdʒuwati]
aborto (m)	аборт (ч)	[a'bɔrt]
respiração (f)	дихання (с)	['dihanʲa]
inspiração (f)	вдих (ч)	[wdih]
expiração (f)	видих (ч)	['widih]
expirar (vi)	видихнути	['widihnuti]
inspirar (vi)	зробити вдих	[zro'biti wdih]
inválido (m)	інвалід (ч)	[inwa'lid]
aleijado (m)	каліка (ч)	[ka'lika]

toxicodependente (m)	наркоман (ч)	[narko'man]
surdo	глухий	[ɦlu'hij]
mudo	німий	[ni'mij]
surdo-mudo	глухонімий	[ɦluhoni'mij]
louco (adj.)	божевільний	[boʒɛ'wilʲnij]
louco (m)	божевільний (ч)	[boʒɛ'wilʲnij]
louca (f)	божевільна (ж)	[boʒɛ'wilʲna]
ficar louco	збожеволіти	[zboʒɛ'wɔliti]
gene (m)	ген (ч)	[ɦɛn]
imunidade (f)	імунітет (ч)	[imuni'tɛt]
hereditário	спадковий	[spad'kɔwij]
congénito	вроджений	['wrɔdʒɛnij]
vírus (m)	вірус (ч)	['wirus]
micróbio (m)	мікроб (ч)	[mik'rɔb]
bactéria (f)	бактерія (ж)	[bak'tɛriʲa]
infeção (f)	інфекція (ж)	[in'fɛktsiʲa]

71. Sintomas. Tratamentos. Parte 3

hospital (m)	лікарня (ж)	[li'karnʲa]
paciente (m)	пацієнт (ч)	[patsi'ɛnt]
diagnóstico (m)	діагноз (ч)	[di'aɦnoz]
cura (f)	лікування (с)	[liku'wanʲa]
tratamento (m) médico	лікування (с)	[liku'wanʲa]
curar-se (vr)	лікуватися	[liku'watisʲa]
tratar (vt)	лікувати	[liku'wati]
cuidar (pessoa)	доглядати	[doɦlʲa'dati]
cuidados (m pl)	догляд (ч)	['dɔɦlʲad]
operação (f)	операція (ж)	[opɛ'ratsiʲa]
enfaixar (vt)	перев'язати	[pɛrɛw²a'zati]
enfaixamento (m)	перев'язка (ж)	[pɛrɛ'w²azka]
vacinação (f)	щеплення (с)	['ɕɛplɛnʲa]
vacinar (vt)	робити щеплення	[ro'biti 'ɕɛplɛnʲa]
injeção (f)	ін'єкція (ж)	[i'n²ɛktsiʲa]
dar uma injeção	робити укол	[ro'biti u'kɔl]
ataque (~ de asma, etc.)	напад	['napad]
amputação (f)	ампутація (ж)	[ampu'tatsiʲa]
amputar (vt)	ампутувати	[amputu'wati]
coma (f)	кома (ж)	['kɔma]
estar em coma	бути в комі	['buti w 'kɔmi]
reanimação (f)	реанімація (ж)	[rɛani'matsiʲa]
recuperar-se (vr)	видужувати	[wi'duʒuwati]
estado (~ de saúde)	стан (ч)	['stan]
consciência (f)	свідомість (ж)	[swi'dɔmistʲ]
memória (f)	пам'ять (ж)	['pam²atʲ]
tirar (vt)	видалити	['widaliti]

chumbo (m), obturação (f)	пломба (ж)	['plɔmba]
chumbar, obturar (vt)	пломбувати	[plombu'wati]
hipnose (f)	гіпноз (ч)	[ɦip'nɔz]
hipnotizar (vt)	гіпнотизувати	[ɦipnotizu'wati]

72. Médicos

médico (m)	лікар (ч)	['likar]
enfermeira (f)	медсестра (ж)	[mɛdsɛst'ra]
médico (m) pessoal	особистий лікар (ч)	[oso'bistij 'likar]
dentista (m)	стоматолог (ч)	[stoma'tɔloɦ]
oculista (m)	окуліст (ч)	[oku'list]
terapeuta (m)	терапевт (ч)	[tɛra'pɛwt]
cirurgião (m)	хірург (ч)	[hi'rurɦ]
psiquiatra (m)	психіатр (ч)	[psiɦi'atr]
pediatra (m)	педіатр (ч)	[pɛdi'atr]
psicólogo (m)	психолог (ч)	[psi'hɔloɦ]
ginecologista (m)	гінеколог (ч)	[ɦinɛ'kɔloɦ]
cardiologista (m)	кардіолог (ч)	[kardi'ɔloɦ]

73. Medicina. Drogas. Acessórios

medicamento (m)	ліки (мн)	['liki]
remédio (m)	засіб (ч)	['zasib]
receitar (vt)	прописати	[propi'sati]
receita (f)	рецепт (ч)	[rɛ'ʦɛpt]
comprimido (m)	пігулка (ж)	[pi'ɦulka]
pomada (f)	мазь (ж)	[mazʲ]
ampola (f)	ампула (ж)	['ampula]
preparado (m)	мікстура (ж)	[miks'tura]
xarope (m)	сироп (ч)	[si'rɔp]
cápsula (f)	пігулка (ж)	[pi'ɦulka]
remédio (m) em pó	порошок (ч)	[poro'ʃɔk]
ligadura (f)	бинт (ч)	[bint]
algodão (m)	вата (ж)	['wata]
iodo (m)	йод (ч)	[ʲod]
penso (m) rápido	лейкопластир (ч)	[lɛjko'plastir]
conta-gotas (m)	піпетка (ж)	[pi'pɛtka]
termómetro (m)	градусник (ч)	['ɦradusnik]
seringa (f)	шприц (ч)	[ʃpriʦ]
cadeira (f) de rodas	інвалідне крісло (с)	[inwa'lidnɛ 'krislo]
muletas (f pl)	милиці (мн)	['miliʦi]
analgésico (m)	знеболювальне (с)	[znɛ'bɔlʲuwalʲnɛ]
laxante (m)	проносне (с)	[pronos'nɛ]

álcool (m) etílico	спирт (ч)	[spirt]
ervas (f pl) medicinais	лікарська трава (ж)	['likarsʲka tra'wa]
de ervas (chá ~)	трав'яний	[trawʲa'nij]

74. Fumar. Produtos tabágicos

tabaco (m)	тютюн (ч)	[tʲu'tʲun]
cigarro (m)	цигарка (ж)	[tsi'harka]
charuto (m)	сигара (ж)	[si'hara]
cachimbo (m)	люлька (ж)	['lʲulʲka]
maço (~ de cigarros)	пачка (ж)	['patʃka]

fósforos (m pl)	сірники (мн)	[sirni'kɨ]
caixa (f) de fósforos	сірникова коробка (ж)	[sirni'kowa ko'rɔbka]
isqueiro (m)	запальничка (ж)	[zapalʲ'nitʃka]
cinzeiro (m)	попільниця (ж)	[popilʲ'nitsʲa]
cigarreira (f)	портсигар (ч)	[portsi'har]

| boquilha (f) | мундштук (ч) | [mund'ʃtuk] |
| filtro (m) | фільтр (ч) | ['filʲtr] |

fumar (vi, vt)	палити	[pa'lɨti]
acender um cigarro	запалити	[zapa'lɨti]
tabagismo (m)	паління (с)	[pa'linʲa]
fumador (m)	курець (ч)	[ku'rɛts]

beata (f)	недопалок (ч)	[nɛdo'palok]
fumo (m)	дим (ч)	[dim]
cinza (f)	попіл (ч)	['pɔpil]

HABITAT HUMANO

Cidade

75. Cidade. Vida na cidade

cidade (f)	мі́сто (c)	['misto]
capital (f)	столи́ця (ж)	[stoˈliʦʲa]
aldeia (f)	село́ (c)	[sɛˈlɔ]
mapa (m) da cidade	план (ч) мі́ста	[plan ˈmista]
centro (m) da cidade	центр (ч) мі́ста	[ʦɛntr ˈmista]
subúrbio (m)	передмі́стя (c)	[pɛrɛdˈmistʲa]
suburbano	примі́ський	[primisʲˈkij]
periferia (f)	околи́ця (ж)	[oˈkɔliʦʲa]
arredores (m pl)	околи́ці (мн)	[oˈkɔliʦi]
quarteirão (m)	кварта́л (ч)	[kwarˈtal]
quarteirão (m) residencial	житлови́й кварта́л (ч)	[ʒitloˈwij kwarˈtal]
tráfego (m)	вули́чний рух (ч)	[ˈwuliʧnij ruh]
semáforo (m)	світлофо́р (ч)	[switloˈfor]
transporte (m) público	місь́кий тра́нспорт (ч)	[misʲˈkij ˈtransport]
cruzamento (m)	перехре́стя (c)	[pɛrɛhˈrɛstʲa]
passadeira (f)	пішохі́дний перехі́д (ч)	[piʃoˈhidnij pɛrɛˈhid]
passagem (f) subterrânea	підзе́мний перехі́д (ч)	[piˈdzɛmnij pɛrɛˈhid]
cruzar, atravessar (vt)	перехо́дити	[pɛrɛˈhɔditi]
peão (m)	пішохі́д (ч)	[piʃoˈhid]
passeio (m)	тротуа́р (ч)	[trotuˈar]
ponte (f)	міст (ч)	[mist]
margem (f) do rio	набере́жна (ж)	[ˈnabɛrɛʒna]
fonte (f)	фонта́н (ч)	[fonˈtan]
alameda (f)	але́я (ж)	[aˈlɛʲa]
parque (m)	парк (ч)	[park]
bulevar (m)	бульва́р (ч)	[bulʲˈwar]
praça (f)	пло́ща (ж)	[ˈplɔɕa]
avenida (f)	проспе́кт (ч)	[prosˈpɛkt]
rua (f)	ву́лиця (ж)	[ˈwuliʦʲa]
travessa (f)	прову́лок (ч)	[proˈwulok]
beco (m) sem saída	глухи́й кут (ч)	[ɦluˈhij kut]
casa (f)	буди́нок (ч)	[buˈdinok]
edifício, prédio (m)	спору́да (ж)	[spoˈruda]
arranha-céus (m)	хмарочо́с (ч)	[hmaroˈʧɔs]
fachada (f)	фаса́д (ч)	[faˈsad]
telhado (m)	дах (ч)	[dah]

janela (f)	вікно (c)	[wik'nɔ]
arco (m)	арка (ж)	['arka]
coluna (f)	колона (ж)	[ko'lɔna]
esquina (f)	ріг (ч)	[riɦ]

montra (f)	вітрина (ж)	[wi'trina]
letreiro (m)	вивіска (ж)	['wiwiska]
cartaz (m)	афіша (ж)	[a'fiʃa]
cartaz (m) publicitário	рекламний плакат (ч)	[rɛk'lamnij pla'kat]
painel (m) publicitário	рекламний щит (ч)	[rɛk'lamnij ɕit]

lixo (m)	сміття (c)	[smit'tʲa]
cesta (f) do lixo	урна (ж)	['urna]
jogar lixo na rua	смітити	[smi'titi]
aterro (m) sanitário	смітник (ч)	[smit'nik]

cabine (f) telefónica	телефонна будка (ж)	[tɛlɛ'fona 'budka]
candeeiro (m) de rua	ліхтарний стовп (ч)	[lih'tarnij stowp]
banco (m)	лавка (ж)	['lawka]

polícia (m)	поліцейський (ч)	[poli'tsɛjsʲkij]
polícia (instituição)	поліція (ж)	[po'litsʲiʲa]
mendigo (m)	жебрак (ч)	[ʒɛb'rak]
sem-abrigo (m)	безпритульний (ч)	[bɛzpri'tulʲnij]

76. Instituições urbanas

loja (f)	магазин (ч)	[maɦa'zin]
farmácia (f)	аптека (ж)	[ap'tɛka]
ótica (f)	оптика (ж)	['ɔptika]
centro (m) comercial	торгівельний центр (ч)	[torɦi'wɛlʲnij 'tsɛntr]
supermercado (m)	супермаркет (ч)	[supɛr'markɛt]

padaria (f)	пекарня (ж)	[pɛ'karnʲa]
padeiro (m)	пекар (ч)	['pɛkar]
pastelaria (f)	кондитерська (ж)	[kon'ditɛrsʲka]
mercearia (f)	бакалія (ж)	[baka'liʲa]
talho (m)	м'ясний магазин (ч)	[mʲas'nij maɦa'zin]

| loja (f) de legumes | овочевий магазин (ч) | [owo'tʃɛwij maɦa'zin] |
| mercado (m) | ринок (ч) | ['rinok] |

café (m)	кав'ярня (ж)	[ka'wʲarnʲa]
restaurante (m)	ресторан (ч)	[rɛsto'ran]
bar (m), cervejaria (f)	пивна (ж)	[piw'na]
pizzaria (f)	піцерія (ж)	[pitsɛ'riʲa]

salão (m) de cabeleireiro	перукарня (ж)	[pɛru'karnʲa]
correios (m pl)	пошта (ж)	['pɔʃta]
lavandaria (f)	хімчистка (ж)	[him'tʃistka]
estúdio (m) fotográfico	фотоательє (c)	[fotoatɛ'ljɛ]

| sapataria (f) | взуттєвий магазин (ч) | [wzut'tɛwij maɦa'zin] |
| livraria (f) | книгарня (ж) | [kni'ɦarnʲa] |

loja (f) de artigos de desporto | спортивний магазин (ч) | [spor'tiwnij maɦa'zin]
reparação (f) de roupa | ремонт (ч) одягу | [rɛ'mɔnt 'ɔdʲaɦu]
aluguer (m) de roupa | прокат (ч) одягу | [pro'kat 'ɔdʲaɦu]
aluguer (m) de filmes | прокат (ч) фільмів | [pro'kat 'filʲmiw]

circo (m) | цирк (ч) | [ʦirk]
jardim (m) zoológico | зоопарк (ч) | [zoo'park]
cinema (m) | кінотеатр (ч) | [kinotɕ'atr]
museu (m) | музей (ч) | [mu'zɛj]
biblioteca (f) | бібліотека (ж) | [biblio'tɛka]

teatro (m) | театр (ч) | [tɛ'atr]
ópera (f) | опера (ж) | ['ɔpɛra]
clube (m) noturno | нічний клуб (ч) | [niʧ'nij klub]
casino (m) | казино (с) | [kazi'nɔ]

mesquita (f) | мечеть (ж) | [mɛ'tʃɛtʲ]
sinagoga (f) | синагога (ж) | [sina'ɦɔɦa]
catedral (f) | собор (ч) | [so'bɔr]
templo (m) | храм (ч) | [hram]
igreja (f) | церква (ж) | ['ʦɛrkwa]

instituto (m) | інститут (ч) | [insti'tut]
universidade (f) | університет (ч) | [uniwɛrsi'tɛt]
escola (f) | школа (ж) | ['ʃkɔla]

prefeitura (f) | префектура (ж) | [prɛfɛk'tura]
câmara (f) municipal | мерія (ж) | ['mɛriʲa]
hotel (m) | готель (ч) | [ɦo'tɛlʲ]
banco (m) | банк (ч) | [bank]

embaixada (f) | посольство (с) | [po'sɔlʲstwo]
agência (f) de viagens | турагентство (с) | [tura'ɦɛnʦtwo]
agência (f) de informações | довідкове бюро (с) | [dowid'kɔwɛ bʲu'rɔ]
casa (f) de câmbio | обмінний пункт (ч) | [ob'minij punkt]

metro (m) | метро (с) | [mɛt'rɔ]
hospital (m) | лікарня (ж) | [li'karnʲa]

posto (m) de gasolina | автозаправка (ж) | [awtoza'prawka]
parque (m) de estacionamento | автостоянка (ж) | [awtosto'ʲanka]

77. Transportes urbanos

autocarro (m) | автобус (ч) | [aw'tɔbus]
elétrico (m) | трамвай (ч) | [tram'waj]
troleicarro (m) | тролейбус (ч) | [tro'lɛjbus]
itinerário (m) | маршрут (ч) | [marʃ'rut]
número (m) | номер (ч) | ['nɔmɛr]

ir de ... (carro, etc.) | їхати на... | ['jihati na]
entrar (~ no autocarro) | сісти | ['sisti]
descer de ... | вийти | ['wijti]
paragem (f) | зупинка (ж) | [zu'pɨnka]

próxima paragem (f)	наступна зупинка (ж)	[na'stupna zu'pinka]
ponto (m) final	кінцева зупинка (ж)	[kin'tsɛwa zu'pinka]
horário (m)	розклад (ч)	['rɔzklad]
esperar (vt)	чекати	[tʃɛ'kati]
bilhete (m)	квиток (ч)	[kwi'tɔk]
custo (m) do bilhete	вартість (ж) квитка	['wartistʲ kwit'ka]
bilheteiro (m)	касир (ч)	[ka'sir]
controlo (m) dos bilhetes	контроль (ч)	[kon'trɔlʲ]
revisor (m)	контролер (ч)	[kontro'lɛr]
atrasar-se (vr)	запізнюватися	[za'piznʲuwatisʲa]
perder (o autocarro, etc.)	спізнитися	[spiz'nitisʲa]
estar com pressa	поспішати	[pospi'ʃati]
táxi (m)	таксі (c)	[tak'si]
taxista (m)	таксист (ч)	[tak'sist]
de táxi (ir ~)	на таксі	[na tak'si]
praça (f) de táxis	стоянка таксі	[sto'ʲanka tak'si]
chamar um táxi	викликати таксі	['wiklikati tak'si]
apanhar um táxi	взяти таксі	['wzʲati tak'si]
tráfego (m)	вуличний рух (ч)	['wulitʃnij ruh]
engarrafamento (m)	затор (ч)	[za'tɔr]
horas (f pl) de ponta	години (мн) пік	[ho'dini pik]
estacionar (vi)	паркуватися	[parku'watisʲa]
estacionar (vt)	паркувати	[parku'wati]
parque (m) de estacionamento	стоянка (ж)	[sto'ʲanka]
metro (m)	метро (c)	[mɛt'rɔ]
estação (f)	станція (ж)	['stantsiʲa]
ir de metro	їхати в метро	['jihati w mɛt'rɔ]
comboio (m)	поїзд (ч)	['pɔjizd]
estação (f)	вокзал (ч)	[wok'zal]

78. Turismo

monumento (m)	пам'ятник (ч)	['pamʲatnik]
fortaleza (f)	фортеця (ж)	[for'tɛtsʲa]
palácio (m)	палац (ч)	[pa'lats]
castelo (m)	замок (ч)	['zamok]
torre (f)	вежа (ж)	['wɛʒa]
mausoléu (m)	мавзолей (ч)	[mawzo'lɛj]
arquitetura (f)	архітектура (ж)	[arhitɛk'tura]
medieval	середньовічний	[sɛrɛdnʲo'witʃnij]
antigo	старовинний	[staro'winij]
nacional	національний	[natsio'nalʲnij]
conhecido	відомий	[wi'dɔmij]
turista (m)	турист (ч)	[tu'rist]
guia (pessoa)	гід (ч)	[hid]
excursão (f)	екскурсія (ж)	[ɛks'kursiʲa]

| mostrar (vt) | показувати | [po'kazuwati] |
| contar (vt) | розповідати | [rozpowi'dati] |

encontrar (vt)	знайти	[znaj'ti]
perder-se (vr)	загубитися	[zaɦu'bitisʲa]
mapa (~ do metrô)	схема (ж)	['shɛma]
mapa (~ da cidade)	план (ч)	[plan]

lembrança (f), presente (m)	сувенір (ч)	[suwɛ'nir]
loja (f) de presentes	магазин (ч) сувенірів	[maɦa'zin suwɛ'niriw]
fotografar (vt)	фотографувати	[fotoɦrafu'wati]
fotografar-se	фотографуватися	[fotoɦrafu'watisʲa]

79. Compras

comprar (vt)	купляти	[kup'lʲati]
compra (f)	покупка (ж)	[po'kupka]
fazer compras	робити покупки	[ro'biti po'kupki]
compras (f pl)	шопінг (ч)	['ʃopinɦ]

| estar aberta (loja, etc.) | працювати | [pratsʲu'wati] |
| estar fechada | зачинитися | [zatʃi'nitisʲa] |

calçado (m)	взуття (с)	[wzut'tʲa]
roupa (f)	одяг (ч)	['ɔdʲaɦ]
cosméticos (m pl)	косметика (ж)	[kos'mɛtika]
alimentos (m pl)	продукти (мн)	[pro'dukti]
presente (m)	подарунок (ч)	[poda'runok]

| vendedor (m) | продавець (ч) | [proda'wɛts] |
| vendedora (f) | продавщиця (ж) | [prodaw'tsitsʲa] |

caixa (f)	каса (ж)	['kasa]
espelho (m)	дзеркало (с)	['dzɛrkalo]
balcão (m)	прилавок (ч)	[pri'lawok]
cabine (f) de provas	примірочна (ж)	[pri'mirotʃna]

provar (vt)	приміряти	[pri'mirʲati]
servir (vi)	пасувати	[pasu'wati]
gostar (apreciar)	подобатися	[po'dobatisʲa]

preço (m)	ціна (ж)	[tsi'na]
etiqueta (f) de preço	цінник (ч)	['tsinik]
custar (vt)	коштувати	['kɔʃtuwati]
Quanto?	Скільки?	['skilʲki]
desconto (m)	знижка (ж)	['zniʒka]

não caro	недорогий	[nɛdoro'ɦij]
barato	дешевий	[dɛ'ʃewij]
caro	дорогий	[doro'ɦij]
É caro	Це дорого.	[tsɛ 'dorofo]

| aluguer (m) | прокат (ч) | [pro'kat] |
| alugar (vestidos, etc.) | взяти напрокат | ['wzʲati napro'kat] |

| crédito (m) | кредит (ч) | [krɛ'dit] |
| a crédito | в кредит | [w krɛ'dit] |

80. Dinheiro

dinheiro (m)	гроші (мн)	['ɦrɔʃi]
câmbio (m)	обмін (ч)	['ɔbmin]
taxa (f) de câmbio	курс (ч)	[kurs]
Caixa Multibanco (m)	банкомат (ч)	[banko'mat]
moeda (f)	монета (ж)	[mo'nɛta]

| dólar (m) | долар (ч) | ['dɔlar] |
| euro (m) | євро (c) | ['ɛwro] |

lira (f)	італійська ліра (ж)	[ita'lijsʲka 'lira]
marco (m)	марка (ж)	['marka]
franco (m)	франк (ч)	['frank]
libra (f) esterlina	фунт (ч)	['funt]
iene (m)	єна (ж)	['ɛna]

dívida (f)	борг (ч)	['bɔrɦ]
devedor (m)	боржник (ч)	[borʒ'nik]
emprestar (vt)	позичити	[po'ziʧiti]
pedir emprestado	взяти в борг	['wzʲati w borɦ]

banco (m)	банк (ч)	[bank]
conta (f)	рахунок (ч)	[ra'hunok]
depositar (vt)	покласти	[pok'lasti]
depositar na conta	покласти на рахунок	[pok'lasti na ra'hunok]
levantar (vt)	зняти з рахунку	['znʲati z ra'hunku]

cartão (m) de crédito	кредитна картка (ж)	[krɛ'ditna 'kartka]
dinheiro (m) vivo	готівка (ж)	[ɦo'tiwka]
cheque (m)	чек (ч)	[ʧɛk]
passar um cheque	виписати чек	['wipisati 'ʧɛk]
livro (m) de cheques	чекова книжка (ж)	['ʧɛkowa 'kniʒka]

carteira (f)	портмоне (c)	[portmo'nɛ]
porta-moedas (m)	гаманець (ч)	[ɦama'nɛʦ]
cofre (m)	сейф (ч)	[sɛjf]

herdeiro (m)	спадкоємець (ч)	[spadko'ɛmɛʦ]
herança (f)	спадщина (ж)	['spadɕina]
fortuna (riqueza)	статок (ч)	['statok]

arrendamento (m)	оренда (ж)	[o'rɛnda]
renda (f) de casa	квартирна плата (ж)	[kwar'tirna 'plata]
alugar (vt)	зняти	['znʲati]

preço (m)	ціна (ж)	[ʦi'na]
custo (m)	вартість (ж)	['wartistʲ]
soma (f)	сума (ж)	['suma]
gastar (vt)	витрачати	[witra'ʧati]
gastos (m pl)	витрати (мн)	['witrati]

| economizar (vi) | економити | [εko'nɔmiti] |
| económico | економний | [εko'nɔmnij] |

pagar (vt)	платити	[pla'titi]
pagamento (m)	оплата (ж)	[op'lata]
troco (m)	решта (ж)	['rεʃta]

imposto (m)	податок (ч)	[po'datok]
multa (f)	штраф (ч)	[ʃtraf]
multar (vt)	штрафувати	[ʃtrafu'wati]

81. Correios. Serviço postal

correios (m pl)	пошта (ж)	['pɔʃta]
correio (m)	пошта (ж)	['pɔʃta]
carteiro (m)	листоноша (ч)	[listo'nɔʃa]
horário (m)	години (мн) роботи	[ɦo'dini ro'bɔti]

carta (f)	лист (ч)	[list]
carta (f) registada	рекомендований лист (ч)	[rεkomεn'dɔwanij list]
postal (m)	листівка (ж)	[lis'tiwka]
telegrama (m)	телеграма (ж)	[tεlε'ɦrama]
encomenda (f) postal	посилка (ж)	[po'silka]
remessa (f) de dinheiro	грошовий переказ (ч)	[ɦroʃo'wij pε'rεkaz]

receber (vt)	отримати	[ot'rimati]
enviar (vt)	відправити	[wid'prawiti]
envio (m)	відправлення (с)	[wid'prawlεnʲa]

endereço (m)	адреса (ж)	[ad'rεsa]
código (m) postal	індекс (ч)	['indεks]
remetente (m)	відправник (ч)	[wid'prawnik]
destinatário (m)	одержувач (ч)	[o'dεrʒuwatʃ]

| nome (m) | ім'я (с) | [i'mʲ ia] |
| apelido (m) | прізвище (с) | ['prizwiɕε] |

tarifa (f)	тариф (ч)	[ta'rif]
ordinário	звичайний	[zwi'tʃajnij]
económico	економічний	[εkono'mitʃnij]

peso (m)	вага (ж)	[wa'ɦa]
pesar (estabelecer o peso)	зважувати	['zwaʒuwati]
envelope (m)	конверт (ч)	[kon'wεrt]
selo (m)	марка (ж)	['marka]
colar o selo	приклеювати марку	[prik'lεʲuwati 'marku]

Moradia. Casa. Lar

82. Casa. Habitação

casa (f)	будинок (ч)	[bu'dɨnok]
em casa	вдома	['wdɔma]
pátio (m)	двір (ч)	[dwir]
cerca (f)	огорожа (ж)	[oɦo'rɔʒa]
tijolo (m)	цегла (ж)	['ʦɛɦla]
de tijolos	цегляний	[ʦɛɦlʲa'nɨj]
pedra (f)	камінь (ч)	['kaminʲ]
de pedra	кам'яний	[kamʲʲa'nɨj]
betão (m)	бетон (ч)	[bɛ'tɔn]
de betão	бетонний	[bɛ'tɔnɨj]
novo	новий	[no'wɨj]
velho	старий	[sta'rɨj]
decrépito	обвітшалий	[obwit'ʃalɨj]
moderno	сучасний	[su'ʧasnɨj]
de muitos andares	багатоповерховий	[ba'ɦato powɛr'ɦowɨj]
alto	високий	[wɨ'sɔkɨj]
andar (m)	поверх (ч)	['pɔwɛrh]
de um andar	одноповерховий	[odnopowɛr'ɦowɨj]
andar (m) de baixo	нижній поверх (ч)	['nɨʒnij 'pɔwɛrh]
andar (m) de cima	верхній поверх (ч)	['wɛrhnij 'pɔwɛrh]
telhado (m)	дах (ч)	[dah]
chaminé (f)	труба (ж)	[tru'ba]
telha (f)	черепиця (ж)	[ʧɛrɛ'pɨʦʲa]
de telha	черепичний	[ʧɛrɛ'pɨʧnij]
sótão (m)	горище (с)	[ɦo'rɨʦɛ]
janela (f)	вікно (с)	[wik'nɔ]
vidro (m)	скло (с)	['sklo]
parapeito (m)	підвіконня (с)	[pidwi'kɔnʲa]
portadas (f pl)	віконниці (мн)	[wi'kɔnɨʦi]
parede (f)	стіна (ж)	[sti'na]
varanda (f)	балкон (ч)	[bal'kɔn]
tubo (m) de queda	ринва (ж)	['rɨnwa]
em cima	нагорі	[naɦo'ri]
subir (~ as escadas)	підніматися	[pidni'matɨsʲa]
descer (vi)	спускатися	[spus'katɨsʲa]
mudar-se (vr)	переїздити	[pɛrɛjiz'diti]

83. Casa. Entrada. Elevador

entrada (f)	під'їзд (ч)	[pid"jïzd]
escada (мн)	сходи (мн)	['shɔdi]
degraus (m pl)	сходинки (мн)	['shɔdinki]
corrimão (m)	поруччя (мн)	[po'rutʃʲa]
hall (m) de entrada	хол (ч)	[hol]
caixa (f) de correio	поштова скринька (ж)	[poʃ'tɔwa sk'rinʲka]
caixote (m) do lixo	бак (ч) для сміття	[bak dlʲa smit'tʲa]
conduta (f) do lixo	сміттєпровід (ч)	[smittɛ'prɔwid]
elevador (m)	ліфт (ч)	[lift]
elevador (m) de carga	вантажний ліфт (ч)	[wan'taʒnij lift]
cabine (f)	кабіна (ж)	[ka'bina]
pegar o elevador	їхати в ліфті	['jïhati w 'lifti]
apartamento (m)	квартира (ж)	[kwar'tira]
moradores (m pl)	мешканці (мн)	['mɛʃkanʦi]
vizinho (m)	сусід (ч)	[su'sid]
vizinha (f)	сусідка (ж)	[su'sidka]
vizinhos (pl)	сусіди (мн)	[su'sidi]

84. Casa. Portas. Fechaduras

porta (f)	двері (мн)	['dwɛri]
portão (m)	брама (ж)	['brama]
maçaneta (f)	ручка (ж)	['rutʃka]
destrancar (vt)	відкрити	[wid'kriti]
abrir (vt)	відкривати	[widkri'wati]
fechar (vt)	закривати	[zakri'wati]
chave (f)	ключ (ч)	[klʲutʃ]
molho (m)	в'язка (ж)	['wʲazka]
ranger (vi)	скрипіти	[skri'piti]
rangido (m)	скрипіння (с)	[skri'pinʲa]
dobradiça (f)	петля (ж)	[pɛt'lʲa]
tapete (m) de entrada	килимок (ч)	[kili'mɔk]
fechadura (f)	замок (ч)	[za'mɔk]
buraco (m) da fechadura	замкова щілина (ж)	[zam'kɔwa ɕi'lina]
ferrolho (m)	засув (ч)	['zasuw]
fecho (ferrolho pequeno)	засувка (ж)	['zasuwka]
cadeado (m)	навісний замок (ч)	[nawis'nij za'mɔk]
tocar (vt)	дзвонити	[dzwo'niti]
toque (m)	дзвінок (ч)	[dzwi'nɔk]
campainha (f)	дзвінок (ч)	[dzwi'nɔk]
botão (m)	кнопка (ж)	['knɔpka]
batida (f)	стукіт (ч)	['stukit]
bater (vi)	стукати	['stukati]
código (m)	код (ч)	[kod]

fechadura (f) de código	кодовий замок (ч)	['kɔdowij za'mɔk]
telefone (m) de porta	домофон (ч)	[domo'fɔn]
número (m)	номер (ч)	['nɔmɛr]
placa (f) de porta	табличка (ж)	[tab'litʃka]
vigia (f), olho (m) mágico	вічко (c)	['witʃko]

85. Casa de campo

aldeia (f)	село (c)	[sɛ'lɔ]
horta (f)	город (ч)	[ɦo'rɔd]
cerca (f)	паркан (ч)	[par'kan]
paliçada (f)	тин (ч)	[tin]
cancela (f) do jardim	хвіртка (ж)	['hwirtka]
celeiro (m)	комора (ж)	[ko'mɔra]
adega (f)	льох (ч)	[lʲoh]
galpão, barracão (m)	сарай (ч)	[sa'raj]
poço (m)	криниця (ж)	[kri'nitsʲa]
fogão (m)	піч (ж)	[pitʃ]
atiçar o fogo	розпалювати піч	[roz'palʲuwati pitʃ]
lenha (carvão ou ~)	дрова (мн)	['drɔwa]
acha (lenha)	поліно (c)	[po'lino]
varanda (f)	веранда (ж)	[wɛ'randa]
alpendre (m)	тераса (ж)	[tɛ'rasa]
degraus (m pl) de entrada	ґанок (ч)	['ɦanok]
balouço (m)	гойдалка (ж)	['ɦɔjdalka]

86. Castelo. Palácio

castelo (m)	замок (ч)	['zamok]
palácio (m)	палац (ч)	[pa'lats]
fortaleza (f)	фортеця (ж)	[for'tɛtsʲa]
muralha (f)	стіна (ж)	[sti'na]
torre (f)	вежа (ж)	['wɛʒa]
calabouço (m)	головна вежа (ж)	[ɦolow'na 'wɛʒa]
grade (f) levadiça	підйомна брама (ж)	[pid'jɔmna 'brama]
passagem (f) subterrânea	підземний хід (ч)	[pi'dzɛmnij hid]
fosso (m)	рів (ч)	[riw]
corrente, cadeia (f)	ланцюг (ч)	[lan'tsʲuɦ]
seteira (f)	бійниця (ж)	[bij'nitsʲa]
magnífico	пишний	['piʃnij]
majestoso	величний	[wɛ'litʃnij]
inexpugnável	неприступний	[nɛpri'stupnij]
medieval	середньовічний	[sɛrɛdnʲo'witʃnij]

T&P Books. Vocabulário Português-Ucraniano - 7000 palavras

87. Apartamento

apartamento (m)	квартира (ж)	[kwar'tira]
quarto (m)	кімната (ж)	[kim'nata]
quarto (m) de dormir	спальня (ж)	['spalʲnʲa]
sala (f) de jantar	їдальня (ж)	['jidalʲnʲa]
sala (f) de estar	вітальня (ж)	[wi'talʲnʲa]
escritório (m)	кабінет (ч)	[kabi'nɛt]
antessala (f)	передпокій (ч)	[pɛrɛd'pokij]
quarto (m) de banho	ванна кімната (ж)	['wana kim'nata]
toilette (lavabo)	туалет (ч)	[tua'lɛt]
teto (m)	стеля (ж)	['stɛlʲa]
chão, soalho (m)	підлога (ж)	[pid'lɔɦa]
canto (m)	куток (ч)	[ku'tɔk]

88. Apartamento. Limpeza

arrumar, limpar (vt)	прибирати	[pribi'rati]
guardar (no armário, etc.)	прибирати	[pribi'rati]
pó (m)	пил (ч)	[pɪl]
empoeirado	курний	[kur'nɪj]
limpar o pó	витирати пил	[witi'rati pɪl]
aspirador (m)	пилосос (ч)	[pɪlo'sɔs]
aspirar (vt)	пилососити	[pɪlo'sɔsiti]
varrer (vt)	підмітати	[pidmi'tati]
sujeira (f)	сміття (с)	[smit'tʲa]
arrumação (f), ordem (f)	лад (ч)	[lad]
desordem (f)	безлад (ч)	['bɛzlad]
esfregão (m)	швабра (ж)	['ʃwabra]
pano (m), trapo (m)	ганчірка (ж)	[ɦan'ʧirka]
vassoura (f)	віник (ч)	['winik]
pá (f) de lixo	совок (ч) для сміття	[so'wɔk dlʲa smit'tʲa]

89. Mobiliário. Interior

mobiliário (m)	меблі (мн)	['mɛbli]
mesa (f)	стіл (ч)	[stil]
cadeira (f)	стілець (ч)	[sti'lɛʦ]
cama (f)	ліжко (с)	['liʒko]
divã (m)	диван (ч)	[di'wan]
cadeirão (m)	крісло (с)	['krislo]
estante (f)	шафа (ж)	['ʃafa]
prateleira (f)	полиця (ж)	[po'liʦʲa]
guarda-vestidos (m)	шафа (ж)	['ʃafa]
cabide (m) de parede	вішалка (ж)	['wiʃalka]

82

cabide (m) de pé	вішак (ч)	[wi'ʃak]
cómoda (f)	комод (ч)	[ko'mɔd]
mesinha (f) de centro	журнальний столик (ч)	[ʒur'nalʲnij 'stɔlik]

espelho (m)	дзеркало (с)	['dzɛrkalo]
tapete (m)	килим (ч)	['kilim]
tapete (m) pequeno	килимок (ч)	[kili'mɔk]

lareira (f)	камін (ч)	[ka'min]
vela (f)	свічка (ж)	['switʃka]
castiçal (m)	свічник (ч)	[switʃ'nik]

cortinas (f pl)	штори (мн)	['ʃtɔri]
papel (m) de parede	шпалери (мн)	[ʃpa'lɛri]
estores (f pl)	жалюзі (мн)	['ʒalʲuzi]

candeeiro (m) de mesa	настільна лампа (ж)	[na'stilʲna 'lampa]
candeeiro (m) de parede	світильник (ч)	[swi'tilʲnik]
candeeiro (m) de pé	торшер (ч)	[tor'ʃɛr]
lustre (m)	люстра (ж)	['lʲustra]

pé (de mesa, etc.)	ніжка (ж)	['niʒka]
braço (m)	підлокітник (ч)	[pidlo'kitnik]
costas (f pl)	спинка (ж)	['spinka]
gaveta (f)	шухляда (ж)	[ʃuh'lʲada]

90. Quarto de dormir

roupa (f) de cama	білизна (ж)	[bi'lizna]
almofada (f)	подушка (ж)	[po'duʃka]
fronha (f)	наволочка (ж)	['nawolotʃka]
cobertor (m)	ковдра (ж)	['kɔwdra]
lençol (m)	простирадло (с)	[prosti'radlo]
colcha (f)	покривало (с)	[pokri'walo]

91. Cozinha

cozinha (f)	кухня (ж)	['kuhnʲa]
gás (m)	газ (ч)	[ɦaz]
fogão (m) a gás	плита (ж) газова	[pli'ta 'ɦazowa]
fogão (m) elétrico	плита (ж) електрична	[pli'ta ɛlɛkt'ritʃna]
forno (m)	духовка (ж)	[du'hɔwka]
forno (m) de micro-ondas	мікрохвильова піч (ж)	[mikrohwilʲo'wa pitʃ]

frigorífico (m)	холодильник (ч)	[holo'dilʲnik]
congelador (m)	морозильник (ч)	[moro'zilʲnik]
máquina (f) de lavar louça	посудомийна машина (ж)	[posudo'mijna ma'ʃina]

moedor (m) de carne	м'ясорубка (ж)	[mʲaso'rubka]
espremedor (m)	соковижималка (ж)	[sokowiʒi'malka]
torradeira (f)	тостер (ч)	['tɔstɛr]
batedeira (f)	міксер (ч)	['miksɛr]

máquina (f) de café	кавоварка (ж)	[kawo'warka]
cafeteira (f)	кавник (ч)	[kaw'nik]
moinho (m) de café	кавомолка (ж)	[kawo'mɔlka]
chaleira (f)	чайник (ч)	['tʃajnik]
bule (m)	заварник (ч)	[za'warnik]
tampa (f)	кришка (ж)	['kriʃka]
coador (m) de chá	ситечко (с)	['sitɛtʃko]
colher (f)	ложка (ж)	['lɔʒka]
colher (f) de chá	чайна ложка (ж)	['tʃajna 'lɔʒka]
colher (f) de sopa	столова ложка (ж)	[sto'lowa 'lɔʒka]
garfo (m)	виделка (ж)	[wi'dɛlka]
faca (f)	ніж (ч)	[niʒ]
louça (f)	посуд (ч)	['pɔsud]
prato (m)	тарілка (ж)	[ta'rilka]
pires (m)	блюдце (с)	['blʲudtsɛ]
cálice (m)	чарка (ж)	['tʃarka]
copo (m)	склянка (ж)	['sklʲanka]
chávena (f)	чашка (ж)	['tʃaʃka]
açucareiro (m)	цукорниця (ж)	['tsukornitsʲa]
saleiro (m)	сільничка (ж)	[silʲ'nitʃka]
pimenteiro (m)	перечниця (ж)	['pɛrɛtʃnitsʲa]
manteigueira (f)	маслянка (ж)	['maslʲanka]
panela, caçarola (f)	каструля (ж)	[kas'trulʲa]
frigideira (f)	сковорідка (ж)	[skowo'ridka]
concha (f)	черпак (ч)	[tʃɛr'pak]
passador (m)	друшляк (ч)	[druʃ'lʲak]
bandeja (f)	піднос (ч)	[pid'nɔs]
garrafa (f)	пляшка (ж)	['plʲaʃka]
boião (m) de vidro	банка (ж)	['banka]
lata (f)	бляшанка (ж)	[blʲa'ʃanka]
abre-garrafas (m)	відкривачка (ж)	[widkri'watʃka]
abre-latas (m)	відкривачка (ж)	[widkri'watʃka]
saca-rolhas (m)	штопор (ч)	['ʃtɔpor]
filtro (m)	фільтр (ч)	['filʲtr]
filtrar (vt)	фільтрувати	[filʲtru'wati]
lixo (m)	сміття (с)	[smit'tʲa]
balde (m) do lixo	відро (с) для сміття	[wid'ro dlʲa smit'tʲa]

92. Casa de banho

quarto (m) de banho	ванна кімната (ж)	['wana kim'nata]
água (f)	вода (ж)	[wo'da]
torneira (f)	кран (ч)	[kran]
água (f) quente	гаряча вода (ж)	[ha'rʲatʃa wo'da]
água (f) fria	холодна вода (ж)	[ho'lɔdna wo'da]

pasta (f) de dentes	зубна паста (ж)	[zub'na 'pasta]
escovar os dentes	чистити зуби	['tʃistiti 'zubi]
escova (f) de dentes	зубна щітка (ж)	[zub'na 'ɕitka]
barbear-se (vr)	голитися	[ɦo'litisʲa]
espuma (f) de barbear	піна (ж) для гоління	['pina dlʲa ɦo'linʲa]
máquina (f) de barbear	бритва (ж)	['britwa]
lavar (vt)	мити	['miti]
lavar-se (vr)	митися	['mitisʲa]
duche (m)	душ (ч)	[duʃ]
tomar um duche	приймати душ	[prij'mati duʃ]
banheira (f)	ванна (ж)	['wana]
sanita (f)	унітаз (ч)	[uni'taz]
lavatório (m)	раковина (ж)	['rakowina]
sabonete (m)	мило (c)	['milo]
saboneteira (f)	мильниця (ж)	['milʲnitsʲa]
esponja (f)	губка (ж)	['ɦubka]
champô (m)	шампунь (ч)	[ʃam'punʲ]
toalha (f)	рушник (ч)	[ruʃ'nik]
roupão (m) de banho	халат (ч)	[ha'lat]
lavagem (f)	прання (c)	[pra'nʲa]
máquina (f) de lavar	пральна машина (ж)	['pralʲna ma'ʃina]
lavar a roupa	прати білизну	['prati bi'liznu]
detergente (m)	пральний порошок (ч)	['pralʲnij poro'ʃok]

93. Eletrodomésticos

televisor (m)	телевізор (ч)	[tɛlɛ'wizor]
gravador (m)	магнітофон (ч)	[maɦnito'fon]
videogravador (m)	відеомагнітофон (ч)	['widɛo maɦnito'fon]
rádio (m)	приймач (ч)	[prij'matʃ]
leitor (m)	плеєр (ч)	['plɛɛr]
projetor (m)	відеопроектор (ч)	['widɛo pro'ɛktor]
cinema (m) em casa	домашній кінотеатр (ч)	[do'maʃnij kinotɛ'atr]
leitor (m) de DVD	програвач (ч) DVD	[proɦra'watʃ diwi'di]
amplificador (m)	підсилювач (ч)	[pid'silʲuwatʃ]
console (f) de jogos	гральна приставка (ж)	['ɦralʲna pri'stawka]
câmara (f) de vídeo	відеокамера (ж)	['widɛo 'kamɛra]
máquina (f) fotográfica	фотоапарат (ч)	[fotoapa'rat]
câmara (f) digital	цифровий фотоапарат (ч)	[tsifro'wij fotoapa'rat]
aspirador (m)	пилосос (ч)	[pilo'sos]
ferro (m) de engomar	праска (ж)	['praska]
tábua (f) de engomar	дошка (ж) для прасування	['doʃka dlʲa prasu'wanʲa]
telefone (m)	телефон (ч)	[tɛlɛ'fon]
telemóvel (m)	мобільний телефон (ч)	[mo'bilʲnij tɛlɛ'fon]

| máquina (f) de escrever | писемна машинка (ж) | [pi'sɛmna ma'ʃinka] |
| máquina (f) de costura | швейна машинка (ж) | ['ʃwɛjna ma'ʃinka] |

microfone (m)	мікрофон (ч)	[mikro'fɔn]
auscultadores (m pl)	навушники (мн)	[na'wuʃniki]
controlo remoto (m)	пульт (ч)	[pulʲt]

CD (m)	CD-диск (ч)	[si'di disk]
cassete (f)	касета (ж)	[ka'sɛta]
disco (m) de vinil	платівка (ж)	[pla'tiwka]

94. Reparações. Renovação

renovação (f)	ремонт (ч)	[rɛ'mɔnt]
renovar (vt), fazer obras	робити ремонт	[ro'biti rɛ'mɔnt]
reparar (vt)	ремонтувати	[rɛmontu'wati]
consertar (vt)	привести до ладу	[pri'wɛsti do 'ladu]
refazer (vt)	перероблятти	[pɛrɛrob'lʲati]

tinta (f)	фарба (ж)	['farba]
pintar (vt)	фарбувати	[farbu'wati]
pintor (m)	маляр (ч)	['malʲar]
pincel (m)	пензлик (ч)	['pɛnzlik]

| cal (f) | побілка (ж) | [po'bilka] |
| caiar (vt) | білити | [bi'liti] |

papel (m) de parede	шпалери (мн)	[ʃpa'lɛri]
colocar papel de parede	поклеїти шпалерами	[pok'lɛjiti ʃpa'lɛrami]
verniz (m)	лак (ч)	[lak]
envernizar (vt)	покривати лаком	[pokri'wati 'lakom]

95. Canalizações

água (f)	вода (ж)	[wo'da]
água (f) quente	гаряча вода (ж)	[ɦa'rʲatʃa wo'da]
água (f) fria	холодна вода (ж)	[ho'lɔdna wo'da]
torneira (f)	кран (ч)	[kran]

gota (f)	крапля (ж)	['kraplʲa]
gotejar (vi)	крапати	['krapati]
vazar (vt)	протікати	[proti'kati]
vazamento (m)	протікання (с)	[proti'kanʲa]
poça (f)	калюжа (ж)	[ka'lʲuʒa]

tubo (m)	труба (ж)	[tru'ba]
válvula (f)	вентиль (ч)	['wɛntilʲ]
entupir-se (vr)	засмітитись	[zasmi'titisʲ]

ferramentas (f pl)	інструменти (мн)	[instru'mɛnti]
chave (f) inglesa	розвідний ключ (ч)	[roz'widnij klʲutʃ]
desenroscar (vt)	відкрутити	[widkru'titi]

enroscar (vt)	закручувати	[za'krutʃuwati]
desentupir (vt)	прочищати	[protʃi'ɕati]
canalizador (m)	сантехнік (ч)	[san'tɛhnik]
cave (f)	підвал (ч)	[pid'wal]
sistema (m) de esgotos	каналізація (ж)	[kanali'zatsiʲa]

96. Fogo. Deflagração

incêndio (m)	пожежа (ж)	[po'ʒɛʒa]
chama (f)	полум'я (с)	['pɔlumʲʲa]
faísca (f)	іскра (ж)	['iskra]
fumo (m)	дим (ч)	[dim]
tocha (f)	смолоскип (ч)	[smolos'kip]
fogueira (f)	багаття (с)	[ba'hattʲa]

gasolina (f)	бензин (ч)	[bɛn'zin]
querosene (m)	керосин (ч)	[kɛro'sin]
inflamável	горючий	[ho'rʲutʃij]
explosivo	вибухонебезпечний	[wibuhonɛbɛz'pɛtʃnij]
PROIBIDO FUMAR!	ПАЛИТИ ЗАБОРОНЕНО	[pa'liti zabo'rɔnɛno]

segurança (f)	безпека (ж)	[bɛz'pɛka]
perigo (m)	небезпека (ж)	[nɛbɛz'pɛka]
perigoso	небезпечний	[nɛbɛz'pɛtʃnij]

incendiar-se (vr)	загорітися	[zaho'ritisʲa]
explosão (f)	вибух (ч)	['wibuh]
incendiar (vt)	підпалити	[pidpa'liti]
incendiário (m)	підпалювач (ч)	[pid'palʲuwatʃ]
incêndio (m) criminoso	підпал (ч)	['pidpal]

arder (vi)	палати	[pa'lati]
queimar (vi)	горіти	[ho'riti]
queimar tudo (vi)	згоріти	[zho'riti]

chamar os bombeiros	викликати пожежників	[wikli'kati po'ʒɛʒnikiw]
bombeiro (m)	пожежник (ч)	[po'ʒɛʒnik]
carro (m) de bombeiros	пожежна машина (ж)	[po'ʒɛʒna ma'ʃina]
corpo (m) de bombeiros	пожежна команда (ж)	[po'ʒɛʒna ko'manda]
escada (f) extensível	висувна драбина (ж)	[wisuw'na dra'bina]

mangueira (f)	шланг (ч)	[ʃlanɦ]
extintor (m)	вогнегасник (ч)	[woɦnɛ'ɦasnik]
capacete (m)	каска (ж)	['kaska]
sirene (f)	сирена (ж)	[si'rɛna]

gritar (vi)	кричати	[kri'tʃati]
chamar por socorro	кликати на допомогу	['klikati na dopo'mɔɦu]
salvador (m)	рятувальник (ч)	[rʲatu'walʲnik]
salvar, resgatar (vt)	рятувати	[rʲatu'wati]

chegar (vi)	приїхати	[pri'jihati]
apagar (vt)	тушити	[tu'ʃiti]
água (f)	вода (ж)	[wo'da]

areia (f)	**пісок** (ч)	[pi'sɔk]
ruínas (f pl)	**руїни** (мн)	[ru'jini]
ruir (vi)	**повалитися**	[powa'litisʲa]
desmoronar (vi)	**обвалитися**	[obwalitisʲa]
desabar (vi)	**завалитися**	[zawa'litisʲa]
fragmento (m)	**уламок** (ч)	[u'lamok]
cinza (f)	**попіл** (ч)	['pɔpil]
sufocar (vi)	**задихнутися**	[zadih'nutisʲa]
perecer (vi)	**загинути**	[za'ɦinuti]

ATIVIDADES HUMANAS

Emprego. Negócios. Parte 1

97. Banca

banco (m)	банк (ч)	[bank]
sucursal, balcão (f)	відділення (c)	[wid'dilɛnʲa]
consultor (m)	консультант (ч)	[konsulʲ'tant]
gerente (m)	керівник (ч)	[kɛriw'nik]
conta (f)	рахунок (ч)	[ra'hunok]
número (m) da conta	номер (ч) рахунка	['nɔmɛr ra'hunka]
conta (f) corrente	поточний рахунок (ч)	[po'tɔtʃnij ra'hunok]
conta (f) poupança	накопичувальний рахунок (ч)	[nako'pitʃuwalʲnij ra'hunok]
abrir uma conta	відкрити рахунок	[wid'kriti ra'hunok]
fechar uma conta	закрити рахунок	[za'kriti ra'hunok]
depositar na conta	покласти на рахунок	[pok'lasti na ra'hunok]
levantar (vt)	зняти з рахунку	['znʲati z ra'hunku]
depósito (m)	внесок (ч)	['wnɛsok]
fazer um depósito	зробити внесок	[zro'biti 'wnɛsok]
transferência (f) bancária	переказ (ч)	[pɛ'rɛkaz]
transferir (vt)	зробити переказ	[zro'biti pɛ'rɛkaz]
soma (f)	сума (ж)	['suma]
Quanto?	Скільки?	['skilʲki]
assinatura (f)	підпис (ч)	['pidpis]
assinar (vt)	підписати	[pidpi'sati]
cartão (m) de crédito	кредитна картка (ж)	[krɛ'ditna 'kartka]
código (m)	код (ч)	[kod]
número (m) do cartão de crédito	номер (ч) кредитної картки	['nɔmɛr krɛ'ditnoji 'kartki]
Caixa Multibanco (m)	банкомат (ч)	[banko'mat]
cheque (m)	чек (ч)	[tʃɛk]
passar um cheque	виписати чек	['wipisati 'tʃɛk]
livro (m) de cheques	чекова книжка (ж)	['tʃɛkowa 'kniʒka]
empréstimo (m)	кредит (ч)	[krɛ'dit]
pedir um empréstimo	звертатися за кредитом	[zwɛr'tatisʲa za krɛ'ditom]
obter um empréstimo	брати кредит	['brati krɛ'dit]
conceder um empréstimo	надавати кредит	[nada'wati krɛ'dit]
garantia (f)	застава (ж)	[za'stawa]

98. Telefone. Conversação telefónica

telefone (m)	телефон (ч)	[tɛlɛ'fon]
telemóvel (m)	мобільний телефон (ч)	[mo'bilʲnij tɛlɛ'fon]
secretária (f) electrónica	автовідповідач (ч)	[awtowidpowi'datʃ]
fazer uma chamada	зателефонувати	[zatɛlɛfonu'watɨ]
chamada (f)	дзвінок (ч)	[dʒwi'nɔk]
marcar um número	набрати номер	[nab'ratɨ 'nɔmɛr]
Alô!	Алло!	[a'lɔ]
perguntar (vt)	запитати	[zapi'tati]
responder (vt)	відповісти	[widpo'wistɨ]
ouvir (vt)	чути	['tʃutɨ]
bem	добре	['dɔbrɛ]
mal	погано	[po'ɦano]
ruído (m)	перешкоди (мн)	[pɛrɛʃ'kodɨ]
auscultador (m)	трубка (ж)	['trubka]
pegar o telefone	зняти трубку	['znʲatɨ 'trubku]
desligar (vi)	покласти трубку	[pok'lasti t'rubku]
ocupado	зайнятий	['zajnʲatij]
tocar (vi)	дзвонити	[dʒwo'niti]
lista (f) telefónica	телефонна книга (ж)	[tɛlɛ'fona 'kniɦa]
local	місцевий	[mis'tsɛwɨj]
chamada (f) local	місцевий зв'язок (ч)	[mis'tsɛwɨj 'zwʲazok]
de longa distância	міжміський	[miʒmis'ʲkɨj]
chamada (f) de longa distância	міжміський зв'язок (ч)	[miʒmisʲ'kij 'zwʲazok]
internacional	міжнародний	[miʒna'rɔdnɨj]
chamada (f) internacional	міжнародний зв'язок (ч)	[miʒna'rɔdnɨj 'zwʲazok]

99. Telefone móvel

telemóvel (m)	мобільний телефон (ч)	[mo'bilʲnɨj tɛlɛ'fon]
ecrã (m)	дисплей (ч)	[dis'plɛj]
botão (m)	кнопка (ж)	['knɔpka]
cartão SIM (m)	SIM-карта (ж)	[sim 'karta]
bateria (f)	батарея (ж)	[bata'rɛʲa]
descarregar-se	розрядитися	[rozrʲa'ditisʲa]
carregador (m)	зарядний пристрій (ч)	[za'rʲadnij 'pristrij]
menu (m)	меню (с)	[mɛ'nʲu]
definições (f pl)	настройки (мн)	[na'strojki]
melodia (f)	мелодія (ж)	[mɛ'lɔdiʲa]
escolher (vt)	вибрати	['wɨbratɨ]
calculadora (f)	калькулятор (ч)	[kalʲku'lʲator]
correio (m) de voz	автовідповідач (ч)	[awtowidpowi'datʃ]

| despertador (m) | будильник (ч) | [bu'dil'nik] |
| contatos (m pl) | телефонна книга (ж) | [tɛlɛ'fɔna 'kniɦa] |

| mensagem (f) de texto | SMS-повідомлення (c) | [ɛsɛ'mɛs powi'dɔmlɛnʲa] |
| assinante (m) | абонент (ч) | [abo'nɛnt] |

100. Estacionário

| caneta (f) | авторучка (ж) | [awto'rutʃka] |
| caneta (f) tinteiro | ручка-перо (c) | ['rutʃka pɛ'rɔ] |

lápis (m)	олівець (ч)	[oli'wɛts]
marcador (m)	маркер (ч)	['markɛr]
caneta (f) de feltro	фломастер (ч)	[flo'mastɛr]

| bloco (m) de notas | блокнот (ч) | [blok'nɔt] |
| agenda (f) | щоденник (ч) | [ɕo'dɛnik] |

régua (f)	лінійка (ж)	[li'nijka]
calculadora (f)	калькулятор (ч)	[kalʲku'lʲator]
borracha (f)	гумка (ж)	['ɦumka]
pionés (m)	кнопка (ж)	['knɔpka]
clipe (m)	скріпка (ж)	['skripka]

cola (f)	клей (ч)	[klɛj]
agrafador (m)	степлер (ч)	['stɛplɛr]
furador (m)	діркопробивач (ч)	[dirkoprobi'watʃ]
afia-lápis (m)	стругачка (ж)	[stru'ɦatʃka]

Emprego. Negócios. Parte 2

101. Media

jornal (m)	газета (ж)	[ħa'zɛta]
revista (f)	журнал (ч)	[ʒur'nal]
imprensa (f)	преса (ж)	['prɛsa]
rádio (m)	радіо (с)	['radio]
estação (f) de rádio	радіостанція (ж)	[radios'tantsiʲa]
televisão (f)	телебачення (с)	[tɛlɛ'batʃɛnʲa]
apresentador (m)	ведучий (ч)	[wɛ'dutʃij]
locutor (m)	диктор (ч)	['diktor]
comentador (m)	коментатор (ч)	[komɛn'tator]
jornalista (m)	журналіст (ч)	[ʒurna'list]
correspondente (m)	кореспондент (ч)	[korɛspon'dɛnt]
repórter (m) fotográfico	фотокореспондент (ч)	['foto korɛspon'dɛnt]
repórter (m)	репортер (ч)	[rɛpor'tɛr]
redator (m)	редактор (ч)	[rɛ'daktor]
redator-chefe (m)	головний редактор (ч)	[ħolow'nij rɛ'daktor]
assinar a ...	передплатити	[pɛrɛdpla'titi]
assinatura (f)	передплата (ж)	[pɛrɛdp'lata]
assinante (m)	передплатник (ч)	[pɛrɛdp'latnik]
ler (vt)	читати	[tʃi'tati]
leitor (m)	читач (ч)	[tʃi'tatʃ]
tiragem (f)	наклад (ч)	['naklad]
mensal	щомісячний	[ɕo'misʲatʃnij]
semanal	щотижневий	[ɕotiʒ'nɛwij]
número (jornal, revista)	номер (ч)	['nɔmɛr]
recente	свіжий	['swiʒij]
manchete (f)	заголовок (ч)	[zaħo'lowok]
pequeno artigo (m)	замітка (ж)	[za'mitka]
coluna (~ semanal)	рубрика (ж)	['rubrika]
artigo (m)	стаття (ж)	[stat'tʲa]
página (f)	сторінка (ж)	[sto'rinka]
reportagem (f)	репортаж (ч)	[rɛpor'taʒ]
evento (m)	подія (ж)	[po'diʲa]
sensação (f)	сенсація (ж)	[sɛn'satsiʲa]
escândalo (m)	скандал (ч)	[skan'dal]
escandaloso	скандальний	[skan'dalʲnij]
grande	гучний	[ħutʃ'nij]
programa (m) de TV	передача (ж)	[pɛrɛ'datʃa]
entrevista (f)	інтерв'ю (с)	[intɛr'wʲu]

| transmissão (f) em direto | пряма трансляція (ж) | [pr'a'ma trans'l'atsi'a] |
| canal (m) | канал (ч) | [ka'nal] |

102. Agricultura

agricultura (f)	сільське господарство (с)	[sil's''kɛ ɦospo'darstwo]
camponês (m)	селянин (ч)	[sɛl'a'nin]
camponesa (f)	селянка (ж)	[sɛ'l'anka]
agricultor (m)	фермер (ч)	['fɛrmɛr]

| trator (m) | трактор (ч) | ['traktor] |
| ceifeira-debulhadora (f) | комбайн (ч) | [kom'bajn] |

arado (m)	плуг (ч)	[pluɦ]
arar (vt)	орати	[o'rati]
campo (m) lavrado	рілля (ж)	[ri'l'a]
rego (m)	борозна (ж)	[boroz'na]

semear (vt)	сіяти	['si'ati]
semeadora (f)	сівалка (ж)	[si'walka]
semeadura (f)	посів (ч)	[po'siw]

| gadanha (f) | коса (ж) | [ko'sa] |
| gadanhar (vt) | косити | [ko'siti] |

| pá (f) | лопата (ж) | [lo'pata] |
| cavar (vt) | копати, вскопувати | [ko'pati], ['wskɔpuwati] |

enxada (f)	сапка (ж)	['sapka]
carpir (vt)	полоти	[po'lɔti]
erva (f) daninha	бур'ян (ч)	[bu'r''an]

regador (m)	лійка (ж)	['lijka]
regar (vt)	поливати	[poli'wati]
rega (f)	поливання (с)	[poli'wan'a]

| forquilha (f) | вила (мн) | ['wiła] |
| ancinho (m) | граблі (мн) | [ɦra'bli] |

fertilizante (m)	добриво (с)	['dɔbriwo]
fertilizar (vt)	удобрювати	[u'dɔbr'uwati]
estrume (m)	гній (ч)	[ɦnij]

campo (m)	поле (с)	['pɔlɛ]
prado (m)	лука (ж)	['luka]
horta (f)	город (ч)	[ɦo'rɔd]
pomar (m)	сад (ч)	[sad]

pastar (vt)	пасти	['pasti]
pastor (m)	пастух (ч)	[pas'tuh]
pastagem (f)	пасовище (с)	[paso'wiɕɛ]

| pecuária (f) | тваринництво (с) | [twa'rinitstwo] |
| criação (f) de ovelhas | вівчарство (с) | [wiw'tʃarstwo] |

plantação (f)	плантація (ж)	[plan'tatsi‸a]
canteiro (m)	грядка (ж)	['hr‸adka]
invernadouro (m)	парник (ч)	[par'nik]

seca (f)	посуха (ж)	['pɔsuha]
seco (verão ~)	посушливий	[po'suʃliwij]

cereal (m)	зерно (c), зернові (мн)	[zɛr'nɔ], [zɛrno'wi]
cereais (m pl)	зернові (мн)	[zɛrno'wi]
colher (vt)	збирати	[zbi'rati]

moleiro (m)	мірошник (ч)	[mi'rɔʃnik]
moinho (m)	млин (ч)	[mlin]
moer (vt)	молотити	[molo'titi]
farinha (f)	борошно (c)	['bɔroʃno]
palha (f)	солома (ж)	[so'lɔma]

103. Construção. Processo de construção

canteiro (m) de obras	будівництво (c)	[budiw'niłstwo]
construir (vt)	будувати	[budu'wati]
construtor (m)	будівельник (ч)	[budi'wɛl‸nik]

projeto (m)	проект (ч)	[pro'ɛkt]
arquiteto (m)	архітектор (ч)	[arhi'tɛktor]
operário (m)	робітник (ч)	[robit'nik]

fundação (f)	фундамент (ч)	[fun'damɛnt]
telhado (m)	дах (ч)	[dah]
estaca (f)	паля (ж)	['pal‸a]
parede (f)	стіна (ж)	[sti'na]

varões (m pl) para betão	арматура (ж)	[arma'tura]
andaime (m)	риштування (мн)	[riʃtu'wan‸a]

betão (m)	бетон (ч)	[bɛ'tɔn]
granito (m)	граніт (ч)	[hra'nit]
pedra (f)	камінь (ч)	['kamin‸]
tijolo (m)	цегла (ж)	['ʦɛhla]

areia (f)	пісок (ч)	[pi'sɔk]
cimento (m)	цемент (ч)	[ʦɛ'mɛnt]
emboço (m)	штукатурка (ж)	[ʃtuka'turka]
emboçar (vt)	штукатурити	[ʃtuka'turiti]

tinta (f)	фарба (ж)	['farba]
pintar (vt)	фарбувати	[farbu'wati]
barril (m)	бочка (ж)	['bɔʧka]

grua (f), guindaste (m)	кран (ч)	[kran]
erguer (vt)	піднімати	[pidni'mati]
baixar (vt)	опускати	[opus'kati]
buldózer (m)	бульдозер (ч)	[bul‸'dɔzɛr]
escavadora (f)	екскаватор (ч)	[ɛkska'wator]

caçamba (f)	ківш (ч)	[kiwʃ]
escavar (vt)	копати	[ko'pati]
capacete (m) de proteção	каска (ж)	['kaska]

Profissões e ocupações

trabalho (m)	робота (ж)	[ro'bɔta]
equipa (f)	колектив, штат (ч)	[kolɛk'tiw], [ʃtat]
pessoal (m)	персонал (ч)	[pɛrso'nal]
carreira (f)	кар'єра (ж)	[ka'rʲɛra]
perspetivas (f pl)	перспектива (ж)	[pɛrspɛk'tiwa]
mestria (f)	майстерність (ж)	[majs'tɛrnistʲ]
seleção (f)	підбір (ч)	[pid'bir]
agência (f) de emprego	кадрове агентство (с)	['kadrowɛ a'ɦɛntstwo]
CV, currículo (m)	резюме (с)	[rɛzʲu'mɛ]
entrevista (f) de emprego	співбесіда (ж)	[spiw'bɛsida]
vaga (f)	вакансія (ж)	[wa'kansiʲa]
salário (m)	зарплатня (ж)	[zarplat'nʲa]
salário (m) fixo	оклад (ч)	[ok'lad]
pagamento (m)	оплата (ж)	[op'lata]
posto (m)	посада (ж)	[po'sada]
dever (do empregado)	обов'язок (ч)	[o'bɔwʲazok]
gama (f) de deveres	коло (с) обов'язків	['kɔlo obo'wʲazkiw]
ocupado	зайнятий	['zajnʲatij]
despedir, demitir (vt)	звільнити	[zwilʲ'niti]
demissão (f)	звільнення (с)	['zwilʲnɛnʲa]
desemprego (m)	безробіття (с)	[bɛzro'bittʲa]
desempregado (m)	безробітний (ч)	[bɛzro'bitnij]
reforma (f)	пенсія (ж)	['pɛnsiʲa]
reformar-se	вийти на пенсію	['wijti na 'pɛnsiʲu]

diretor (m)	директор (ч)	[di'rɛktor]
gerente (m)	керівник (ч)	[kɛriw'nik]
patrão, chefe (m)	бос (ч)	[bɔs]
superior (m)	начальник (ч)	[na'tʃalʲnik]
superiores (m pl)	керівництво (с)	[kɛriw'niʦtwo]
presidente (m)	президент (ч)	[prɛzi'dɛnt]
presidente (m) de direção	голова (ч)	[ɦolo'wa]
substituto (m)	заступник (ч)	[za'stupnik]
assistente (m)	помічник (ч)	[pomitʃ'nik]

| secretário (m) | секретар (ч) | [sɛkrɛ'tar] |
| secretário (m) pessoal | особистий секретар (ч) | [oso'bistij sɛkrɛ'tar] |

homem (m) de negócios	бізнесмен (ч)	[biznɛs'mɛn]
empresário (m)	підприємець (ч)	[pidpri'ɛmɛts]
fundador (m)	засновник (ч)	[zas'nɔwnik]
fundar (vt)	заснувати	[zasnu'wati]

fundador, sócio (m)	основоположник (ч)	[osnowopo'lɔʒnik]
parceiro, sócio (m)	партнер (ч)	[part'nɛr]
acionista (m)	акціонер (ч)	[aktsio'nɛr]

milionário (m)	мільйонер (ч)	[milʲo'nɛr]
bilionário (m)	мільярдер (ч)	[miljar'dɛr]
proprietário (m)	власник (ч)	['wlasnik]
proprietário (m) de terras	землевласник (ч)	[zɛmlɛw'lasnik]

cliente (m)	клієнт (ч)	[kli'ɛnt]
cliente (m) habitual	постійний клієнт (ч)	[pos'tijnij kli'ɛnt]
comprador (m)	покупець (ч)	[poku'pɛts]
visitante (m)	відвідувач (ч)	[wid'widuwatʃ]

profissional (m)	професіонал (ч)	[profɛsio'nal]
perito (m)	експерт (ч)	[ɛks'pɛrt]
especialista (m)	фахівець (ч)	[fahi'wɛts]

| banqueiro (m) | банкір (ч) | [ba'nkir] |
| corretor (m) | брокер (ч) | ['brɔkɛr] |

caixa (m, f)	касир (ч)	[ka'sir]
contabilista (m)	бухгалтер (ч)	[buh'haltɛr]
guarda (m)	охоронник (ч)	[oho'rɔnik]

investidor (m)	інвестор (ч)	[in'wɛstor]
devedor (m)	боржник (ч)	[borʒ'nik]
credor (m)	кредитор (ч)	[krɛdi'tɔr]
mutuário (m)	боржник (ч)	[borʒ'nik]

| importador (m) | імпортер (ч) | [impor'tɛr] |
| exportador (m) | експортер (ч) | [ɛkspor'tɛr] |

produtor (m)	виробник (ч)	[wirob'nik]
distribuidor (m)	дистриб'ютор (ч)	[distri'bʲutor]
intermediário (m)	посередник (ч)	[posɛ'rɛdnik]

consultor (m)	консультант (ч)	[konsulʲ'tant]
representante (m)	представник (ч)	[prɛdstaw'nik]
agente (m)	агент (ч)	[a'hɛnt]
agente (m) de seguros	страховий агент (ч)	[straho'wij a'hɛnt]

106. Profissões de serviços

| cozinheiro (m) | кухар (ч) | ['kuhar] |
| cozinheiro chefe (m) | шеф-кухар (ч) | [ʃɛf 'kuhar] |

padeiro (m)	пекар (ч)	['pɛkar]
barman (m)	бармен (ч)	[bar'mɛn]
empregado (m) de mesa	офіціант (ч)	[ofitsi'ant]
empregada (f) de mesa	офіціантка (ж)	[ofitsi'antka]

advogado (m)	адвокат (ч)	[adwo'kat]
jurista (m)	юрист (ч)	[ʲu'rist]
notário (m)	нотаріус (ч)	[no'tarius]

eletricista (m)	електрик (ч)	[ɛ'lɛktrik]
canalizador (m)	сантехнік (ч)	[san'tɛhnik]
carpinteiro (m)	тесля (ч)	['tɛslʲa]

massagista (m)	масажист (ч)	[masa'ʒist]
massagista (f)	масажистка (ж)	[masa'ʒistka]
médico (m)	лікар (ч)	['likar]

taxista (m)	таксист (ч)	[tak'sist]
condutor (automobilista)	шофер (ч)	[ʃo'fɛr]
entregador (m)	кур'єр (ч)	[ku'rʲɛr]

camareira (f)	покоївка (ж)	[poko'jiwka]
guarda (m)	охоронник (ч)	[oho'rɔnik]
hospedeira (f) de bordo	стюардеса (ж)	[stʲuar'dɛsa]

professor (m)	вчитель (ч)	['wtʃitɛlʲ]
bibliotecário (m)	бібліотекар (ч)	[biblio'tɛkar]
tradutor (m)	перекладач (ч)	[pɛrɛkla'datʃ]
intérprete (m)	перекладач (ч)	[pɛrɛkla'datʃ]
guia (pessoa)	гід (ч)	[ɦid]

cabeleireiro (m)	перукар (ч)	[pɛru'kar]
carteiro (m)	листоноша (ч)	[listo'nɔʃa]
vendedor (m)	продавець (ч)	[proda'wɛts]

jardineiro (m)	садівник (ч)	[sadiw'nik]
criado (m)	слуга (ч)	[slu'ɦa]
criada (f)	служниця (ж)	[sluʒ'nitsʲa]
empregada (f) de limpeza	прибиральниця (ж)	[pribi'ralʲnitsʲa]

107. Profissões militares e postos

soldado (m) raso	рядовий (ч)	[rʲado'wij]
sargento (m)	сержант (ч)	[sɛr'ʒant]
tenente (m)	лейтенант (ч)	[lɛjtɛ'nant]
capitão (m)	капітан (ч)	[kapi'tan]

major (m)	майор (ч)	[ma'jɔr]
coronel (m)	полковник (ч)	[pol'kɔwnik]
general (m)	генерал (ч)	[ɦɛnɛ'ral]
marechal (m)	маршал (ч)	['marʃal]
almirante (m)	адмірал (ч)	[admi'ral]
militar (m)	військовий (ч)	[wijsʲ'kɔwij]
soldado (m)	солдат (ч)	[sol'dat]

| oficial (m) | офіцер (ч) | [ofi'tsɛr] |
| comandante (m) | командир (ч) | [koman'dir] |

guarda (m) fronteiriço	прикордонник (ч)	[prikor'dɔnik]
operador (m) de rádio	радист (ч)	[ra'dist]
explorador (m)	розвідник (ч)	[roz'widnik]
sapador (m)	сапер (ч)	[sa'pɛr]
atirador (m)	стрілок (ч)	[stri'lɔk]
navegador (m)	штурман (ч)	['ʃturman]

108. Oficiais. Padres

| rei (m) | король (ч) | [ko'rɔlʲ] |
| rainha (f) | королева (ж) | [koro'lɛwa] |

| príncipe (m) | принц (ч) | [prints] |
| princesa (f) | принцеса (ж) | [prin'tsɛsa] |

| czar (m) | цар (ч) | [tsar] |
| czarina (f) | цариця (ж) | [tsa'ritsʲa] |

presidente (m)	президент (ч)	[prɛzi'dɛnt]
ministro (m)	міністр (ч)	[mi'nistr]
primeiro-ministro (m)	прем'єр-міністр (ч)	[prɛ'mʲɛr mi'nistr]
senador (m)	сенатор (ч)	[sɛ'nator]

diplomata (m)	дипломат (ч)	[diplo'mat]
cônsul (m)	консул (ч)	['kɔnsul]
embaixador (m)	посол (ч)	[po'sɔl]
conselheiro (m)	радник (ч)	['radnik]

funcionário (m)	чиновник (ч)	[tʃi'nɔwnik]
prefeito (m)	префект (ч)	[prɛ'fɛkt]
Presidente (m) da Câmara	мер (ч)	[mɛr]

| juiz (m) | суддя (ч) | [sud'dʲa] |
| procurador (m) | прокурор (ч) | [proku'rɔr] |

missionário (m)	місіонер (ч)	[misio'nɛr]
monge (m)	чернець (ч)	[tʃɛr'nɛts]
abade (m)	абат (ч)	[a'bat]
rabino (m)	рабин (ч)	[ra'bin]

vizir (m)	візир (ч)	[wi'zir]
xá (m)	шах (ч)	[ʃah]
xeque (m)	шейх (ч)	[ʃɛjh]

109. Profissões agrícolas

apicultor (m)	пасічник (ч)	['pasitʃnik]
pastor (m)	пастух (ч)	[pas'tuh]
agrónomo (m)	агроном (ч)	[aɦro'nɔm]

criador (m) de gado	тваринник (ч)	[twa'rinik]
veterinário (m)	ветеринар (ч)	[wɛtɛri'nar]
agricultor (m)	фермер (ч)	['fɛrmɛr]
vinicultor (m)	винороб (ч)	[wino'rɔb]
zoólogo (m)	зоолог (ч)	[zo'ɔlofi]
cowboy (m)	ковбой (ч)	[kow'bɔj]

110. Profissões artísticas

ator (m)	актор (ч)	[ak'tɔr]
atriz (f)	акторка (ж)	[ak'tɔrka]
cantor (m)	співак (ч)	[spi'wak]
cantora (f)	співачка (ж)	[spi'watʃka]
bailarino (m)	танцюрист (ч)	[tantsʲu'rist]
bailarina (f)	танцюристка (ж)	[tantsʲu'ristka]
artista (m)	артист (ч)	[ar'tist]
artista (f)	артистка (ж)	[ar'tistka]
músico (m)	музикант (ч)	[muzi'kant]
pianista (m)	піаніст (ч)	[pia'nist]
guitarrista (m)	гітарист (ч)	[fiita'rist]
maestro (m)	диригент (ч)	[diri'fiɛnt]
compositor (m)	композитор (ч)	[kompo'zitor]
empresário (m)	імпресаріо (ч)	[imprɛ'sario]
realizador (m)	режисер (ч)	[rɛʒi'sɛr]
produtor (m)	продюсер (ч)	[pro'dʲusɛr]
argumentista (m)	сценарист (ч)	[stsɛna'rist]
crítico (m)	критик (ч)	['kritik]
escritor (m)	письменник (ч)	[pisʲ'mɛnik]
poeta (m)	поет (ч)	[po'ɛt]
escultor (m)	скульптор (ч)	['skulʲptor]
pintor (m)	художник (ч)	[hu'dɔʒnik]
malabarista (m)	жонглер (ч)	[ʒonfi'lɛr]
palhaço (m)	клоун (ч)	['klɔun]
acrobata (m)	акробат (ч)	[akro'bat]
mágico (m)	фокусник (ч)	['fɔkusnik]

111. Várias profissões

médico (m)	лікар (ч)	['likar]
enfermeira (f)	медсестра (ж)	[mɛdsɛst'ra]
psiquiatra (m)	психіатр (ч)	[psihi'atr]
estomatologista (m)	стоматолог (ч)	[stoma'tɔlofi]
cirurgião (m)	хірург (ч)	[hi'rurfi]

astronauta (m)	астронавт (ч)	[astro'nawt]
astrónomo (m)	астроном (ч)	[astro'nɔm]
piloto (m)	льотчик, пілот (ч)	['lʲɔttʃik], [pi'lɔt]
motorista (m)	водій (ч)	[wo'dij]
maquinista (m)	машиніст (ч)	[maʃi'nist]
mecânico (m)	механік (ч)	[mɛ'hanik]
mineiro (m)	шахтар (ч)	[ʃah'tar]
operário (m)	робітник (ч)	[robit'nik]
serralheiro (m)	слюсар (ч)	['slʲusar]
marceneiro (m)	столяр (ч)	['stɔlʲar]
torneiro (m)	токар (ч)	['tɔkar]
construtor (m)	будівельник (ч)	[budi'wɛlʲnik]
soldador (m)	зварювальник (ч)	['zwarʲuwalʲnik]
professor (m) catedrático	професор (ч)	[pro'fɛsor]
arquiteto (m)	архітектор (ч)	[arhi'tɛktor]
historiador (m)	історик (ч)	[is'tɔrik]
cientista (m)	вчений (ч)	['wtʃɛnij]
físico (m)	фізик (ч)	['fizik]
químico (m)	хімік (ч)	['himik]
arqueólogo (m)	археолог (ч)	[arhɛ'ɔloɦ]
geólogo (m)	геолог (ч)	[ɦɛ'ɔloɦ]
pesquisador (cientista)	дослідник (ч)	[do'slidnik]
babysitter (f)	няня (ж)	['nʲanʲa]
professor (m)	вчитель, педагог (ч)	['wtʃitɛlʲ], [pɛda'ɦɔɦ]
redator (m)	редактор (ч)	[rɛ'daktor]
redator-chefe (m)	головний редактор (ч)	[ɦolow'nij rɛ'daktor]
correspondente (m)	кореспондент (ч)	[korɛspon'dɛnt]
datilógrafa (f)	машиністка (ж)	[maʃi'nistka]
designer (m)	дизайнер (ч)	[di'zajnɛr]
especialista (m) em informática	комп'ютерник (ч)	[kom'pʲutɛrnik]
programador (m)	програміст (ч)	[proɦ'ramist]
engenheiro (m)	інженер (ч)	[inʒɛ'nɛr]
marujo (m)	моряк (ч)	[mo'rʲak]
marinheiro (m)	матрос (ч)	[mat'rɔs]
salvador (m)	рятувальник (ч)	[rʲatu'walʲnik]
bombeiro (m)	пожежник (ч)	[po'ʒɛʒnik]
polícia (m)	поліцейський (ч)	[poli'tsɛjsʲkij]
guarda-noturno (m)	сторож (ч)	['stɔroʒ]
detetive (m)	детектив (ч)	[dɛtɛk'tiw]
funcionário (m) da alfândega	митник (ч)	['mitnik]
guarda-costas (m)	охоронець (ч)	[oho'rɔnɛts]
guarda (m) prisional	охоронець (ч)	[oho'rɔnɛtsʲ]
inspetor (m)	інспектор (ч)	[ins'pɛktor]
desportista (m)	спортсмен (ч)	[sports'mɛn]
treinador (m)	тренер (ч)	['trɛnɛr]

talhante (m)	м'ясник (ч)	[mʲas'nik]
sapateiro (m)	чоботар (ч)	[tʃobo'tar]
comerciante (m)	комерсант (ч)	[komɛr'sant]
carregador (m)	вантажник (ч)	[wan'taʒnik]

| estilista (m) | модельєр (ч) | [modɛ'ljɛr] |
| modelo (f) | модель (ж) | [modɛlʲ] |

112. Ocupações. Estatuto social

| aluno, escolar (m) | школяр (ч) | [ʃko'lʲar] |
| estudante (~ universitária) | студент (ч) | [stu'dɛnt] |

filósofo (m)	філософ (ч)	[fi'lɔsof]
economista (m)	економіст (ч)	[ɛkono'mist]
inventor (m)	винахідник (ч)	[wina'hidnik]

desempregado (m)	безробітний (ч)	[bɛzro'bitnij]
reformado (m)	пенсіонер (ч)	[pɛnsio'nɛr]
espião (m)	шпигун (ч)	[ʃpi'ɦun]

preso (m)	в'язень (ч)	['wʲazɛnʲ]
grevista (m)	страйкар (ч)	[straj'kar]
burocrata (m)	бюрократ (ч)	[bʲuro'krat]
viajante (m)	мандрівник (ч)	[mandriw'nik]

homossexual (m)	гомосексуаліст (ч)	[ɦomosɛksua'list]
hacker (m)	хакер (ч)	['hakɛr]
hippie	хіпі (ч)	['hipi]

bandido (m)	бандит (ч)	[ban'dit]
assassino (m) a soldo	найманий вбивця (ч)	['najmanij 'wbiwtsʲa]
toxicodependente (m)	наркоман (ч)	[narko'man]
traficante (m)	наркоторговець (ч)	[narkotor'ɦowɛts]
prostituta (f)	проститутка (ж)	[prosti'tutka]
chulo (m)	сутенер (ч)	[sutɛ'nɛr]

bruxo (m)	чаклун (ч)	[tʃak'lun]
bruxa (f)	чаклунка (ж)	[tʃak'lunka]
pirata (m)	пірат (ч)	[pi'rat]
escravo (m)	раб (ч)	[rab]
samurai (m)	самурай (ч)	[samu'raj]
selvagem (m)	дикун (ч)	[di'kun]

Desportos

113. Tipos de desportos. Desportistas

desportista (m)	спортсмен (ч)	[sports'mɛn]
tipo (m) de desporto	вид (ч) спорту	[wid 'sportu]
basquetebol (m)	баскетбол (ч)	[baskɛt'bɔl]
jogador (m) de basquetebol	баскетболіст (ч)	[baskɛtbo'list]
beisebol (m)	бейсбол (ч)	[bɛjs'bɔl]
jogador (m) de beisebol	бейсболіст (ч)	[bɛjsbo'list]
futebol (m)	футбол (ч)	[fut'bɔl]
futebolista (m)	футболіст (ч)	[futbo'list]
guarda-redes (m)	воротар (ч)	[woro'tar]
hóquei (m)	хокей (ч)	[ho'kɛj]
jogador (m) de hóquei	хокеїст (ч)	[hokɛ'jist]
voleibol (m)	волейбол (ч)	[wolɛj'bɔl]
jogador (m) de voleibol	волейболіст (ч)	[wolɛjbo'list]
boxe (m)	бокс (ч)	[boks]
boxeador, pugilista (m)	боксер (ч)	[bok'sɛr]
luta (f)	боротьба (ж)	[borotʲ'ba]
lutador (m)	борець (ч)	[bo'rɛts]
karaté (m)	карате (с)	[kara'tɛ]
karateca (m)	каратист (ч)	[kara'tist]
judo (m)	дзюдо (с)	[dzʲu'dɔ]
judoca (m)	дзюдоїст (ч)	[dzʲudo'jist]
ténis (m)	теніс (ч)	['tɛnis]
tenista (m)	тенісист (ч)	[tɛni'sist]
natação (f)	плавання (с)	['plawanʲa]
nadador (m)	плавець (ч)	[pla'wɛts]
esgrima (f)	фехтування (с)	[fɛhtu'wanʲa]
esgrimista (m)	фехтувальник (ч)	[fɛhtu'walʲnik]
xadrez (m)	шахи (мн)	['ʃahɨ]
xadrezista (m)	шахіст (ч)	[ʃa'hist]
alpinismo (m)	альпінізм (ч)	[alʲpi'nizm]
alpinista (m)	альпініст (ч)	[alʲpi'nist]
corrida (f)	біг (ч)	[biĥ]

corredor (m)	бігун (ч)	[bi'ɦun]
atletismo (m)	легка атлетика (ж)	[lɛɦ'ka at'lɛtika]
atleta (m)	атлет (ч)	[at'lɛt]

| hipismo (m) | кінний спорт (ч) | ['kinij 'spɔrt] |
| cavaleiro (m) | наїзник (ч) | [na'jiznik] |

patinagem (f) artística	фігурне катання (с)	[fi'ɦurnɛ ka'tanʲa]
patinador (m)	фігурист (ч)	[fiɦu'rist]
patinadora (f)	фігуристка (ж)	[fiɦu'ristka]

halterofilismo (m)	важка атлетика (ж)	[waʒ'ka at'lɛtika]
halterofilista (m)	важкоатлет (ч)	[waʒkoat'lɛt]
corrida (f) de carros	автогонки (мн)	[awto'ɦɔnki]
piloto (m)	гонщик (ч)	['ɦɔnɕik]

| ciclismo (m) | велоспорт (ч) | [wɛlo'spɔrt] |
| ciclista (m) | велосипедист (ч) | [wɛlosipɛ'dist] |

salto (m) em comprimento	стрибки (мн) в довжину	[strib'ki w dowʒi'nu]
salto (m) à vara	стрибки (мн) з жердиною	[strib'ki z ʒɛr'dinoʲu]
atleta (m) de saltos	стрибун (ч)	[stri'bun]

114. Tipos de desportos. Diversos

futebol (m) americano	американський футбол (ч)	[amɛri'kansʲkij fut'bɔl]
badminton (m)	бадмінтон (ч)	[badmin'tɔn]
biatlo (m)	біатлон (ч)	[biat'lɔn]
bilhar (m)	більярд (ч)	[bi'ljard]

bobsled (m)	бобслей (ч)	[bob'slɛj]
musculação (f)	бодібілдинг (ч)	[bodi'bildinɦ]
polo (m) aquático	водне поло (с)	['wɔdnɛ 'pɔlo]
andebol (m)	гандбол (ч)	[ɦand'bɔl]
golfe (m)	гольф (ч)	[ɦolʲf]

remo (m)	гребля (ч)	['ɦrɛblʲa]
mergulho (m)	дайвінг (ч)	['dajwinɦ]
corrida (f) de esqui	лижні гонки (мн)	['liʒni 'ɦɔnki]
ténis (m) de mesa	настільний теніс (ч)	[na'stilʲnij 'tɛnis]

vela (f)	парусний спорт (ч)	['parusnij sport]
rali (m)	ралі (с)	['rali]
râguebi (m)	регбі (с)	['rɛɦbi]
snowboard (m)	сноуборд (ч)	[snou'bɔrd]
tiro (m) com arco	стрільба (ж) з луку	[strilʲ'ba z 'luku]

115. Ginásio

barra (f)	штанга (ж)	['ʃtanɦa]
halteres (m pl)	гантелі (мн)	[ɦan'tɛli]
aparelho (m) de musculaçao	тренажер (ч)	[trɛna'ʒɛr]

| bicicleta (f) ergométrica | велотренажер (ч) | [wɛlotrɛna'ʒɛr] |
| passadeira (f) de corrida | бігова доріжка (ж) | [biɦo'wa do'riʒka] |

barra (f) fixa	перекладина (ж)	[pɛrɛk'ladina]
barras (f) paralelas	бруси (мн)	['brusi]
cavalo (m)	кінь (ч)	[kinʲ]
tapete (m) de ginástica	мат (ч)	[mat]

corda (f) de saltar	скакалка (ж)	[ska'kalka]
aeróbica (f)	аеробіка (ж)	[ae'rɔbika]
ioga (f)	йога (ж)	['jɔɦa]

116. Desportos. Diversos

Jogos (m pl) Olímpicos	Олімпійські ігри (мн)	[olim'pijsʲki 'iɦri]
vencedor (m)	переможець (ч)	[pɛrɛ'mɔʒɛts]
vencer (vi)	перемагати	[pɛrɛma'ɦati]
vencer, ganhar (vi)	виграти	['wiɦrati]

| líder (m) | лідер (ч) | ['lidɛr] |
| liderar (vt) | лідирувати | [li'diruwati] |

primeiro lugar (m)	перше місце (с)	['pɛrʃɛ 'mistsɛ]
segundo lugar (m)	друге місце (с)	['druɦɛ 'mistsɛ]
terceiro lugar (m)	третє місце (с)	['trɛtɛ 'mistsɛ]

medalha (f)	медаль (ж)	[mɛ'dalʲ]
troféu (m)	трофей (ч)	[tro'fɛj]
taça (f)	кубок (ч)	['kubok]
prémio (m)	приз (ч)	[priz]
prémio (m) principal	головний приз (ч)	[ɦolow'nij priz]

| recorde (m) | рекорд (ч) | [rɛ'kɔrd] |
| estabelecer um recorde | встановлювати рекорд | [wsta'nɔwlʲuwati rɛ'kɔrd] |

| final (m) | фінал (ч) | [fi'nal] |
| final | фінальний | [fi'nalʲnij] |

| campeão (m) | чемпіон (ч) | [tʃɛmpi'ɔn] |
| campeonato (m) | чемпіонат (ч) | [tʃɛmpio'nat] |

estádio (m)	стадіон (ч)	[stadi'ɔn]
bancadas (f pl)	трибуна (ж)	[tri'buna]
fã, adepto (m)	фан, вболівальник (ч)	[fan], [wboli'walʲnik]
adversário (m)	супротивник (ч)	[supro'tiwnik]

| partida (f) | старт (ч) | [start] |
| chegada, meta (f) | фініш (ч) | ['finiʃ] |

| derrota (f) | поразка (ж) | [po'razka] |
| perder (vt) | програти | [proɦ'rati] |

| árbitro (m) | суддя (ч) | [sud'dʲa] |
| júri (m) | журі (с) | [ʒu'ri] |

resultado (m)	рахунок (ч)	[ra'hunok]
empate (m)	нічия (ж)	[niʧi'ʲa]
empatar (vi)	зіграти внічию	[zi'ɦrati wniʧi'ʲu]
ponto (m)	очко (с)	[oʧ'kɔ]
resultado (m) final	результат (ч)	[rɛzulʲ'tat]
tempo, período (m)	тайм (ч), період (ч)	[tajm], [pɛ'riod]
intervalo (m)	перерва (ж)	[pɛ'rɛrwa]
doping (m)	допінг (ч)	['dɔpinɦ]
penalizar (vt)	штрафувати	[ʃtrafu'wati]
desqualificar (vt)	дискваліфікувати	[diskwalifiku'wati]
aparelho (m)	снаряд (ч)	[sna'rʲad]
dardo (m)	спис (ч)	[spis]
peso (m)	ядро (с)	[jad'rɔ]
bola (f)	куля (ж)	['kulʲa]
alvo, objetivo (m)	ціль (ж)	[ʦilʲ]
alvo (~ de papel)	мішень (ж)	[mi'ʃɛnʲ]
atirar, disparar (vi)	стріляти	[stri'lʲati]
preciso (tiro ~)	влучний	['wluʧnij]
treinador (m)	тренер (ч)	['trɛnɛr]
treinar (vt)	тренувати	[trɛnu'wati]
treinar-se (vr)	тренуватися	[trɛnu'watisʲa]
treino (m)	тренування (с)	[trɛnu'wanʲa]
ginásio (m)	спортзал (ч)	[sport'zal]
exercício (m)	вправа (ж)	['wprawa]
aquecimento (m)	розминка (ж)	[roz'minka]

Educação

escola (f)	школа (ж)	['ʃkɔla]
diretor (m) de escola	директор (ч) школи	[di'rɛktor 'ʃkɔlɨ]
aluno (m)	учень (ч)	['utʃɛnʲ]
aluna (f)	учениця (ж)	[utʃɛ'nɨtsʲa]
escolar (m)	школяр (ч)	[ʃko'lʲar]
escolar (f)	школярка (ж)	[ʃko'lʲarka]
ensinar (vt)	вчити	['wtʃitɨ]
aprender (vt)	вивчати	[wiw'tʃatɨ]
aprender de cor	вчити напам'ять	['wtʃitɨ na'pamʲatʲ]
estudar (vi)	вчитися	['wtʃitɨsʲa]
andar na escola	вчитися	['wtʃitɨsʲa]
ir à escola	йти до школи	[jtɨ do 'ʃkɔlɨ]
alfabeto (m)	алфавіт (ч)	[alfa'wit]
disciplina (f)	предмет (ч)	[prɛd'mɛt]
sala (f) de aula	клас (ч)	[klas]
lição (f)	урок (ч)	[u'rɔk]
recreio (m)	перерва (ж)	[pɛ'rɛrwa]
toque (m)	дзвінок (ч)	[dzwi'nɔk]
carteira (f)	парта (ж)	['parta]
quadro (m) negro	дошка (ж)	['dɔʃka]
nota (f)	оцінка (ж)	[o'tsinka]
boa nota (f)	добра оцінка (ж)	['dɔbra o'tsinka]
nota (f) baixa	погана оцінка (ж)	[po'ɦana o'tsinka]
dar uma nota	ставити оцінку	['stawitɨ o'tsinku]
erro (m)	помилка (ж)	[po'milka]
fazer erros	робити помилки	[ro'bitɨ 'pomɨlkɨ]
corrigir (vt)	виправляти	[wipraw'lʲatɨ]
cábula (f)	шпаргалка (ж)	[ʃpar'ɦalka]
dever (m) de casa	домашнє завдання (с)	[do'maʃnɛ zaw'danʲa]
exercício (m)	вправа (ж)	['wprawa]
estar presente	бути присутнім	['butɨ pri'sutnim]
estar ausente	бути відсутнім	['butɨ wid'sutnim]
faltar às aulas	пропускати уроки	[propus'katɨ u'rɔkɨ]
punir (vt)	покарати	[poka'ratɨ]
punição (f)	покарання (с)	[poka'ranʲa]
comportamento (m)	поведінка (ж)	[powɛ'dinka]

boletim (m) escolar	щоденник (ч)	[ɕo'dɛnik]
lápis (m)	олівець (ч)	[oli'wɛts]
borracha (f)	гумка (ж)	['ɦumka]
giz (m)	крейда (ж)	['krɛjda]
estojo (m)	пенал (ч)	[pɛ'nal]

pasta (f) escolar	портфель (ч)	[port'fɛlʲ]
caneta (f)	ручка (ж)	['rutʃka]
caderno (m)	зошит (ч)	['zoʃit]
manual (m) escolar	підручник (ч)	[pid'rutʃnik]
compasso (m)	циркуль (ч)	['tsirkulʲ]

traçar (vt)	креслити	['krɛsliti]
desenho (m) técnico	креслення (с)	['krɛslɛnʲa]

poesia (f)	вірш (ч)	[wirʃ]
de cor	напам'ять	[na'pamʲʲatʲ]
aprender de cor	вчити напам'ять	['wtʃiti na'pamʲʲatʲ]

férias (f pl)	канікули (мн)	[ka'nikuli]
estar de férias	бути на канікулах	['buti na ka'nikulah]
passar as férias	провести канікули	[prowɛs'ti ka'nikuli]

teste (m)	контрольна робота (ж)	[kon'trolʲna ro'bota]
composição, redação (f)	твір (ч)	[twir]
ditado (m)	диктант (ч)	[dik'tant]
exame (m)	іспит (ч)	['ispit]
fazer exame	складати іспити	[skla'dati 'ispiti]
experiência (~ química)	дослід (ч)	['doslid]

118. Colégio. Universidade

academia (f)	академія (ж)	[aka'dɛmiʲa]
universidade (f)	університет (ч)	[uniwɛrsi'tɛt]
faculdade (f)	факультет (ч)	[fakulʲ'tɛt]

estudante (m)	студент (ч)	[stu'dɛnt]
estudante (f)	студентка (ж)	[stu'dɛntka]
professor (m)	викладач (ч)	[wikla'datʃ]

sala (f) de palestras	аудиторія (ж)	[audi'toriʲa]
graduado (m)	випускник (ч)	[wipusk'nik]

diploma (m)	диплом (ч)	[dip'lom]
tese (f)	дисертація (ж)	[disɛr'tatsiʲa]

estudo (obra)	дослідження (с)	[do'slidʒɛnʲa]
laboratório (m)	лабораторія (ж)	[labora'toriʲa]

palestra (f)	лекція (ж)	['lɛktsiʲa]
colega (m) de curso	однокурсник (ч)	[odno'kursnik]

bolsa (f) de estudos	стипендія (ж)	[sti'pɛndiʲa]
grau (m) académico	вчений ступінь (ч)	['wtʃɛnij 'stupinʲ]

119. Ciências. Disciplinas

matemática (f)	математика (ж)	[mate'matika]
álgebra (f)	алгебра (ж)	['alɦɛbra]
geometria (f)	геометрія (ж)	[ɦɛo'mɛtriˈa]

astronomia (f)	астрономія (ж)	[astro'nomiˈa]
biologia (f)	біологія (ж)	[bio'loɦiˈa]
geografia (f)	географія (ж)	[ɦɛo'ɦrafiˈa]
geologia (f)	геологія (ж)	[ɦɛo'loɦiˈa]
história (f)	історія (ж)	[is'toriˈa]

medicina (f)	медицина (ж)	[mɛdi'tsina]
pedagogia (f)	педагогіка (ж)	[pɛda'ɦoɦika]
direito (m)	право (c)	['prawo]

física (f)	фізика (ж)	['fizika]
química (f)	хімія (ж)	['himiˈa]
filosofia (f)	філософія (ж)	[filo'sofiˈa]
psicologia (f)	психологія (ж)	[psiho'loɦiˈa]

120. Sistema de escrita. Ortografia

gramática (f)	граматика (ж)	[ɦra'matika]
vocabulário (m)	лексика (ж)	['lɛksika]
fonética (f)	фонетика (ж)	[fo'nɛtika]

substantivo (m)	іменник (ч)	[i'mɛnik]
adjetivo (m)	прикметник (ч)	[prik'mɛtnik]
verbo (m)	дієслово (c)	[diɛ'slowo]
advérbio (m)	прислівник (ч)	[pris'liwnik]

pronome (m)	займенник (ч)	[zaj'mɛnik]
interjeição (f)	вигук (ч)	['wiɦuk]
preposição (f)	прийменник (ч)	[prij'mɛnik]

raiz (f) da palavra	корінь (ч) слова	['korinˈ 'slowa]
terminação (f)	закінчення (c)	[za'kintʃɛnˈa]
prefixo (m)	префікс (ч)	['prɛfiks]
sílaba (f)	склад (ч)	['sklad]
sufixo (m)	суфікс (ч)	['sufiks]

| acento (m) | наголос (ч) | ['naɦolos] |
| apóstrofo (m) | апостроф (ч) | [a'postrof] |

ponto (m)	крапка (ж)	['krapka]
vírgula (f)	кома (ж)	['koma]
ponto e vírgula (m)	крапка (ж) з комою	['krapka z 'komoˈu]
dois pontos (m pl)	двокрапка (ж)	[dwo'krapka]
reticências (f pl)	три крапки (мн)	[tri 'krapki]

| ponto (m) de interrogação | знак (ч) питання | [znak pi'tanˈa] |
| ponto (m) de exclamação | знак (ч) оклику | [znak 'okliku] |

aspas (f pl)	лапки (мн)	[lap'ki]
entre aspas	в лапках	[w lap'kah]
parênteses (m pl)	дужки (мн)	[duʒ'ki]
entre parênteses	в дужках	[w duʒ'kah]

hífen (m)	дефіс (ч)	[dɛ'fis]
travessão (m)	тире (с)	[ti'rɛ]
espaço (m)	пробіл (ч)	[pro'bil]

letra (f)	літера (ж)	['litɛra]
letra (f) maiúscula	велика літера (ж)	[wɛ'lika 'litɛra]

vogal (f)	голосний звук (ч)	[ɦolos'nij zwuk]
consoante (f)	приголосний (ч)	['priɦolosnij]

frase (f)	речення (с)	['rɛtʃɛnʲa]
sujeito (m)	підмет (ч)	['pidmɛt]
predicado (m)	присудок (ч)	['prisudok]

linha (f)	рядок (ч)	[rʲa'dɔk]
em uma nova linha	з нового рядка	[z no'wɔɦo rʲad'ka]
parágrafo (m)	абзац (ч)	[ab'zaʦ]

palavra (f)	слово (с)	['slowo]
grupo (m) de palavras	словосполучення (с)	[slowospo'lutʃɛnʲa]
expressão (f)	вислів (ч)	['wisliw]
sinónimo (m)	синонім (ч)	[si'nɔnim]
antónimo (m)	антонім (ч)	[an'tɔnim]

regra (f)	правило (с)	['prawiɫo]
exceção (f)	виняток (ч)	['winʲatok]
correto	правильний	['prawiɫʲnij]

conjugação (f)	дієвідміна (ж)	[diɛwid'mina]
declinação (f)	відмінювання (с)	[wid'minʲuwanʲa]
caso (m)	відмінок (ч)	[wid'minok]
pergunta (f)	питання (с)	[pi'tanʲa]
sublinhar (vt)	підкреслити	[pid'krɛsliti]
linha (f) pontilhada	пунктир (ч)	[punk'tir]

121. Línguas estrangeiras

língua (f)	мова (ж)	['mɔwa]
estrangeiro	іноземний	[ino'zɛmnij]
língua (f) estrangeira	іноземна мова (ж)	[ino'zɛmna 'mɔwa]
estudar (vt)	вивчати	[wiw'tʃati]
aprender (vt)	вчити	['wtʃiti]

ler (vt)	читати	[tʃi'tati]
falar (vi)	говорити	[ɦowo'riti]
compreender (vt)	розуміти	[rozu'miti]
escrever (vt)	писати	[pi'sati]
rapidamente	швидко	['ʃwidko]
devagar	повільно	[po'wilʲno]

fluentemente	вільно	['wilʲno]
regras (f pl)	правила (мн)	['prawiła]
gramática (f)	граматика (ж)	[ɦra'matika]
vocabulário (m)	лексика (ж)	['lɛksika]
fonética (f)	фонетика (ж)	[fo'nɛtika]
manual (m) escolar	підручник (ч)	[pid'rutʃnik]
dicionário (m)	словник (ч)	[slow'nik]
manual (m) de autoaprendizagem	самовчитель (ч)	[samow'tʃitɛlʲ]
guia (m) de conversação	розмовник (ч)	[roz'mɔwnik]
cassete (f)	касета (ж)	[ka'sɛta]
vídeo cassete (m)	відеокасета (ж)	['widɛo ka'sɛta]
CD (m)	CD-диск (ч)	[si'di disk]
DVD (m)	DVD (ч)	[diwi'di]
alfabeto (m)	алфавіт (ч)	[alfa'wit]
soletrar (vt)	говорити по буквах	[ɦowo'riti po 'bukwah]
pronúncia (f)	вимова (ж)	[wi'mɔwa]
sotaque (m)	акцент (ч)	[ak'tsɛnt]
com sotaque	з акцентом	[z ak'tsɛntom]
sem sotaque	без акценту	[bɛz ak'tsɛntu]
palavra (f)	слово (c)	['slɔwo]
sentido (m)	сенс (ч)	[sɛns]
cursos (m pl)	курси (мн)	['kursi]
inscrever-se (vr)	записатися	[zapi'satisʲa]
professor (m)	викладач (ч)	[wikla'datʃ]
tradução (processo)	переклад (ч)	[pɛ'rɛklad]
tradução (texto)	переклад (ч)	[pɛ'rɛklad]
tradutor (m)	перекладач (ч)	[pɛrɛkla'datʃ]
intérprete (m)	перекладач (ч)	[pɛrɛkla'datʃ]
poliglota (m)	поліглот (ч)	[poliɦ'lɔt]
memória (f)	пам'ять (ж)	['pamʔʲatʲ]

122. Personagens de contos de fadas

Pai (m) Natal	Санта Клаус (ч)	['santa 'klaus]
Cinderela (f)	Попелюшка (ж)	[popɛ'lʲuʃka]
sereia (f)	русалка (ж)	[ru'salka]
Neptuno (m)	Нептун	[nɛp'tun]
mago (m)	чарівник (ч)	[tʃariw'nik]
fada (f)	чарівниця (ж)	[tʃariw'nitsʲa]
mágico	чарівний	[tʃariw'nij]
varinha (f) mágica	чарівна паличка (ж)	[tʃa'riwna 'palitʃka]
conto (m) de fadas	казка (ж)	['kazka]
milagre (m)	диво (c)	['diwo]

anão (m)	гном (ч)	[ɦnom]
transformar-se em …	перетворитися на	[pɛrɛtwoˈritisʲa na]

fantasma (m)	примара (ж)	[priˈmara]
espetro (m)	привид (ч)	[ˈpriwid]
monstro (m)	чудовисько (c)	[ʧuˈdowisko]
dragão (m)	дракон (ч)	[draˈkɔn]
gigante (m)	велетень (ч)	[ˈwɛlɛtɛnʲ]

123. Signos do Zodíaco

Carneiro	Овен (ч)	[ˈɔwɛn]
Touro	Телець (ч)	[tɛˈlɛts]
Gémeos	Близнюки (мн)	[bliznʲuˈki]
Caranguejo	Рак (ч)	[rak]
Leão	Лев (ч)	[lɛw]
Virgem (f)	Діва (ж)	[ˈdiwa]

Balança	Терези (мн)	[tɛrɛˈzi]
Escorpião	Скорпіон (ч)	[skorpiˈɔn]
Sagitário	Стрілець (ч)	[striˈlɛts]
Capricórnio	Козеріг (ч)	[kozɛˈriɦ]
Aquário	Водолій (ч)	[wodoˈlij]
Peixes	Риби (мн)	[ˈribi]

caráter (m)	характер (ч)	[haˈraktɛr]
traços (m pl) do caráter	риси (мн) характеру	[ˈrisi haˈraktɛru]
comportamento (m)	поведінка (ж)	[powɛˈdinka]
predizer (vt)	ворожити	[woroˈʒiti]
adivinha (f)	гадалка (ж)	[haˈdalka]
horóscopo (m)	гороскоп (ч)	[ɦoroˈskɔp]

Artes

124. Teatro

teatro (m)	театр (ч)	[tɛ'atr]
ópera (f)	опера (ж)	['ɔpɛra]
opereta (f)	оперета (ж)	[opɛ'rɛta]
balé (m)	балет (ч)	[ba'lɛt]

cartaz (m)	афіша (ж)	[a'fiʃa]
companhia (f) teatral	трупа (ж)	['trupa]
turné (digressão)	гастролі (мн)	[ɦa'strɔli]
estar em turné	гастролювати	[ɦastrolʲu'wati]
ensaiar (vt)	репетирувати	[rɛpɛ'tiruwati]
ensaio (m)	репетиція (ж)	[rɛpɛ'titsiʲa]
repertório (m)	репертуар (ч)	[rɛpɛrtu'ar]

apresentação (f)	вистава (ж)	[wis'tawa]
espetáculo (m)	спектакль (ч)	[spɛk'taklʲ]
peça (f)	п'єса (ж)	['pʲɛsa]

bilhete (m)	квиток (ч)	[kwi'tɔk]
bilheteira (f)	квиткова каса (ж)	[kwit'kɔwa 'kasa]
hall (m)	хол (ч)	[hol]
guarda-roupa (m)	гардероб (ч)	[ɦardɛ'rɔb]
senha (f) numerada	номерок (ч)	[nomɛ'rɔk]
binóculo (m)	бінокль (ч)	[bi'nɔklʲ]
lanterninha (m)	контролер (ч)	[kontro'lɛr]

plateia (f)	партер (ч)	[par'tɛr]
balcão (m)	балкон (ч)	[bal'kɔn]
primeiro balcão (m)	бельетаж (ч)	[bɛlʲʲɛ'taʒ]
camarote (m)	ложа (ж)	['lɔʒa]
fila (f)	ряд (ч)	[rʲad]
assento (m)	місце (с)	['mistsɛ]

público (m)	публіка (ж)	['publika]
espetador (m)	глядач (ч)	[ɦlʲa'datʃ]
aplaudir (vt)	плескати	[plɛs'kati]
aplausos (m pl)	аплодисменти (мн)	[aplodis'mɛnti]
ovação (f)	овації (мн)	[o'watsiji]

palco (m)	сцена (ж)	['stsɛna]
pano (m) de boca	завіса (ж)	[za'wisa]
cenário (m)	декорація (ж)	[dɛko'ratsiʲa]
bastidores (m pl)	куліси (мн)	[ku'lisi]

cena (f)	дія (ж)	['diʲa]
ato (m)	акт (ч)	[akt]
entreato (m)	антракт (ч)	[an'trakt]

125. Cinema

ator (m)	актор (ч)	[ak'tɔr]
atriz (f)	акторка (ж)	[ak'tɔrka]
cinema (m)	кіно	[ki'nɔ]
filme (m)	кіно (с)	[ki'nɔ]
episódio (m)	серія (ж)	['sɛriʲa]
filme (m) policial	детектив (ч)	[dɛtɛk'tiw]
filme (m) de ação	бойовик (ч)	[boʲo'wik]
filme (m) de aventuras	пригодницький фільм (ч)	[pri'hɔdniˈskij filʲm]
filme (m) de ficção científica	фантастичний фільм (ч)	[fantas'tiʧnij filʲm]
filme (m) de terror	фільм (ч) жахів	[filʲm 'ʒahiw]
comédia (f)	кінокомедія (ж)	[kinoko'mɛdiʲa]
melodrama (m)	мелодрама (ж)	[mɛlod'rama]
drama (m)	драма (ж)	['drama]
filme (m) ficcional	художній фільм (ч)	[hu'dɔʒnij filʲm]
documentário (m)	документальний фільм (ч)	[dokumɛn'talʲnij filʲm]
desenho (m) animado	мультфільм (ч)	[mulʲt'filʲm]
cinema (m) mudo	німе кіно (с)	[ni'mɛ ki'nɔ]
papel (m)	роль (ж)	[rolʲ]
papel (m) principal	головна роль (ж)	[ɦolow'na rolʲ]
representar (vt)	грати	['ɦrati]
estrela (f) de cinema	кінозірка (ж)	[kino'zirka]
conhecido	відомий	[wi'dɔmij]
famoso	знаменитий	[znamɛ'nitij]
popular	популярний	[popu'lʲarnij]
argumento (m)	сценарій (ч)	[sʦɛ'narij]
argumentista (m)	сценарист (ч)	[sʦɛna'rist]
realizador (m)	режисер (ч)	[rɛʒi'sɛr]
produtor (m)	продюсер (ч)	[pro'dʲusɛr]
assistente (m)	асистент (ч)	[asis'tɛnt]
diretor (m) de fotografia	оператор (ч)	[opɛ'rator]
duplo (m)	каскадер (ч)	[kaska'dɛr]
duplo (m) de corpo	дублер (ч)	[dub'lɛr]
filmar (vt)	знімати фільм	[zni'mati filʲm]
audição (f)	проби (мн)	['prɔbi]
filmagem (f)	зйомки (мн)	['zʲɔmki]
equipe (f) de filmagem	знімальна група (ж)	[zni'malʲna 'ɦrupa]
set (m) de filmagem	знімальний майданчик (ч)	[zni'malʲnij maj'danʧik]
câmara (f)	кінокамера (ж)	[kino'kamɛra]
cinema (m)	кінотеатр (ч)	[kinotɛ'atr]
ecrã (m), tela (f)	екран (ч)	[ɛk'ran]
exibir um filme	показувати фільм	[po'kazuwati filʲm]
pista (f) sonora	звукова доріжка (ж)	[zwuko'wa do'riʒka]
efeitos (m pl) especiais	спеціальні ефекти (мн)	[spɛʦi'alʲni ɛ'fɛkti]

legendas (f pl)	субтитри (мн)	[sub'titri]
crédito (m)	титри (мн)	['titri]
tradução (f)	переклад (ч)	[pɛ'rɛklad]

126. Pintura

arte (f)	мистецтво (с)	[mis'tɛtstwo]
belas-artes (f pl)	образотворчі мистецтва (мн)	[obrazot'wortʃi mis'tɛtstwa]
galeria (f) de arte	арт-галерея (ж)	[art ɦalɛ'rɛʲa]
exposição (f) de arte	виставка (ж) картин	['wistawka kar'tin]
pintura (f)	живопис (ч)	[ʒiʲ'wopis]
arte (f) gráfica	графіка (ж)	['ɦrafika]
arte (f) abstrata	абстракціонізм (ч)	[abstraktsio'nizm]
impressionismo (m)	імпресіонізм (ч)	[imprɛsio'nizm]
pintura (f), quadro (m)	картина (ж)	[kar'tina]
desenho (m)	малюнок (ч)	[ma'lʲunok]
cartaz, póster (m)	плакат (ч)	[pla'kat]
ilustração (f)	ілюстрація (ж)	[ilʲust'ratsiʲa]
miniatura (f)	мініатюра (ж)	[minia'tʲura]
cópia (f)	копія (ж)	['kopiʲa]
reprodução (f)	репродукція (ж)	[rɛpro'duktsiʲa]
mosaico (m)	мозаїка (ж)	[mo'zajika]
vitral (m)	вітраж (ч)	[wit'raʒ]
fresco (m)	фреска (ж)	['frɛska]
gravura (f)	гравюра (ж)	[ɦra'wʲura]
busto (m)	бюст (ч)	[bʲust]
escultura (f)	скульптура (ж)	[skulʲp'tura]
estátua (f)	статуя (ж)	['statuʲa]
gesso (m)	гіпс (ч)	[ɦips]
em gesso	з гіпсу	[z 'ɦipsu]
retrato (m)	портрет (ч)	[port'rɛt]
autorretrato (m)	автопортрет (ч)	[awtopor'trɛt]
paisagem (f)	пейзаж (ч)	[pɛj'zaʒ]
natureza (f) morta	натюрморт (ч)	[natʲur'mort]
caricatura (f)	карикатура (ж)	[karika'tura]
esboço (m)	нарис (ч)	['naris]
tinta (f)	фарба (ж)	['farba]
aguarela (f)	акварель (ж)	[akwa'rɛlʲ]
óleo (m)	масло (с)	['maslo]
lápis (m)	олівець (ч)	[oli'wɛts]
tinta da China (f)	туш (ж)	[tuʃ]
carvão (m)	вугілля (с)	[wu'ɦilʲa]
desenhar (vt)	малювати	[malʲu'wati]
pintar (vt)	малювати	[malʲu'wati]
posar (vi)	позувати	[pozu'wati]

modelo (m)	натурник (ч)	[na'turnik]
modelo (f)	натурниця (ж)	[na'turnitsʲa]
pintor (m)	художник (ч)	[hu'dɔʒnik]
obra (f)	витвір (ч) мистецтва	['wɪtwir mis'tɛtstwa]
obra-prima (f)	шедевр (ч)	[ʃɛ'dɛwr]
estúdio (m)	майстерня (ж)	[majs'tɛrnʲa]
tela (f)	полотно (с)	[polot'nɔ]
cavalete (m)	мольберт (ч)	[molʲ'bɛrt]
paleta (f)	палітра (ж)	[pa'litra]
moldura (f)	рама (ж)	['rama]
restauração (f)	реставрація (ж)	[rɛstaw'ratsʲʲa]
restaurar (vt)	реставрувати	[rɛstawru'wati]

127. Literatura & Poesia

literatura (f)	література (ж)	[litɛra'tura]
autor (m)	автор (ч)	['awtor]
pseudónimo (m)	псевдонім (ч)	[psɛwdo'nim]
livro (m)	книга (ж)	['kniɦa]
volume (m)	том (ч)	[tɔm]
índice (m)	зміст (ч)	[zmist]
página (f)	сторінка (ж)	[sto'rinka]
protagonista (m)	головний герой (ч)	[ɦolow'nij ɦɛ'rɔj]
autógrafo (m)	автограф (ч)	[aw'tɔɦraf]
conto (m)	оповідання (с)	[opowi'danʲa]
novela (f)	повість (ж)	['pɔwistʲ]
romance (m)	роман (ч)	[ro'man]
obra (f)	твір (ч)	[twir]
fábula (m)	байка (ж)	['bajka]
romance (m) policial	детектив (ч)	[dɛtɛk'tiw]
poesia (obra)	вірш (ч)	[wirʃ]
poesia (arte)	поезія (ж)	[po'ɛziʲa]
poema (m)	поема (ж)	[po'ɛma]
poeta (m)	поет (ч)	[po'ɛt]
ficção (f)	белетристика (ж)	[bɛlɛt'ristika]
ficção (f) científica	наукова фантастика (ж)	[nau'kowa fan'tastika]
aventuras (f pl)	пригоди (мн)	[pri'ɦodi]
literatura (f) didática	учбова література (ж)	[uʧ'bowa litɛra'tura]
literatura (f) infantil	дитяча література (ж)	[di'tʲaʧa litɛra'tura]

128. Circo

circo (m) ambulante	цирк-шапіто (ч)	[tsirk ʃapi'tɔ]
programa (m)	програма (ж)	[proɦ'rama]
apresentação (f)	вистава (ж)	[wis'tawa]

número (m)	номер (ч)	['nɔmɛr]
arena (f)	арена (ж)	[a'rɛna]
pantomima (f)	пантоміма (ж)	[panto'mima]
palhaço (m)	клоун (ч)	['klɔun]
acrobata (m)	акробат (ч)	[akro'bat]
acrobacia (f)	акробатика (ж)	[akro'batika]
ginasta (m)	гімнаст (ч)	[him'nast]
ginástica (f)	гімнастика (ж)	[him'nastika]
salto (m) mortal	сальто (c)	['salʲto]
homem forte (m)	атлет (ч)	[at'lɛt]
domador (m)	приборкувач (ч)	[pri'bɔrkuwatʃ]
cavaleiro (m) equilibrista	наїзник (ч)	[na'jiznik]
assistente (m)	асистент (ч)	[asis'tɛnt]
truque (m)	трюк (ч)	[trʲuk]
truque (m) de mágica	фокус (ч)	['fɔkus]
mágico (m)	фокусник (ч)	['fɔkusnik]
malabarista (m)	жонглер (ч)	[ʒonh'lɛr]
fazer malabarismos	жонглювати	[ʒonhlʲu'wati]
domador (m)	дресирувальник (ч)	[drɛsiru'walʲnik]
adestramento (m)	дресура (ж)	[drɛ'sura]
adestrar (vt)	дресирувати	[drɛsiru'wati]

129. Música. Música popular

música (f)	музика (ж)	['muzika]
músico (m)	музикант (ч)	[muzi'kant]
instrumento (m) musical	музичний інструмент (ч)	[mu'ziʧnij instru'mɛnt]
tocar …	грати на…	['hrati na]
guitarra (f)	гітара (ж)	[hi'tara]
violino (m)	скрипка (ж)	['skripka]
violoncelo (m)	віолончель (ж)	[wiolon'ʧɛlʲ]
contrabaixo (m)	контрабас (ч)	[kontra'bas]
harpa (f)	арфа (ж)	['arfa]
piano (m)	піаніно (c)	[pia'nino]
piano (m) de cauda	рояль (ч)	[ro'ʲalʲ]
órgão (m)	орган (ч)	[or'han]
instrumentos (m pl) de sopro	духові інструменти (мн)	[duho'wi instru'mɛnti]
oboé (m)	гобой (ч)	[ho'bɔj]
saxofone (m)	саксофон (ч)	[sakso'fɔn]
clarinete (m)	кларнет (ч)	[klar'nɛt]
flauta (f)	флейта (ж)	['flɛjta]
trompete (m)	труба (ж)	[tru'ba]
acordeão (m)	акордеон (ч)	[akordɛ'ɔn]
tambor (m)	барабан (ч)	[bara'ban]
duo, dueto (m)	дует (ч)	[du'ɛt]

trio (m)	тріо (c)	['trio]
quarteto (m)	квартет (ч)	[kwar'tɛt]
coro (m)	хор (ч)	[hor]
orquestra (f)	оркестр (ч)	[or'kɛstr]

música (f) pop	поп-музика (ж)	[pop 'muzika]
música (f) rock	рок-музика (ж)	[rok 'muzika]
grupo (m) de rock	рок-група (ж)	[rok 'ɦrupa]
jazz (m)	джаз (ч)	[dʒaz]

| ídolo (m) | кумир (ч) | [ku'mir] |
| fã, admirador (m) | шанувальник (ч) | [ʃanu'walʲnik] |

concerto (m)	концерт (ч)	[kon'tsɛrt]
sinfonia (f)	симфонія (ж)	[sim'foniʲa]
composição (f)	твір (ч)	[twir]
compor (vt)	створити	[stwo'riti]

canto (m)	спів (ч)	[spiw]
canção (f)	пісня (ж)	['pisnʲa]
melodia (f)	мелодія (ж)	[mɛ'lɔdiʲa]
ritmo (m)	ритм (ч)	[ritm]
blues (m)	блюз (ч)	[blʲuz]

notas (f pl)	ноти (мн)	['nɔti]
batuta (f)	паличка (ж)	['palitʃka]
arco (m)	смичок (ч)	[smi'tʃɔk]
corda (f)	струна (ж)	[stru'na]
estojo (m)	футляр (ч)	[fut'lʲar]

Descanso. Entretenimento. Viagens

130. Viagens

turismo (m)	туризм (ч)	[tu'rizm]
turista (m)	турист (ч)	[tu'rist]
viagem (f)	мандрівка (ж)	[mand'riwka]
aventura (f)	пригода (ж)	[pri'ɦoda]
viagem (f)	поїздка (ж)	[po'jizdka]
férias (f pl)	відпустка (ж)	[wid'pustka]
estar de férias	бути у відпустці	['butɨ u wid'pusttsi]
descanso (m)	відпочинок (ч)	[widpo'tʃinok]
comboio (m)	поїзд (ч)	['pɔjizd]
de comboio (chegar ~)	поїздом	['pɔjizdom]
avião (m)	літак (ч)	[li'tak]
de avião	літаком	[lita'kɔm]
de carro	автомобілем	[awtomo'bilɛm]
de navio	кораблем	[korab'lɛm]
bagagem (f)	багаж (ч)	[ba'ɦaʒ]
mala (f)	валіза (ж)	[wa'liza]
carrinho (m)	візок (ч) для багажу	[wi'zɔk dlʲa baɦa'ʒu]
passaporte (m)	паспорт (ч)	['pasport]
visto (m)	віза (ж)	['wiza]
bilhete (m)	квиток (ч)	[kwɨ'tɔk]
bilhete (m) de avião	авіаквиток (ч)	[awiakwɨ'tɔk]
guia (m) de viagem	путівник (ч)	[putiw'nik]
mapa (m)	карта (ж)	['karta]
local (m), area (f)	місцевість (ж)	[mis'tsɛwistʲ]
lugar, sítio (m)	місце (c)	['mistsɛ]
exotismo (m)	екзотика (ж)	[ɛk'zɔtika]
exótico	екзотичний	[ɛkzo'titʃnij]
surpreendente	дивовижний	['diwowiʒnij]
grupo (m)	група (ж)	['ɦrupa]
excursão (f)	екскурсія (ж)	[ɛks'kursiʲa]
guia (m)	екскурсовод (ч)	[ɛkskurso'wɔd]

131. Hotel

hotel (m), pensão (f)	готель (ч)	[ɦo'tɛlʲ]
motel (m)	мотель (ч)	[mo'tɛlʲ]
três estrelas	три зірки	[trɨ 'zirkɨ]

cinco estrelas	п'ять зірок	[pʲatʲ ziˈrɔk]
ficar (~ num hotel)	зупинитися	[zupiˈnitisʲa]
quarto (m)	номер (ч)	[ˈnɔmɛr]
quarto (m) individual	одномісний номер (ч)	[odnoˈmisnij nomɛr]
quarto (m) duplo	двомісний номер (ч)	[dwoˈmisnij ˈnɔmɛr]
reservar um quarto	бронювати номер	[bronʲuˈwati ˈnɔmɛr]
meia pensão (f)	напівпансіон (ч)	[napiwpansiˈɔn]
pensão (f) completa	повний пансіон (ч)	[ˈpɔwnij pansiˈɔn]
com banheira	з ванною	[z ˈwanoʲu]
com duche	з душем	[z ˈduʃɛm]
televisão (m) satélite	супутникове телебачення (с)	[suˈputnikowɛ tɛlɛˈbatʃɛnʲa]
ar (m) condicionado	кондиціонер (ч)	[kondiʦioˈnɛr]
toalha (f)	рушник (ч)	[ruʃˈnik]
chave (f)	ключ (ч)	[klʲutʃ]
administrador (m)	адміністратор (ч)	[adminiˈstrator]
camareira (f)	покоївка (ж)	[pokoˈjiwka]
bagageiro (m)	носильник (ч)	[noˈsilʲnik]
porteiro (m)	портьє (ч)	[porˈtʲɛ]
restaurante (m)	ресторан (ч)	[rɛstoˈran]
bar (m)	бар (ч)	[bar]
pequeno-almoço (m)	сніданок (ч)	[sniˈdanok]
jantar (m)	вечеря (ж)	[wɛˈtʃɛrʲa]
buffet (m)	шведський стіл (ч)	[ˈʃwɛdsʲkij stil]
hall (m) de entrada	вестибюль (ч)	[wɛstiˈbʲulʲ]
elevador (m)	ліфт (ч)	[lift]
NÃO PERTURBE	НЕ ТУРБУВАТИ	[nɛ turbuˈwati]
PROIBIDO FUMAR!	ПАЛИТИ ЗАБОРОНЕНО	[paˈliti zaboˈrɔnɛno]

132. Livros. Leitura

livro (m)	книга (ж)	[ˈknifia]
autor (m)	автор (ч)	[ˈawtor]
escritor (m)	письменник (ч)	[pisʲˈmɛnik]
escrever (vt)	написати	[napiˈsati]
leitor (m)	читач (ч)	[tʃiˈtatʃ]
ler (vt)	читати	[tʃiˈtati]
leitura (f)	читання (с)	[tʃiˈtanʲa]
para si	про себе	[pro ˈsɛbɛ]
em voz alta	вголос	[ˈwfiɔlos]
publicar (vt)	видавати	[widaˈwati]
publicação (f)	примірник (ч)	[priˈmirnik]
editor (m)	видавець (ч)	[widaˈwɛʦ]
editora (f)	видавництво (с)	[widawˈniʦtwo]

sair (vi)	вийти	['wijti]
lançamento (m)	вихід (ч)	['wihid]
tiragem (f)	наклад (ч)	['naklad]
livraria (f)	книгарня (ж)	[kni'harnʲa]
biblioteca (f)	бібліотека (ж)	[biblio'tɛka]
novela (f)	повість (ж)	['pɔwistʲ]
conto (m)	оповідання (c)	[opowi'danʲa]
romance (m)	роман (ч)	[ro'man]
romance (m) policial	детектив (ч)	[dɛtɛk'tiw]
memórias (f pl)	мемуари (мн)	[mɛmu'ari]
lenda (f)	легенда (ж)	[lɛ'hɛnda]
mito (m)	міф (ч)	[mif]
poesia (f)	вірші (мн)	['wirʃi]
autobiografia (f)	автобіографія (ж)	[awtobio'hrafiʲa]
obras (f pl) escolhidas	вибрані роботи (мн)	['wiбrani ro'bɔti]
ficção (f) científica	наукова фантастика (ж)	[nau'kɔwa fan'tastika]
título (m)	назва (ж)	['nazwa]
introdução (f)	вступ (ч)	[wstup]
folha (f) de rosto	титульна сторінка (ж)	['titulʲna sto'rinka]
capítulo (m)	розділ (ч)	['rɔzdil]
excerto (m)	уривок (ч)	[u'riwok]
episódio (m)	епізод (ч)	[ɛpi'zɔd]
tema (m)	сюжет (ч)	[sʲu'ʒɛt]
conteúdo (m)	вміст (ч)	[wmist]
índice (m)	зміст (ч)	[zmist]
protagonista (m)	головний герой (ч)	[ɦolow'nij ɦɛ'rɔj]
tomo, volume (m)	том (ч)	[tom]
capa (f)	обкладинка (ж)	[ob'kladinka]
encadernação (f)	палітура (ж)	[pali'tura]
marcador (m) de livro	закладка (ж)	[za'kladka]
página (f)	сторінка (ж)	[sto'rinka]
folhear (vt)	гортати	[ɦor'tati]
margem (f)	поля (мн)	[po'lʲa]
anotação (f)	позначка (ж)	['pɔznaʧka]
nota (f) de rodapé	примітка (ж)	[pri'mitka]
texto (m)	текст (ч)	[tɛkst]
fonte (f)	шрифт (ч)	[ʃrift]
gralha (f)	помилка (ж)	[po'miłka]
tradução (f)	переклад (ч)	[pɛ'rɛklad]
traduzir (vt)	перекладати	[pɛrɛkla'dati]
original (m)	оригінал (ч)	[oriɦi'nal]
famoso	відомий	[wi'dɔmij]
desconhecido	невідомий	[nɛwi'dɔmij]
interessante	цікавий	[tsi'kawij]

best-seller (m)	бестселер (ч)	[bɛst'sɛlɛr]
dicionário (m)	словник (ч)	[slow'nik]
manual (m) escolar	підручник (ч)	[pid'rutʃnik]
enciclopédia (f)	енциклопедія (ж)	[ɛntsiklo'pɛdiˈa]

133. Caça. Pesca

caça (f)	полювання (с)	[polʲu'wanʲa]
caçar (vi)	полювати	[polʲu'wati]
caçador (m)	мисливець (ч)	[mis'liwɛts]
atirar (vi)	стріляти	[stri'lʲati]
caçadeira (f)	рушниця (ж)	[ruʃ'nitsʲa]
cartucho (m)	патрон (ч)	[pat'rɔn]
chumbo (m) de caça	шріт (ч)	[ʃrit]
armadilha (f)	капкан (ч)	[kap'kan]
armadilha (com corda)	пастка (ж)	['pastka]
cair na armadilha	потрапити в капкан	[pot'rapiti w kap'kan]
pôr a armadilha	ставити капкан	['stawiti kap'kan]
caçador (m) furtivo	браконьєр (ч)	[brako'nʲɛr]
caça (f)	дичина (ж)	[ditʃi'na]
cão (m) de caça	мисливський пес (ч)	[mis'liwsʲkij pɛs]
safári (m)	сафарі (с)	[sa'fari]
animal (m) empalhado	опудало (с)	[o'pudalo]
pescador (m)	рибалка (ч)	[ri'balka]
pesca (f)	риболовля (ж)	[ribo'lowlʲa]
pescar (vt)	ловити рибу	[lo'witi 'ribu]
cana (f) de pesca	вудочка (ж)	['wudotʃka]
linha (f) de pesca	волосінь (ж)	[wolo'sinʲ]
anzol (m)	гачок (ч)	[ha'tʃɔk]
boia (f)	поплавець (ч)	[popla'wɛts]
isca (f)	наживка (ж)	[na'ʒiwka]
lançar a linha	закинути вудочку	[za'kinuti 'wudotʃku]
morder (vt)	клювати	[klʲu'wati]
pesca (f)	улов (ч)	[u'lɔw]
buraco (m) no gelo	ополонка (ж)	[opo'lɔnka]
rede (f)	сітка (ж)	['sitka]
barco (m)	човен (ч)	['tʃɔwɛn]
pescar com rede	ловити	[lo'witi]
lançar a rede	закидати сіті	[zaki'dati 'siti]
puxar a rede	витягати сіті	[witʲa'hati 'siti]
cair nas malhas	потрапити у сіті	[pot'rapiti u 'siti]
baleeiro (m)	китобій (ч)	[kito'bij]
baleeira (f)	китобійне судно (с)	[kito'bijnɛ 'sudno]
arpão (m)	гарпун (ч)	[har'pun]

134. Jogos. Bilhar

bilhar (m)	більярд (ч)	[bi'ljard]
sala (f) de bilhar	більярдна (ж)	[bi'ljardna]
bola (f) de bilhar	більярдна куля (ж)	[bi'ljardna 'kulʲa]
embolsar uma bola	загнати кулю	[za'ɦnatɪ 'kulʲu]
taco (m)	кий (ч)	[kɪj]
caçapa (f)	луза (ж)	['luza]

135. Jogos. Jogar cartas

carta (f) de jogar	карта (ж)	['karta]
cartas (f pl)	карти (мн)	['kartɪ]
baralho (m)	колода (ж)	[ko'lɔda]
trunfo (m)	козир (ч)	['kɔzɪr]
ouros (m pl)	бубни (мн)	['bubnɪ]
espadas (f pl)	піки (мн)	['pikɪ]
copas (f pl)	черви (мн)	['ʧɛrwɪ]
paus (m pl)	трефи (мн)	['trɛfɪ]
ás (m)	туз (ч)	[tuz]
rei (m)	король (ч)	[ko'rɔlʲ]
dama (f)	дама (ж)	['dama]
valete (m)	валет (ч)	[wa'lɛt]
dar, distribuir (vt)	здавати	[zda'watɪ]
embaralhar (vt)	тасувати	[tasu'watɪ]
vez, jogada (f)	хід (ч)	[hid]
ponto (m)	очко (с)	[oʧ'kɔ]
batoteiro (m)	шулер (ч)	['ʃulɛr]

136. Descanso. Jogos. Diversos

passear (vi)	прогулюватися	[pro'ɦulʲuwatɪsʲa]
passeio (m)	прогулянка (ж)	[pro'ɦulʲanka]
viagem (f) de carro	поїздка (ж)	[po'jizdka]
aventura (f)	пригода (ж)	[prɪ'ɦɔda]
piquenique (m)	пікнік (ч)	[pik'nik]
jogo (m)	гра (ж)	[ɦra]
jogador (m)	гравець (ч)	[ɦra'wɛts]
partida (f)	партія (ж)	['partiʲa]
colecionador (m)	колекціонер (ч)	[kolɛktsio'nɛr]
colecionar (vt)	колекціонувати	[kolɛktsionu'watɪ]
coleção (f)	колекція (ж)	[ko'lɛktsiʲa]
palavras (f pl) cruzadas	кросворд (ч)	[kros'wɔrd]
hipódromo (m)	іподром (ч)	[ipod'rɔm]

discoteca (f)	дискотека (ж)	[disko'tɛka]
sauna (f)	сауна (ж)	['sauna]
lotaria (f)	лотерея (ж)	[lotɛ'rɛʲa]

campismo (m)	похід (ч)	[po'hid]
acampamento (m)	табір (ч)	['tabir]
campista (m)	турист (ч)	[tu'rist]
tenda (f)	намет (ч)	[na'mɛt]
bússola (f)	компас (ч)	['kɔmpas]

ver (vt), assistir à ...	дивитися	[di'witisʲa]
telespectador (m)	телеглядач (ч)	[tɛlɛhlʲa'datʃ]
programa (m) de TV	телепередача (ж)	['tɛlɛ pɛrɛ'datʃa]

137. Fotografia

máquina (f) fotográfica	фотоапарат (ч)	[fotoapa'rat]
foto, fotografia (f)	фото (с)	['foto]

fotógrafo (m)	фотограф (ч)	[fo'tɔhraf]
estúdio (m) fotográfico	фотостудія (ж)	[foto'studiʲa]
álbum (m) de fotografias	фотоальбом (ч)	[fotoalʲ'bɔm]

objetiva (f)	об'єктив (ч)	[obʲɛk'tiw]
teleobjetiva (f)	телеоб'єктив (ч)	[tɛlɛobʲɛk'tiw]
filtro (m)	фільтр (ч)	['filʲtr]
lente (f)	лінза (ж)	['linza]

ótica (f)	оптика (ж)	['ɔptika]
abertura (f)	діафрагма (ж)	[dia'frahma]
exposição (f)	витримка (ж)	['witrimka]
visor (m)	видошукач (ч)	[wi̇doʃu'katʃ]

câmara (f) digital	цифрова камера (ж)	[tsifro'wa 'kamɛra]
tripé (m)	штатив (ч)	[ʃta'tiw]
flash (m)	спалах (ч)	['spalah]

fotografar (vt)	фотографувати	[fotohrafu'wati]
tirar fotos	знімати	[zni'mati]
fotografar-se	фотографуватися	[fotohrafu'watisʲa]

foco (m)	різкість (ж)	['rizkistʲ]
focar (vt)	наводити різкість	[na'wɔditi 'rizkistʲ]
nítido	різкий	[riz'kij]
nitidez (f)	різкість (ж)	['rizkistʲ]

contraste (m)	контраст (ч)	[kon'trast]
contrastante	контрастний	[kon'trastnij]

retrato (m)	знімок (ч)	['znimok]
negativo (m)	негатив (ч)	[nɛha'tiw]
filme (m)	фотоплівка (ж)	[foto'pliwka]
fotograma (m)	кадр (ч)	[kadr]
imprimir (vt)	друкувати	[druku'wati]

138. Praia. Natação

praia (f)	пляж (ч)	[plʲaʒ]
areia (f)	пісок (ч)	[piˈsɔk]
deserto	пустельний	[pusˈtɛlʲnij]

bronzeado (m)	засмага (ж)	[zasˈmaɦa]
bronzear-se (vr)	засмагати	[zasmaˈɦati]
bronzeado	засмаглий	[zasˈmaɦlij]
protetor (m) solar	крем (ч) для засмаги	[krɛm dlʲa zasˈmaɦi]

biquíni (m)	бікіні (мн)	[biˈkini]
fato (m) de banho	купальник (ч)	[kuˈpalʲnik]
calção (m) de banho	плавки (мн)	[ˈplawki]

piscina (f)	басейн (ч)	[baˈsɛjn]
nadar (vi)	плавати	[ˈplawati]
duche (m)	душ (ч)	[duʃ]
mudar de roupa	перевдягатися	[pɛrɛwdʲaˈɦatisʲa]
toalha (f)	рушник (ч)	[ruʃˈnik]

barco (m)	човен (ч)	[ˈʧɔwɛn]
lancha (f)	катер (ч)	[ˈkatɛr]
esqui (m) aquático	водяні лижі (мн)	[wodʲaˈni ˈliʒi]
barco (m) de pedais	водяний велосипед (ч)	[wodʲaˈnij wɛlosiˈpɛd]
surf (m)	серфінг (ч)	[ˈsɛrfinɦ]
surfista (m)	серфінгіст (ч)	[sɛrfiˈnɦist]

equipamento (m) de mergulho	акваланг (ч)	[akwaˈlanɦ]
barbatanas (f pl)	ласти (мн)	[ˈlasti]
máscara (f)	маска (ж)	[ˈmaska]
mergulhador (m)	нирець (ч)	[niˈrɛʦ]
mergulhar (vi)	пірнати	[pirˈnati]
debaixo d'água	під водою	[pid woˈdɔʲu]

guarda-sol (m)	парасолька (ж)	[paraˈsɔlʲka]
espreguiçadeira (f)	шезлонг (ч)	[ʃɛzˈlɔnɦ]
óculos (m pl) de sol	окуляри (мн)	[okuˈlʲari]
colchão (m) de ar	плавальний матрац (ч)	[ˈplawalʲnij matˈraʦ]

| brincar (vi) | грати | [ˈɦrati] |
| ir nadar | купатися | [kuˈpatisʲa] |

bola (f) de praia	м'яч (ч)	[mʲaʧ]
encher (vt)	надувати	[naduˈwati]
inflável, de ar	надувний	[naduwˈnij]

onda (f)	хвиля (ж)	[ˈhwilʲa]
boia (f)	буй (ч)	[buj]
afogar-se (pessoa)	тонути	[toˈnuti]

salvar (vt)	рятувати	[rʲatuˈwati]
colete (m) salva-vidas	рятувальний жилет (ч)	[rʲatuˈwalʲnij ʒiˈlɛt]
observar (vt)	споcтерігати	[spostɛriˈhati]
nadador-salvador (m)	рятувальник (ч)	[rʲatuˈwalʲnik]

EQUIPAMENTO TÉCNICO. TRANSPORTES

Equipamento técnico

computador (m)	комп'ютер (ч)	[kom'pʲjutɛr]
portátil (m)	ноутбук (ч)	[nout'buk]
ligar (vt)	увімкнути	[uwimk'nuti]
desligar (vt)	вимкнути	['wimknuti]
teclado (m)	клавіатура (ж)	[klawia'tura]
tecla (f)	клавіша (ж)	['klawiʃa]
rato (m)	миша (ж)	['miʃa]
tapete (m) de rato	килимок (ч) для миші	[kiɫi'mok dlʲa 'miʃi]
botão (m)	кнопка (ж)	['knɔpka]
cursor (m)	курсор (ч)	[kur'sɔr]
monitor (m)	монітор (ч)	[moni'tɔr]
ecrã (m)	екран (ч)	[ɛk'ran]
disco (m) rígido	жорсткий диск (ч)	[ʒor'stkij disk]
capacidade (f) do disco rígido	об'єм (ч) жорсткого диска	[ob'ʲɛm ʒorst'kɔɦo 'diska]
memória (f)	пам'ять (ж)	['pamʲjatʲ]
memória RAM (f)	оперативна пам'ять (ж)	[opɛra'tiwna 'pamʲjatʲ]
ficheiro (m)	файл (ч)	[fajl]
pasta (f)	папка (ж)	['papka]
abrir (vt)	відкрити	[wid'kriti]
fechar (vt)	закрити	[za'kriti]
guardar (vt)	зберегти	[zbɛrɛɦ'ti]
apagar, eliminar (vt)	видалити	['widaliti]
copiar (vt)	скопіювати	[skopiʲu'wati]
ordenar (vt)	сортувати	[sortu'wati]
copiar (vt)	переписати	[pɛrɛpiʲ'sati]
programa (m)	програма (ж)	[proɦ'rama]
software (m)	програмне забезпечення (с)	[proɦ'ramnɛ zabɛz'pɛtʃɛnʲja]
programador (m)	програміст (ч)	[proɦ'ramist]
programar (vt)	програмувати	[proɦramu'wati]
hacker (m)	хакер (ч)	['hakɛr]
senha (f)	пароль (ч)	[pa'rɔlʲ]
vírus (m)	вірус (ч)	['wirus]
detetar (vt)	виявити	['wijawiti]

| byte (m) | байт (ч) | [bajt] |
| megabyte (m) | мегабайт (ч) | [mɛɦaˈbajt] |

| dados (m pl) | дані (мн) | [ˈdani] |
| base (f) de dados | база (ж) даних | [ˈbaza ˈdaniɦ] |

cabo (m)	кабель (ч)	[ˈkabɛlʲ]
desconectar (vt)	від'єднати	[widˈʔɛdˈnati]
conetar (vt)	під'єднати	[pidˈʔɛdˈnatɨ]

140. Internet. E-mail

internet (f)	інтернет (ч)	[intɛrˈnɛt]
browser (m)	браузер (ч)	[ˈbrauzɛr]
motor (m) de busca	пошуковий ресурс (ч)	[poʃuˈkɔwij rɛˈsurs]
provedor (m)	провайдер (ч)	[proˈwajdɛr]

webmaster (m)	веб-майстер (ч)	[wɛb ˈmajstɛr]
website, sítio web (m)	веб-сайт (ч)	[wɛb ˈsajt]
página (f) web	веб-сторінка (ж)	[wɛb stoˈrinka]

| endereço (m) | адреса (ж) | [adˈrɛsa] |
| livro (m) de endereços | адресна книга (ж) | [ˈadrɛsna ˈkniɦa] |

caixa (f) de correio	поштова скринька (ж)	[poʃˈtowa skˈrinʲka]
correio (m)	пошта (ж)	[ˈpɔʃta]
cheia (caixa de correio)	переповнена	[pɛrɛˈpɔwnɛna]

mensagem (f)	повідомлення (с)	[powiˈdɔmlɛnʲa]
mensagens (f pl) recebidas	вхідні повідомлення	[whidˈni powiˈdɔmlɛnʲa]
mensagens (f pl) enviadas	вихідні повідомлення	[wihidni powiˈdɔmlɛnʲa]
remetente (m)	відправник (ч)	[widˈprawnik]
enviar (vt)	відправити	[widˈprawiti]
envio (m)	відправлення (с)	[widˈprawlɛnʲa]

| destinatário (m) | одержувач (ч) | [oˈdɛrʒuwatʃ] |
| receber (vt) | отримати | [otˈrimati] |

| correspondência (f) | листування (с) | [lɨstuˈwanʲa] |
| corresponder-se (vr) | листуватися | [lɨstuˈwatisʲa] |

ficheiro (m)	файл (ч)	[fajl]
fazer download, baixar	скачати	[skaˈtʃati]
criar (vt)	створити	[stwoˈriti]
apagar, eliminar (vt)	видалити	[ˈwidaliti]
eliminado	видалений	[ˈwidalɛnij]

conexão (f)	зв'язок (ч)	[zwʲiaˈzɔk]
velocidade (f)	швидкість (ж)	[ˈʃwidkistʲ]
modem (m)	модем (ч)	[moˈdɛm]
acesso (m)	доступ (ч)	[ˈdɔstup]
porta (f)	порт (ч)	[port]
conexão (f)	підключення (с)	[pidˈklʲutʃɛnʲa]
conetar (vi)	підключитися	[pidklʲuˈtʃitisʲa]

| escolher (vt) | **вибрати** | ['wibrati] |
| buscar (vt) | **шукати** | [ʃu'kati] |

Transportes

avião (m)	літак (ч)	[li'tak]
bilhete (m) de avião	авіаквиток (ч)	[awiakwi'tɔk]
companhia (f) aérea	авіакомпанія (ж)	[awiakom'paniˈa]
aeroporto (m)	аеропорт (ч)	[aɛro'pɔrt]
supersónico	надзвуковий	[nadzwuko'wij]
comandante (m) do avião	командир (ч) корабля	[koman'dir korab'lˈa]
tripulação (f)	екіпаж (ч)	[ɛki'paʒ]
piloto (m)	пілот (ч)	[pi'lɔt]
hospedeira (f) de bordo	стюардеса (ж)	[stˈuar'dɛsa]
copiloto (m)	штурман (ч)	['ʃturman]
asas (f pl)	крила (мн)	['krila]
cauda (f)	хвіст (ч)	[hwist]
cabine (f) de pilotagem	кабіна (ж)	[ka'bina]
motor (m)	двигун (ч)	[dwi'ɦun]
trem (m) de aterragem	шасі (с)	[ʃa'si]
turbina (f)	турбіна (ж)	[tur'bina]
hélice (f)	пропелер (ч)	[pro'pɛlɛr]
caixa-preta (f)	чорна скринька (ж)	['tʃɔrna 'skrinˈka]
coluna (f) de controlo	штурвал (ч)	[ʃtur'wal]
combustível (m)	пальне (с)	[palˈ'nɛ]
instruções (f pl) de segurança	інструкція (ж) з безпеки	[in'struktsiˈa z bɛz'pɛki]
máscara (f) de oxigénio	киснева маска (ж)	['kisnɛwa 'maska]
uniforme (m)	уніформа (ж)	[uni'fɔrma]
colete (m) salva-vidas	рятувальний жилет (ч)	[rˈatu'walˈnij ʒi'lɛt]
paraquedas (m)	парашут (ч)	[para'ʃut]
descolagem (f)	зліт (ч)	[zlit]
descolar (vi)	злітати	[zli'tati]
pista (f) de descolagem	злітна смуга (ж)	['zlitna 'smuɦa]
visibilidade (f)	видимість (ж)	['widimistˈ]
voo (m)	політ (ч)	[po'lit]
altura (f)	висота (ж)	[wiso'ta]
poço (m) de ar	повітряна яма (ж)	[po'witrˈana 'jama]
assento (m)	місце (с)	['mistsɛ]
auscultadores (m pl)	навушники (мн)	[na'wuʃniki]
mesa (f) rebatível	відкидний столик (ч)	[widkid'nij 'stɔlik]
vigia (f)	ілюмінатор (ч)	[ilˈumi'nator]
passagem (f)	прохід (ч)	[pro'hid]

142. Comboio

comboio (m)	поїзд (ч)	['pɔjizd]
comboio (m) suburbano	електропоїзд (ч)	[ɛlɛktro'pɔjizd]
comboio (m) rápido	швидкий поїзд (ч)	[ʃwid'kij 'pɔjizd]
locomotiva (f) diesel	тепловоз (ч)	[tɛplo'wɔz]
locomotiva (f) a vapor	паровоз (ч)	[paro'wɔz]
carruagem (f)	вагон (ч)	[wa'ɦɔn]
carruagem restaurante (f)	вагон-ресторан (ч)	[wa'ɦɔn rɛsto'ran]
carris (m pl)	рейки (мн)	['rɛjki]
caminho de ferro (m)	залізниця (ж)	[zaliz'nitsʲa]
travessa (f)	шпала (ж)	['ʃpala]
plataforma (f)	платформа (ж)	[plat'fɔrma]
linha (f)	колія (ж)	['kɔliʲa]
semáforo (m)	семафор (ч)	[sɛma'fɔr]
estação (f)	станція (ж)	['stantsiʲa]
maquinista (m)	машиніст (ч)	[maʃi'nist]
bagageiro (m)	носильник (ч)	[no'silʲnik]
hospedeiro, -a (da carruagem)	провідник (ч)	[prowid'nik]
passageiro (m)	пасажир (ч)	[pasa'ʒir]
revisor (m)	контролер (ч)	[kontro'lɛr]
corredor (m)	коридор (ч)	[kori'dɔr]
freio (m) de emergência	стоп-кран (ч)	[stop kran]
compartimento (m)	купе (с)	[ku'pɛ]
cama (f)	полиця (ж)	[po'litsʲa]
cama (f) de cima	полиця (ж) верхня	[po'litsʲa 'wɛrhnʲa]
cama (f) de baixo	полиця (ж) нижня	[po'litsʲa 'niʒnʲa]
roupa (f) de cama	білизна (ж)	[bi'lizna]
bilhete (m)	квиток (ч)	[kwi'tɔk]
horário (m)	розклад (ч)	['rɔzklad]
painel (m) de informação	табло (с)	[tab'lɔ]
partir (vt)	від'їжджати	[widʲjiz'ʑati]
partida (f)	відправлення (с)	[wid'prawlɛnʲa]
chegar (vi)	прибувати	[pribu'wati]
chegada (f)	прибуття (с)	[pribut'tʲa]
chegar de comboio	приїхати поїздом	[pri'jiɦati 'pɔjizdom]
apanhar o comboio	сісти на поїзд	['sisti na 'pɔjizd]
sair do comboio	зійти з поїзду	[zij'ti z 'pɔjizdu]
acidente (m) ferroviário	катастрофа (ж)	[kata'strɔfa]
descarrilar (vi)	зійти з рейок	[zij'ti z 'rɛjok]
locomotiva (f) a vapor	паровоз (ч)	[paro'wɔz]
fogueiro (m)	кочегар (ч)	[kotʃɛ'ɦar]
fornalha (f)	топка (ж)	['tɔpka]
carvão (m)	вугілля (с)	[wu'ɦilʲa]

143. Barco

navio (m)	корабель (ч)	[kora'bɛlʲ]
embarcação (f)	судно (c)	['sudno]
vapor (m)	пароплав (ч)	[paro'plaw]
navio (m)	теплохід (ч)	[tɛplo'hid]
transatlântico (m)	лайнер (ч)	['lajnɛr]
cruzador (m)	крейсер (ч)	['krɛjsɛr]
iate (m)	яхта (ж)	['ʲahta]
rebocador (m)	буксир (ч)	[buk'sir]
barcaça (f)	баржа (ж)	['barʒa]
ferry (m)	паром (ч)	[pa'rɔm]
veleiro (m)	вітрильник (ч)	[wi'trilʲnik]
bergantim (m)	бригантина (ж)	[briɦan'tina]
quebra-gelo (m)	криголам (ч)	[kriɦo'lam]
submarino (m)	підводний човен (ч)	[pid'wɔdnij 'ʧɔwɛn]
bote, barco (m)	човен (ч)	['ʧɔwɛn]
bote, dingue (m)	шлюпка (ж)	['ʃlʲupka]
bote (m) salva-vidas	шлюпка (ж) рятувальна	['ʃlʲupka rʲatu'walʲna]
lancha (f)	катер (ч)	['katɛr]
capitão (m)	капітан (ч)	[kapi'tan]
marinheiro (m)	матрос (ч)	[mat'rɔs]
marujo (m)	моряк (ч)	[mo'rʲak]
tripulação (f)	екіпаж (ч)	[ɛki'paʒ]
contramestre (m)	боцман (ч)	['bɔtsman]
grumete (m)	юнга (ч)	['ʲunɦa]
cozinheiro (m) de bordo	кок (ч)	[kok]
médico (m) de bordo	судновий лікар (ч)	['sudnowij 'likar]
convés (m)	палуба (ж)	['paluba]
mastro (m)	щогла (ж)	['ɕɔɦla]
vela (f)	вітрило (c)	[wi'trilo]
porão (m)	трюм (ч)	[trʲum]
proa (f)	ніс (ч)	[nis]
popa (f)	корма (ж)	[kor'ma]
remo (m)	весло (c)	[wɛs'lɔ]
hélice (f)	гвинт (ч)	[ɦwint]
camarote (m)	каюта (ж)	[ka'ʲuta]
sala (f) dos oficiais	кают-компанія (ж)	[ka'ʲut kom'paniʲa]
sala (f) das máquinas	машинне відділення (c)	[ma'ʃinɛ wid'dilɛnʲa]
ponte (m) de comando	капітанський місток (ч)	[kapi'tansʲkij mis'tɔk]
sala (f) de comunicações	радіорубка (ж)	[radio'rubka]
onda (f) de rádio	хвиля (ж)	['hwilʲa]
diário (m) de bordo	судновий журнал (ч)	['sudnowij ʒur'nal]
luneta (f)	підзорна труба (ж)	[pi'dzɔrna tru'ba]
sino (m)	дзвін (ч)	[dzwin]

bandeira (f)	прапор (ч)	['prapor]
cabo (m)	канат (ч)	[ka'nat]
nó (m)	вузол (ч)	['wuzol]

| corrimão (m) | поручень (ч) | ['pɔrutʃɛnʲ] |
| prancha (f) de embarque | трап (ч) | [trap] |

âncora (f)	якір (ч)	['ʲakir]
recolher a âncora	підняти якір	[pid'nʲati 'jakir]
lançar a âncora	кинути якір	['kinuti 'jakir]
amarra (f)	якірний ланцюг (ч)	['ʲakirnij lan'tsʲuɦ]

porto (m)	порт (ч)	[port]
cais, amarradouro (m)	причал (ч)	[pri'tʃal]
atracar (vi)	причалювати	[pri'tʃalʲuwati]
desatracar (vi)	відчалювати	[wid'tʃalʲuwati]

viagem (f)	подорож (ж)	['pɔdorɔʒ]
cruzeiro (m)	круїз (ч)	[kru'jiz]
rumo (m), rota (f)	курс (ч)	[kurs]
itinerário (m)	маршрут (ч)	[marʃ'rut]

canal (m) navegável	фарватер (ч)	[far'watɛr]
banco (m) de areia	мілина (ж)	[mili'na]
encalhar (vt)	сісти на мілину	['sisti na mili'nu]

tempestade (f)	буря (ж)	['burʲa]
sinal (m)	сигнал (ч)	[siɦ'nal]
afundar-se (vr)	тонути	[to'nuti]
Homem ao mar!	Людина за бортом!	[lʲu'dina za 'bortom!]
SOS	SOS	[sos]
boia (f) salva-vidas	рятувальний круг (ч)	[rʲatu'walʲnij 'kruɦ]

144. Aeroporto

aeroporto (m)	аеропорт (ч)	[aɛro'pɔrt]
avião (m)	літак (ч)	[li'tak]
companhia (f) aérea	авіакомпанія (ж)	[awiakom'paniʲa]
controlador (m) de tráfego aéreo	авіадиспетчер (ч)	[awiadis'pɛtʃɛr]

partida (f)	виліт (ч)	['wilit]
chegada (f)	приліт (ч), прибуття (с)	[pri'lit], [pribu'tʲa]
chegar (~ de avião)	прилетіти	[pri'lɛtiti]

| hora (f) de partida | час (ч) вильоту | [tʃas 'wilʲotu] |
| hora (f) de chegada | час (ч) прильоту | [tʃas pri'lʲotu] |

| estar atrasado | затримуватися | [za'trimuwatisʲa] |
| atraso (m) de voo | затримка (ж) вильоту | [za'trimka 'wilʲotu] |

painel (m) de informação	інформаційне табло (с)	[informa'tsijnɛ tab'lɔ]
informação (f)	інформація (ж)	[infor'matsiʲa]
anunciar (vt)	оголошувати	[oɦo'lɔʃuwati]

voo (m)	рейс (ч)	[rɛjs]
alfândega (f)	митниця (ж)	['mitnitsʲa]
funcionário (m) da alfândega	митник (ч)	['mitnik]

declaração (f) alfandegária	митна декларація (ж)	['mitna dɛklaˈratsiʲa]
preencher (vt)	заповнити	[zaˈpɔwniti]
preencher a declaração	заповнити декларацію	[zaˈpɔwniti dɛklaˈratsiʲu]
controlo (m) de passaportes	паспортний контроль (ч)	['pasportnij konˈtrɔlʲ]

bagagem (f)	багаж (ч)	[baˈɦaʒ]
bagagem (f) de mão	ручний вантаж (ж)	[rutʃˈnij wanˈtaʒ]
carrinho (m)	візок (ч) для багажу	[wiˈzɔk dlʲa baɦaˈʒu]

aterragem (f)	посадка (ж)	[poˈsadka]
pista (f) de aterragem	посадкова смуга (ж)	[poˈsadkowa ˈsmuɦa]
aterrar (vi)	сідати	[siˈdati]
escada (f) de avião	трап (ч)	[trap]

check-in (m)	реєстрація (ж)	[rɛɛˈstratsiʲa]
balcão (m) do check-in	стійка (ж) реєстрації	['stijka rɛɛˈstratsiji]
fazer o check-in	зареєструватися	[zarɛestruˈwatisʲa]
cartão (m) de embarque	посадковий талон (ч)	[poˈsadkowij taˈlɔn]
porta (f) de embarque	вихід (ч)	['wihid]

trânsito (m)	транзит (ч)	[tranˈzit]
esperar (vi, vt)	чекати	[tʃɛˈkati]
sala (f) de espera	зал (ч) очікування	['zal oˈtʃikuwanʲa]
despedir-se de ...	проводжати	[prowoˈdʒati]
despedir-se (vr)	прощатися	[proˈɕatisʲa]

145. Bicicleta. Motocicleta

bicicleta (f)	велосипед (ч)	[wɛlosiˈpɛd]
scotter, lambreta (f)	моторолер (ч)	[motoˈrɔlɛr]
mota (f)	мотоцикл (ч)	[motoˈtsikl]

ir de bicicleta	їхати на велосипеді	['jihati na wɛlosiˈpɛdi]
guiador (m)	кермо (c)	[kɛrˈmɔ]
pedal (m)	педаль (ж)	[pɛˈdalʲ]
travões (m pl)	гальма (мн)	['ɦalʲma]
selim (m)	сідло (c)	[sidˈlɔ]

bomba (f) de ar	насос (ч)	[naˈsɔs]
porta-bagagens (m)	багажник (ч)	[baˈɦaʒnik]
lanterna (f)	ліхтар (ч)	[lihˈtar]
capacete (m)	шолом (ч)	[ʃoˈlɔm]

roda (f)	колесо (c)	['kɔlɛso]
guarda-lamas (m)	крило (c)	[kriˈlɔ]
aro (m)	обвід (ч)	['ɔbwid]
raio (m)	спиця (ж)	['spitsʲa]

Carros

146. Tipos de carros

carro, automóvel (m)	автомобіль (ч), машина (ж)	[awtomo'bilʲ], [ma'ʃina]
carro (m) desportivo	спортивний автомобіль (ч)	[spor'tiwnij awtomo'bilʲ]
limusine (f)	лімузин (ч)	[limu'zin]
todo o terreno (m)	позашляховик (ч)	[pozaʃlʲaho'wik]
descapotável (m)	кабріолет (ч)	[kabrio'lɛt]
minibus (m)	мікроавтобус (ч)	[mikroaw'tobus]
ambulância (f)	швидка допомога (ж)	[ʃwid'ka dopo'moɦa]
limpa-neve (m)	снігоприбиральна машина (ж)	[sniɦopribi'ralʲna ma'ʃina]
camião (m)	вантажівка (ж)	[wanta'ʒiwka]
camião-cisterna (m)	бензовоз (ч)	[bɛnzo'wɔz]
carrinha (f)	фургон (ч)	[fur'hɔn]
camião-trator (m)	тягач (ч)	[tʲa'ɦatʃ]
atrelado (m)	причіп (ч)	[pri'tʃip]
confortável	комфортабельний	[komfor'tabɛlʲnij]
usado	вживаний	['wʒiwanij]

capô (m)	капот (ч)	[ka'pɔt]
guarda-lamas (m)	крило (с)	[kri'lɔ]
tejadilho (m)	дах (ч)	[dah]
para-brisa (m)	вітрове скло (с)	[witro'wɛ 'sklo]
espelho (m) retrovisor	дзеркало (с) заднього виду	['dzɛrkalo 'zadnʲoɦo 'widu]
lavador (m)	омивач (ч)	[omi'watʃ]
limpa-para-brisas (m)	склоочисники (мн)	[skloo'tʃisniki]
vidro (m) lateral	бічне скло (с)	['bitʃnɛ 'sklo]
elevador (m) do vidro	склопідіймач (ч)	[sklopidij'matʃ]
antena (f)	антена (ж)	[an'tɛna]
teto solar (m)	люк (ч)	[lʲuk]
para-choques (m pl)	бампер (ч)	['bampɛr]
bagageira (f)	багажник (ч)	[ba'ɦaʒnik]
bagageira (f) de tejadilho	багажник	[ba'ɦaʒnik]
porta (f)	дверцята (мн)	[dwɛr'tsʲata]
maçaneta (f)	ручка (ж)	['rutʃka]

fechadura (f)	замок (ч)	[za'mɔk]
matrícula (f)	номер (ч)	['nɔmɛr]
silenciador (m)	глушник (ч)	[ɦluʃ'nik]
tanque (m) de gasolina	бензобак (ч)	[bɛnzo'bak]
tubo (m) de escape	вихлопна труба (ж)	[wihlop'na tru'ba]

acelerador (m)	газ (ч)	[ɦaz]
pedal (m)	педаль (ж)	[pɛ'dalʲ]
pedal (m) do acelerador	педаль (ж) газу	[pɛ'dalʲ 'ɦazu]

travão (m)	гальмо (с)	[ɦalʲ'mɔ]
pedal (m) do travão	педаль (ж) гальма	[pɛ'dalʲ ɦalʲ'ma]
travar (vt)	гальмувати	[ɦalʲmu'wati]
travão (m) de mão	стоянкове гальмо (с)	[sto'ʲankowɛ ɦalʲ'mɔ]

embraiagem (f)	зчеплення (с)	['zʧɛplɛnʲa]
pedal (m) da embraiagem	педаль (ж) зчеплення	[pɛ'dalʲ 'zʧɛplɛnʲa]
disco (m) de embraiagem	диск (ч) зчеплення	['disk 'zʧiplɛnʲa]
amortecedor (m)	амортизатор (ч)	[amorti'zator]

roda (f)	колесо (с)	['kɔlɛso]
pneu (m) sobresselente	запасне колесо (с)	[zapas'nɛ 'kɔlɛso]
pneu (m)	покришка (ж), шина (ж)	[po'kriʃka], 'ʃina]
tampão (m) de roda	ковпак (ч)	[kow'pak]

rodas (f pl) motrizes	ведучі колеса (мн)	[wɛ'duʧi ko'lɛsa]
de tração dianteira	передньопривідний	[pɛrɛdnʲop'riwidnij]
de tração traseira	задньопривідний	[zadnʲopriwid'nij]
de tração às 4 rodas	повнопривідний	[pownop'riwidnij]

caixa (f) de mudanças	коробка (ж) передач	[ko'rɔbka pɛrɛ'datʃ]
automático	автоматичний	[awtoma'tiʧnij]
mecânico	механічний	[mɛha'niʧnij]
alavanca (f) das mudanças	важіль (ч) коробки передач	['waʒilʲ ko'rɔbki pɛrɛ'datʃ]

farol (m)	фара (ж)	['fara]
faróis, luzes	фари (мн)	['fari]

médios (m pl)	ближнє світло (с)	['bliʒnɛ 'switlo]
máximos (m pl)	дальнє світло (с)	['dalʲnɛ 'switlo]
luzes (f pl) de stop	стоп-сигнал (ч)	[stop siɦ'nal]

mínimos (m pl)	габаритні вогні (мн)	[ɦaba'ritni woɦ'ni]
luzes (f pl) de emergência	аварійні вогні (мн)	[awa'rijni woɦ'ni]
faróis (m pl) antinevoeiro	протитуманні фари (мн)	[protitu'mani 'fari]
pisca-pisca (m)	поворотник (ч)	[powo'rɔtnik]
luz (f) de marcha atrás	задній хід (ч)	['zadnij hid]

148. Carros. Habitáculo

interior (m) do carro	салон (ч)	[sa'lɔn]
de couro, de pele	шкіряний	[ʃkirʲa'nij]
de veludo	велюровий	[wɛ'lʲurowij]

estofos (m pl)	оббивка (ж)	[ob'biwka]
indicador (m)	прилад (ч)	['prɨlad]
painel (m) de instrumentos	панель (ж) приладів	[pa'nɛlʲ 'prɨladiw]
velocímetro (m)	спідометр (ч)	[spi'dɔmɛtr]
ponteiro (m)	стрілка (ж)	['strilka]
conta-quilómetros (m)	лічильник (ч) пробігу	[li'tʃilʲnik pro'biɦu]
sensor (m)	датчик (ч)	['datʃik]
nível (m)	рівень (ч)	['riwɛnʲ]
luz (f) avisadora	лампочка (ж)	['lampotʃka]
volante (m)	кермо (с)	[kɛr'mɔ]
buzina (f)	сигнал (ч)	[siɦ'nal]
botão (m)	кнопка (ж)	['knɔpka]
interruptor (m)	перемикач (ч)	[pɛrɛmi'katʃ]
assento (m)	сидіння (с)	[si'dinʲa]
costas (f pl) do assento	спинка (ж)	['spinka]
cabeceira (f)	підголівник (ч)	[pidɦo'liwnik]
cinto (m) de segurança	ремінь (ч) безпеки	['rɛminʲ bɛz'pɛki]
apertar o cinto	пристебнути ремінь	[pristɛb'nuti 'rɛminʲ]
regulação (f)	регулювання (с)	[rɛɦulʲu'wanʲa]
airbag (m)	повітряна подушка (ж)	[po'witrʲana po'duʃka]
ar (m) condicionado	кондиціонер (ч)	[kondɨtsio'nɛr]
rádio (m)	радіо (с)	['radio]
leitor (m) de CD	CD-програвач (ч)	[si'di proɦra'watʃ]
ligar (vt)	увімкнути	[uwimk'nutɨ]
antena (f)	антена (ж)	[an'tɛna]
porta-luvas (m)	бардачок (ч)	[barda'tʃɔk]
cinzeiro (m)	попільниця (ж)	[popilʲ'nitsʲa]

149. Carros. Motor

motor (m)	двигун, мотор (ч)	[dwɨ'ɦun], [mo'tɔr]
diesel	дизельний	['dizɛlʲnij]
a gasolina	бензиновий	[bɛn'zinowɨj]
cilindrada (f)	об'єм (ч) двигуна	[o'b'ɛm dwɨɦu'na]
potência (f)	потужність (ж)	[po'tuʒnistʲ]
cavalo-vapor (m)	кінська сила (ж)	['kinsʲka 'sɨla]
pistão (m)	поршень (ч)	['pɔrʃɛnʲ]
cilindro (m)	циліндр (ч)	[tsi'lindr]
válvula (f)	клапан (ч)	['klapan]
injetor (m)	інжектор (ч)	[in'ʒɛktor]
gerador (m)	генератор (ч)	[ɦɛnɛ'rator]
carburador (m)	карбюратор (ч)	[karbʲu'rator]
óleo (m) para motor	мастило (с) моторне	[mas'tɨlo mo'tɔrnɛ]
radiador (m)	радіатор (ч)	[radi'ator]
refrigerante (m)	охолоджувальна рідина (ж)	[oho'lɔdʒuwalʲna ridi'na]

ventilador (m)	вентилятор (ч)	[wɛnti'lʲator]
dispositivo (m) de arranque	стартер (ч)	['startɛr]
ignição (f)	запалювання (c)	[za'palʲuwanʲa]
vela (f) de ignição	свічка (ж) запалювання	['switʃka za'palʲuwanʲa]
fusível (m)	запобіжник (ч)	[zapo'biʒnik]

bateria (f)	акумулятор (ч)	[akumu'lʲator]
borne (m)	клема (ж)	['klɛma]
borne (m) positivo	плюс (ч)	[plʲus]
borne (m) negativo	мінус (ч)	['minus]

filtro (m) de ar	повітряний фільтр (ч)	[po'witrʲanij 'filʲtr]
filtro (m) de óleo	масляний фільтр (ч)	['maslʲanij 'filʲtr]
filtro (m) de combustível	паливний фільтр (ч)	['paliwnij 'filʲtr]

150. Carros. Batidas. Reparação

acidente (m) de carro	аварія (ж)	[a'warʲia]
acidente (m) rodoviário	дорожня пригода (ж)	[do'rɔʒnʲa pri'ɦɔda]
ir contra ...	врізатися	['wrizatisʲa]
sofrer um acidente	розбитися	[roz'bitisʲa]
danos (m pl)	пошкодження (c)	[poʃ'kɔdʒɛnʲa]
intato	цілий	[tsi'lij]

avaria (no motor, etc.)	поломка (ж)	[po'lɔmka]
avariar (vi)	зламатися	[zla'matisʲa]
cabo (m) de reboque	буксирний трос (ч)	[buk'sirnij tros]

furo (m)	прокол (ч)	[pro'kɔl]
estar furado	спустити	[spus'titi]
encher (vt)	накачати	[naka'tʃati]
pressão (f)	тиск (ч)	[tisk]
verificar (vt)	перевірити	[pɛrɛ'wiriti]

reparação (f)	ремонт (ч)	[rɛ'mɔnt]
oficina (f) de reparação de carros	автосервіс (ч)	[awto'sɛrwis]
peça (f) sobresselente	запчастина (ж)	[zaptʃas'tina]
peça (f)	деталь (ж)	[dɛ'talʲ]

parafuso (m)	болт (ч)	[bolt]
parafuso (m)	гвинт (ч)	[ɦwint]
porca (f)	гайка (ж)	['ɦajka]
anilha (f)	шайба (ж)	['ʃajba]
rolamento (m)	підшипник (ч)	[pid'ʃipnik]

tubo (m)	трубка (ж)	['trubka]
junta (f)	прокладка (ж)	[prok'ladka]
fio, cabo (m)	провід (ч)	['prɔwid]

macaco (m)	домкрат (ч)	[domk'rat]
chave (f) de boca	гайковий ключ (ч)	[ɦajko'wij klʲutʃ]
martelo (m)	молоток (ч)	[molo'tɔk]
bomba (f)	насос (ч)	[na'sɔs]

chave (f) de fendas	викрутка (ж)	['wikrutka]
extintor (m)	вогнегасник (ч)	[woɦnɛ'ɦasnik]
triângulo (m) de emergência	аварійний трикутник (ч)	[awa'rijnij tri'kutnik]
parar (vi) (motor)	глохнути	['ɦlɔhnuti]
paragem (f)	зупинка (ж)	[zu'pinka]
estar quebrado	бути зламаним	['buti 'zlamanim]
superaquecer-se (vr)	перегрітися	[pɛrɛɦ'ritisʲa]
entupir-se (vr)	засмітитися	[zasmi'titisʲa]
congelar-se (vr)	замерзнути	[za'mɛrznuti]
rebentar (vi)	лопнути	['lɔpnuti]
pressão (f)	тиск (ч)	[tisk]
nível (m)	рівень (ч)	['riwɛnʲ]
frouxo	слабкий	[slab'kij]
mossa (f)	вм'ятина (ж)	['wmʲʼatina]
ruído (m)	стукіт (ч)	['stukit]
fissura (f)	тріщина (ж)	['triɕina]
arranhão (m)	подряпина (ж)	[pod'rʲapina]

151. Carros. Estrada

estrada (f)	дорога (ж)	[do'rɔɦa]
autoestrada (f)	автомагістраль (ж)	[awtomaɦi'stralʲ]
rodovia (f)	шосе (с)	[ʃo'sɛ]
direção (f)	напрямок (ч)	['naprʲamok]
distância (f)	відстань (ж)	['widstanʲ]
ponte (f)	міст (ч)	[mist]
parque (m) de estacionamento	паркінг (ч)	['parkinɦ]
praça (f)	площа (ж)	['plɔɕa]
nó (m) rodoviário	розв'язка (ж)	[roz'wʲʼazka]
túnel (m)	тунель (ч)	[tu'nɛlʲ]
posto (m) de gasolina	автозаправка (ж)	[awtoza'prawka]
parque (m) de estacionamento	автостоянка (ж)	[awtosto'ʲanka]
bomba (f) de gasolina	бензоколонка (ж)	[bɛnzoko'lɔnka]
oficina (f) de reparação de carros	автосервіс (ч)	[awto'sɛrwis]
abastecer (vt)	заправити	[za'prawiti]
combustível (m)	паливо (с)	['paliwo]
bidão (m) de gasolina	каністра (ж)	[ka'nistra]
asfalto (m)	асфальт (ч)	[as'falʲt]
marcação (f) de estradas	розмітка (ж)	[roz'mitka]
lancil (m)	бордюр (ч)	[bor'dʲur]
proteção (f) guard-rail	огорожа (ж)	[oɦo'rɔʒa]
valeta (f)	кювет (ч)	[kʲu'wɛt]
berma (f) da estrada	узбіччя (с)	[uz'biʧʲa]
poste (m) de luz	стовп (ч)	[stowp]
conduzir, guiar (vt)	вести	['wɛsti]
virar (ex. ~ à direita)	повертати	[powɛr'tati]

dar retorno	розвертатися	[rozwɛr'tatisʲa]
marcha-atrás (f)	задній хід (ч)	['zadnij hid]
buzinar (vi)	сигналити	[siɦ'naliti]
buzina (f)	звуковий сигнал (ч)	[zwuko'wij siɦ'nal]
atolar-se (vr)	застрягти	[za'strʲaɦti]
patinar (na lama)	буксувати	[buksu'wati]
desligar (vt)	глушити	[ɦlu'ʃiti]
velocidade (f)	швидкість (ж)	['ʃwidkistʲ]
exceder a velocidade	перевищити швидкість	[pɛrɛ'wiɕiti 'ʃwidkistʲ]
multar (vt)	штрафувати	[ʃtrafu'wati]
semáforo (m)	світлофор (ч)	[switlo'fɔr]
carta (f) de condução	посвідчення (с) водія	[pos'widtʃɛnja wodi'ʲa]
passagem (f) de nível	переїзд (ч)	[pɛrɛ'jizd]
cruzamento (m)	перехрестя (с)	[pɛrɛh'rɛstʲa]
passadeira (f)	пішохідний перехід (ч)	[piʃo'hidnij pɛrɛ'hid]
zona (f) pedonal	пішохідна зона (ж)	[piʃo'hidna 'zɔna]

PESSOAS. EVENTOS

152. Férias. Evento

festa (f)	свято (с)	['swʲato]
festa (f) nacional	національне свято (с)	[naʦio'nalʲnɛ 'swʲato]
feriado (m)	святковий день (ч)	[swʲat'kɔwij dɛnʲ]
festejar (vt)	святкувати	[swʲatku'wati]
evento (festa, etc.)	подія (ж)	[po'dʲia]
evento (banquete, etc.)	захід (ч)	['zahid]
banquete (m)	бенкет (ч)	[bɛ'nkɛt]
receção (f)	прийом (ч)	[pri'jɔm]
festim (m)	святкування (с)	[swʲatku'wanʲa]
aniversário (m)	річниця (ж)	[ritʃ'niʦʲa]
jubileu (m)	ювілей (ч)	[ʲuwi'lɛj]
Ano (m) Novo	Новий рік (ч)	[no'wij rik]
Feliz Ano Novo!	З Новим Роком!	[z no'wim 'rɔkom]
Pai (m) Natal	Санта Клаус (ч)	['santa 'klaus]
Natal (m)	Різдво (с)	[rizd'wɔ]
Feliz Natal!	Щасливого Різдва!	[ɕas'liwoɦo rizd'wa]
fogo (m) de artifício	салют (ч)	[sa'lʲut]
boda (f)	весілля (с)	[wɛ'silʲa]
noivo (m)	наречений (ч)	[narɛ'tʃɛnij]
noiva (f)	наречена (ж)	[narɛ'tʃɛna]
convidar (vt)	запрошувати	[za'prɔʃuwati]
convite (m)	запрошення (с)	[za'prɔʃɛnʲa]
convidado (m)	гість (ч)	[ɦistʲ]
visitar (vt)	йти в гості	[jti w 'ɦosti]
receber os hóspedes	зустрічати гостей	[zustri'tʃati ɦos'tɛj]
presente (m)	подарунок (ч)	[poda'runok]
oferecer (vt)	дарувати	[daru'wati]
receber presentes	отримувати подарунки	[ot'rimuwati poda'runki]
ramo (m) de flores	букет (ч)	[bu'kɛt]
felicitações (f pl)	привітання (с)	[priwi'tanʲa]
felicitar (dar os parabéns)	вітати	[wi'tati]
cartão (m) de parabéns	вітальна листівка (ж)	[wi'talʲna lis'tiwka]
enviar um postal	надіслати листівку	[nadi'slati lis'tiwku]
receber um postal	отримати листівку	[ot'rimati lis'tiwku]
brinde (m)	тост (ч)	[tost]
oferecer (vt)	пригощати	[priɦo'ɕati]

champanhe (m)	шампанське (c)	[ʃam'pansʲkɛ]
divertir-se (vr)	веселитися	[wɛsɛ'litisʲa]
diversão (f)	веселощі (мн)	[wɛ'sɛloçi]
alegria (f)	радість (ж)	['radistʲ]

| dança (f) | танець (ч) | ['tanɛʦ] |
| dançar (vi) | танцювати | [tanʦʲu'wati] |

| valsa (f) | вальс (ч) | [walʲs] |
| tango (m) | танго (c) | ['tanɦo] |

153. Funerais. Enterro

cemitério (m)	цвинтар (ч)	['ʦwintar]
sepultura (f), túmulo (m)	могила (ж)	[mo'ɦila]
cruz (f)	хрест (ч)	[hrɛst]
lápide (f)	надгробок (ч)	[nad'ɦrɔbok]
cerca (f)	огорожа (ж)	[oɦo'rɔʒa]
capela (f)	каплиця (ж)	[kap'liʦʲa]

morte (f)	смерть (ж)	[smɛrtʲ]
morrer (vi)	померти	[po'mɛrti]
defunto (m)	покійник (ч)	[po'kijnik]
luto (m)	траур (ч)	['traur]

enterrar, sepultar (vt)	ховати	[ho'wati]
agência (f) funerária	похоронне бюро (c)	[poho'rɔnɛ bʲuro]
funeral (m)	похорон (ч)	['pɔhoron]

coroa (f) de flores	вінок (ч)	[wi'nɔk]
caixão (m)	труна (ж)	[tru'na]
carro (m) funerário	катафалк (ч)	[kata'falk]
mortalha (f)	саван (ч)	[sa'wan]

procissão (f) funerária	траурна процесія (ж)	['traurna pro'ʦɛsʲia]
urna (f) funerária	поховальна урна (ж)	[poho'walʲna 'urna]
crematório (m)	крематорій (ч)	[krɛma'tɔrij]

obituário (m), necrologia (f)	некролог (ч)	[nɛkro'lɔɦ]
chorar (vi)	плакати	['plakati]
soluçar (vi)	ридати	[ri'dati]

154. Guerra. Soldados

pelotão (m)	взвод (ч)	[wzwod]
companhia (f)	рота (ж)	['rɔta]
regimento (m)	полк (ч)	[polk]
exército (m)	армія (ж)	['armʲia]
divisão (f)	дивізія (ж)	[di'wizʲia]

| destacamento (m) | загін (ч) | [za'ɦin] |
| hoste (f) | військо (c) | ['wijsʲko] |

soldado (m)	солдат (ч)	[sol'dat]
oficial (m)	офіцер (ч)	[ofi'tsɛr]
soldado (m) raso	рядовий (ч)	[rʲado'wij]
sargento (m)	сержант (ч)	[sɛr'ʒant]
tenente (m)	лейтенант (ч)	[lɛjtɛ'nant]
capitão (m)	капітан (ч)	[kapi'tan]
major (m)	майор (ч)	[ma'jɔr]
coronel (m)	полковник (ч)	[pol'kɔwnik]
general (m)	генерал (ч)	[ɦɛnɛ'ral]
marujo (m)	моряк (ч)	[mo'rʲak]
capitão (m)	капітан (ч)	[kapi'tan]
contramestre (m)	боцман (ч)	['bɔtsman]
artilheiro (m)	артилерист (ч)	[artilɛ'rist]
soldado (m) paraquedista	десантник (ч)	[dɛ'santnik]
piloto (m)	льотчик (ч)	[lʲotʃik]
navegador (m)	штурман (ч)	['ʃturman]
mecânico (m)	механік (ч)	[mɛ'hanik]
sapador (m)	сапер (ч)	[sa'pɛr]
paraquedista (m)	парашутист (ч)	[paraʃu'tist]
explorador (m)	розвідник (ч)	[roz'widnik]
franco-atirador (m)	снайпер (ч)	['snajpɛr]
patrulha (f)	патруль (ч)	[pat'rulʲ]
patrulhar (vt)	патрулювати	[patrulʲu'wati]
sentinela (f)	вартовий (ч)	[warto'wij]
guerreiro (m)	воїн (ч)	['wɔjin]
patriota (m)	патріот (ч)	[patri'ɔt]
herói (m)	герой (ч)	[ɦɛ'rɔj]
heroína (f)	героїня (ж)	[ɦɛro'jinʲa]
traidor (m)	зрадник (ч)	['zradnik]
trair (vt)	зраджувати	['zradʒuwati]
desertor (m)	дезертир (ч)	[dɛzɛr'tir]
desertar (vt)	дезертирувати	[dɛzɛr'tiruwati]
mercenário (m)	найманець (ч)	['najmanɛts]
recruta (m)	новобранець (ч)	[nowo'branɛts]
voluntário (m)	доброволець (ч)	[dobro'wɔlɛts]
morto (m)	убитий (ч)	[u'bitij]
ferido (m)	поранений (ч)	[po'ranɛnij]
prisioneiro (m) de guerra	полонений (ч)	[polo'nɛnij]

155. Guerra. Ações militares. Parte 1

guerra (f)	війна (ж)	[wij'na]
guerrear (vt)	воювати	[woʲu'wati]
guerra (f) civil	громадянська війна (ж)	[ɦroma'dʲansʲka wij'na]
perfidamente	віроломно	[wiro'lɔmno]

declaração (f) de guerra	оголошення (c) війни	[oɦo'lɔʃɛnʲa wij'ni]
declarar (vt) guerra	оголосити	[oɦolo'siti]
agressão (f)	агресія (ж)	[aɦ'rɛsiʲa]
atacar (vt)	нападати	[napa'dati]
invadir (vt)	захоплювати	[za'ɦɔplʲuwati]
invasor (m)	загарбник (ч)	[za'ɦarbnik]
conquistador (m)	завойовник (ч)	[zawo'jɔwnik]
defesa (f)	оборона (ж)	[obo'rɔna]
defender (vt)	обороняти	[oboro'nʲati]
defender-se (vr)	оборонятися	[oboro'nʲatisʲa]
inimigo (m)	ворог (ч)	['wɔroɦ]
adversário (m)	супротивник (ч)	[supro'tiwnik]
inimigo	ворожий	[wo'rɔʒij]
estratégia (f)	стратегія (ж)	[stra'tɛɦiʲa]
tática (f)	тактика (ж)	['taktika]
ordem (f)	наказ (ч)	[na'kaz]
comando (m)	команда (ж)	[ko'manda]
ordenar (vt)	наказувати	[na'kazuwati]
missão (f)	завдання (c)	[zaw'danʲa]
secreto	таємний	[ta'ɛmnij]
batalha (f)	битва (ж)	['bitwa]
combate (m)	бій (ч)	[bij]
ataque (m)	атака (ж)	[a'taka]
assalto (m)	штурм (ч)	[ʃturm]
assaltar (vt)	штурмувати	[ʃturmu'wati]
assédio, sítio (m)	облога (ж)	[ob'lɔɦa]
ofensiva (f)	наступ (ч)	['nastup]
passar à ofensiva	наступати	[nastu'pati]
retirada (f)	відступ (ч)	['widstup]
retirar-se (vr)	відступати	[widstu'pati]
cerco (m)	оточення (c)	[o'tɔtʃɛnʲa]
cercar (vt)	оточувати	[o'tɔtʃuwati]
bombardeio (m)	бомбардування (c)	[bombardu'wanʲa]
lançar uma bomba	скинути бомбу	['skinuti 'bɔmbu]
bombardear (vt)	бомбардувати	[bombardu'wati]
explosão (f)	вибух (ч)	['wibuh]
tiro (m)	постріл (ч)	['pɔstril]
disparar um tiro	вистрілити	['wistriliti]
tiroteio (m)	стрілянина (ж)	[strilʲa'nina]
apontar para ...	цілитися	['tsilitisʲa]
apontar (vt)	навести	[na'wɛsti]
acertar (vt)	влучити	['wlutʃiti]
afundar (um navio)	потопити	[poto'piti]

brecha (f)	пробоїна (ж)	[pro'bojina]
afundar-se (vr)	йти на дно	[jti na dno]
frente (m)	фронт (ч)	[front]
evacuação (f)	евакуація (ж)	[εwaku'atsiʲa]
evacuar (vt)	евакуювати	[εwakuʲu'wati]
trincheira (f)	окоп (ч), траншея (ж)	[o'kɔp], [tran'ʃεʲa]
arame (m) farpado	колючий дріт (ч)	[ko'lʲutʃij drit]
obstáculo (m) anticarro	загородження (с)	[zaɦo'rɔdʒεnʲa]
torre (f) de vigia	вишка (ж)	['wiʃka]
hospital (m)	шпиталь (ч)	[ʃpi'talʲ]
ferir (vt)	поранити	[po'raniti]
ferida (f)	рана (ж)	['rana]
ferido (m)	поранений (ч)	[po'ranεnij]
ficar ferido	отримати поранення	[ot'rimati po'ranεnʲa]
grave (ferida ~)	важкий	[waʒ'kij]

156. Armas

arma (f)	зброя (ж)	['zbrɔʲa]
arma (f) de fogo	вогнепальна зброя (ж)	[woɦnε'palʲna 'zbrɔʲa]
arma (f) branca	холодна зброя (ж)	[ho'lɔdna 'zbrɔʲa]
arma (f) química	хімічна зброя (ж)	[hi'mitʃna 'zbrɔʲa]
nuclear	ядерний	['ʲadεrnij]
arma (f) nuclear	ядерна зброя (ж)	['ʲadεrna 'zbrɔʲa]
bomba (f)	бомба (ж)	['bɔmba]
bomba (f) atómica	атомна бомба (ж)	['atomna 'bɔmba]
pistola (f)	пістолет (ч)	[pisto'lεt]
caçadeira (f)	рушниця (ж)	[ruʃ'nitsʲa]
pistola-metralhadora (f)	автомат (ч)	[awto'mat]
metralhadora (f)	кулемет (ч)	[kulε'mεt]
boca (f)	дуло (с)	['dulo]
cano (m)	ствол (ч)	[stwol]
calibre (m)	калібр (ч)	[ka'libr]
gatilho (m)	курок (ч)	[ku'rɔk]
mira (f)	приціл (ч)	[pri'tsil]
carregador (m)	магазин (ч)	[maɦa'zin]
coronha (f)	приклад (ч)	[prik'lad]
granada (f) de mão	граната (ж)	[ɦra'nata]
explosivo (m)	вибухівка (ж)	[wibu'hiwka]
bala (f)	куля (ж)	['kulʲa]
cartucho (m)	патрон (ч)	[pat'rɔn]
carga (f)	заряд (ч)	[za'rʲad]
munições (f pl)	боєприпаси (мн)	[boεpri'pasi]
bombardeiro (m)	бомбардувальник (ч)	[bombardu'walʲnik]

| avião (m) de caça | винищувач (ч) | [wi'niɕuwatʃ] |
| helicóptero (m) | вертоліт (ч) | [wɛrto'lit] |

canhão (m) antiaéreo	зенітка (ж)	[zɛ'nitka]
tanque (m)	танк (ч)	[tank]
canhão (de um tanque)	гармата (ж)	[ɦar'mata]

artilharia (f)	артилерія (ж)	[arti'lɛriʲa]
canhão (m)	гармата (ж)	[ɦar'mata]
fazer a pontaria	навести	[na'wɛsti]

morteiro (m)	міномет (ч)	[mino'mɛt]
granada (f) de morteiro	міна (ж)	['mina]
obus (m)	снаряд (ч)	[sna'rʲad]
estilhaço (m)	осколок (ч)	[os'kɔlok]

submarino (m)	підводний човен (ч)	[pid'wɔdnij 'tʃɔwɛn]
torpedo (m)	торпеда (ж)	[tor'pɛda]
míssil (m)	ракета (ж)	[ra'kɛta]

carregar (uma arma)	заряджати	[zarʲa'dʒati]
atirar, disparar (vi)	стріляти	[stri'lʲati]
apontar para ...	цілитися	['tsilitisʲa]
baioneta (f)	багнет (ч)	[baɦ'nɛt]

espada (f)	шпага (ж)	['ʃpaɦa]
sabre (m)	шабля (ж)	['ʃablʲa]
lança (f)	спис (ч)	[spis]
arco (m)	лук (ч)	[luk]
flecha (f)	стріла (ж)	[stri'la]
mosquete (m)	мушкет (ч)	[muʃ'kɛt]
besta (f)	арбалет (ч)	[arba'lɛt]

157. Povos da antiguidade

primitivo	первісний	[pɛr'wisnij]
pré-histórico	доісторичний	[doisto'ritʃnij]
antigo	стародавній	[staro'dawnij]

Idade (f) da Pedra	Кам'яний вік (ч)	[kam'ʲa'nij wik]
Idade (f) do Bronze	Бронзовий вік (ч)	['brɔnzowij wik]
período (m) glacial	льодовиковий період (ч)	[lʲodowi'kɔwij pɛ'riod]

tribo (f)	плем'я (c)	['plɛm'ʲa]
canibal (m)	людоїд (ч)	[lʲudo'jid]
caçador (m)	мисливець (ч)	[mis'liwɛts]
caçar (vi)	полювати	[polʲu'wati]
mamute (m)	мамонт (ч)	['mamont]

caverna (f)	печера (ж)	[pɛ'tʃɛra]
fogo (m)	вогонь (ч)	[wo'ɦɔnʲ]
fogueira (f)	багаття (c)	[ba'ɦattʲa]
pintura (f) rupestre	наскальний малюнок (ч)	[na'skalʲnij ma'lʲunok]
ferramenta (f)	знаряддя (c) праці	[zna'rʲaddʲa 'pratsi]

145

lança (f)	спис (ч)	[spis]
machado (m) de pedra	кам'яна сокира (ж)	[kamˀjaˈna soˈkira]
guerrear (vt)	воювати	[woˈuˈwati]
domesticar (vt)	приручати	[priruˈʧati]

ídolo (m)	ідол (ч)	[ˈidol]
adorar, venerar (vt)	поклонятися	[pokloˈnʲatisʲa]
superstição (f)	забобони (мн)	[zaboˈbonɨ]
ritual (m)	обряд, ритуал (ч)	[obˈrʲad], [rituˈal]

evolução (f)	еволюція (ж)	[ɛwoˈlʲuʦiʲa]
desenvolvimento (m)	розвиток (ч)	[ˈrɔzwitok]
desaparecimento (m)	зникнення (с)	[ˈzniknɛnʲa]
adaptar-se (vr)	пристосовуватися	[pristosowuˈwatisʲa]

arqueologia (f)	археологія (ж)	[arhɛoˈlɔɦiʲa]
arqueólogo (m)	археолог (ч)	[arhɛˈɔloɦ]
arqueológico	археологічний	[arhɛoloˈɦiʧnij]

local (m) das escavações	розкопки (мн)	[rozˈkɔpki]
escavações (f pl)	розкопки (мн)	[rozˈkɔpki]
achado (m)	знахідка (ж)	[znaˈhidka]
fragmento (m)	фрагмент (ч)	[fraɦˈmɛnt]

158. Idade média

povo (m)	народ (ч)	[naˈrɔd]
povos (m pl)	народи (мн)	[naˈrɔdɨ]
tribo (f)	плем'я (с)	[ˈplɛmˀja]
tribos (f pl)	племена (мн)	[plɛmɛˈna]

bárbaros (m pl)	варвари (мн)	[ˈwarwari]
gauleses (m pl)	гали (ч)	[ˈɦalɨ]
godos (m pl)	готи (мн)	[ˈɦɔti]
eslavos (m pl)	слов'яни (мн)	[sloˈwˀjanɨ]
víquingues (m pl)	вікінги (мн)	[ˈwikinɦi]

romanos (m pl)	римляни (мн)	[rimˈlʲanɨ]
romano	Римський Папа	[ˈrimsʲkij ˈpapa]

bizantinos (m pl)	візантійці (мн)	[wizanˈtijʦi]
Bizâncio	Візантія (ж)	[wizanˈtiʲa]
bizantino	візантійський	[wizanˈtijsʲkij]

imperador (m)	імператор (ч)	[impɛˈrator]
líder (m)	вождь (ч)	[woʒdʲ]
poderoso	могутній	[moˈɦutnij]
rei (m)	король (ч)	[koˈrɔlʲ]
governante (m)	правитель (ч)	[praˈwitɛlʲ]

cavaleiro (m)	лицар (ч)	[ˈliʦar]
senhor feudal (m)	феодал (ч)	[fɛoˈdal]
feudal	феодальний	[fɛoˈdalʲnij]
vassalo (m)	васал (ч)	[waˈsal]

duque (m)	герцог (ч)	['hɛrtsoɦ]
conde (m)	граф (ч)	[ɦraf]
barão (m)	барон (ч)	[ba'rɔn]
bispo (m)	єпископ (ч)	[ɛ'pɪskop]

armadura (f)	лати (мн)	['lati]
escudo (m)	щит (ч)	[ɕit]
espada (f)	меч (ч)	[mɛtʃ]
viseira (f)	забрало (c)	[za'bralo]
cota (f) de malha	кольчуга (ж)	[kolʲ'tʃuɦa]

| cruzada (f) | хрестовий похід (ч) | [hrɛs'towij po'hid] |
| cruzado (m) | хрестоносець (ч) | [hrɛsto'nɔsɛts] |

território (m)	територія (ж)	[tɛri'tɔriʲa]
atacar (vt)	нападати	[napa'dati]
conquistar (vt)	завоювати	[zawoʲu'wati]
ocupar, invadir (vt)	захопити	[zaho'piti]

assédio, sítio (m)	облога (ж)	[ob'lɔɦa]
sitiado	обложений	[ob'lɔʒɛnij]
assediar, sitiar (vt)	облягати	[oblʲa'ɦati]

inquisição (f)	інквізиція (ж)	[inkwi'zitsiʲa]
inquisidor (m)	інквізитор (ч)	[inkwi'zitor]
tortura (f)	катування (c)	[katu'wanʲa]
cruel	жорстокий	[ʒor'stɔkij]
herege (m)	єретик (ч)	[ɛ'rɛtik]
heresia (f)	єресь (ж)	['ɛrɛsʲ]

navegação (f) marítima	мореплавання (c)	[morɛ'plawanʲa]
pirata (m)	пірат (ч)	[pi'rat]
pirataria (f)	піратство (c)	[pi'ratstwo]
abordagem (f)	абордаж (ч)	[abor'daʒ]
presa (f), butim (m)	здобич (ж)	['zdɔbitʃ]
tesouros (m pl)	скарби (мн)	[skar'bi]

descobrimento (m)	відкриття (c)	[widkrit'tʲa]
descobrir (novas terras)	відкрити	[wid'kriti]
expedição (f)	експедиція (ж)	[ɛkspɛ'ditsiʲa]

mosqueteiro (m)	мушкетер (ч)	[muʃkɛ'tɛr]
cardeal (m)	кардинал (ч)	[kardi'nal]
heráldica (f)	геральдика (ж)	[ɦɛ'ralʲdika]
heráldico	геральдичний	[ɦɛralʲ'ditʃnij]

159. Líder. Chefe. Autoridades

rei (m)	король (ч)	[ko'rɔlʲ]
rainha (f)	королева (ж)	[koro'lɛwa]
real	королівський	[koro'liwsʲkij]
reino (m)	королівство (c)	[koro'liwstwo]
príncipe (m)	принц (ч)	[prints]
princesa (f)	принцеса (ж)	[prin'tsɛsa]

presidente (m)	президент (ч)	[prɛzi'dɛnt]
vice-presidente (m)	віце-президент (ч)	['witsɛ prɛzi'dɛnt]
senador (m)	сенатор (ч)	[sɛ'nator]

monarca (m)	монарх (ч)	[mo'narh]
governante (m)	правитель (ч)	[pra'witɛlʲ]
ditador (m)	диктатор (ч)	[dik'tator]
tirano (m)	тиран (ч)	[ti'ran]
magnata (m)	магнат (ч)	[mah'nat]

diretor (m)	директор (ч)	[di'rɛktor]
chefe (m)	шеф (ч)	[ʃɛf]
dirigente (m)	керівник (ч)	[kɛriw'nik]
patrão (m)	бос (ч)	[bos]
dono (m)	господар (ч)	[ɦos'pɔdar]

líder, chefe (m)	вождь (ч), лідер (ч)	[woʒdʲ], ['lidɛr]
chefe (~ de delegação)	голова (ж)	[ɦolo'wa]
autoridades (f pl)	влада (ж)	['wlada]
superiores (m pl)	керівництво (с)	[kɛriw'nitstwo]

governador (m)	губернатор (ч)	[ɦubɛr'nator]
cônsul (m)	консул (ч)	['kɔnsul]
diplomata (m)	дипломат (ч)	[diplo'mat]
Presidente (m) da Câmara	мер (ч)	[mɛr]
xerife (m)	шериф (ч)	[ʃɛ'rif]

imperador (m)	імператор (ч)	[impɛ'rator]
czar (m)	цар (ч)	[tsar]
faraó (m)	фараон (ч)	[fara'ɔn]
cã (m)	хан (ч)	[han]

160. Viloação da lei. Criminosos. Parte 1

bandido (m)	бандит (ч)	[ban'dit]
crime (m)	злочин (ч)	['zlɔtʃin]
criminoso (m)	злочинець (ч)	[zlo'tʃinɛts]

ladrão (m)	злодій (ч)	['zlɔdij]
roubar (vt)	красти	['krasti]
roubo (ladroagem)	викрадення (с)	['wikradɛnʲa]
furto (m)	крадіжка (ж)	[kra'diʒka]

raptar (ex. ~ uma criança)	викрасти	['wikrasti]
rapto (m)	викрадення (с)	['wikradɛnʲa]
raptor (m)	викрадач (ч)	[wikra'datʃ]

| resgate (m) | викуп (ч) | ['wikup] |
| pedir resgate | вимагати викуп | [wima'ɦati 'wikup] |

roubar (vt)	грабувати	[ɦrabu'wati]
assalto, roubo (m)	пограбування (с), грабіж (ч)	[poɦrabu'wanʲa], [ɦra'biʒ]
assaltante (m)	грабіжник (ч)	[ɦra'biʒnik]
extorquir (vt)	вимагати	[wima'ɦati]

extorsionário (m)	вимагач (ч)	[wima'ɦatʃ]
extorsão (f)	вимагання (с)	[wima'ɦanʲa]

matar, assassinar (vt)	вбити	['wbiti]
homicídio (m)	вбивство (с)	['wbiwstwo]
homicida, assassino (m)	вбивця (ч)	['wbiwtsʲa]

tiro (m)	постріл (ч)	['postril]
dar um tiro	вистрілити	['wistriliti]
matar a tiro	застрелити	[za'strɛliti]
atirar, disparar (vi)	стріляти	[stri'lʲati]
tiroteio (m)	стрілянина (ж)	[strilʲa'nina]

incidente (m)	подія (ж)	[po'diʲa]
briga (~ de rua)	бійка (ж)	['bijka]
Socorro!	Допоможіть! Врятуйте!	[dopomo'ʒitʲ], [wrʲa'tujtɛ!]
vítima (f)	жертва (ж)	['ʒɛrtwa]

danificar (vt)	пошкодити	[poʃ'koditi]
dano (m)	шкода (ж)	['ʃkoda]
cadáver (m)	труп (ч)	[trup]
grave	тяжкий	[tʲaʒ'kij]

atacar (vt)	напасти	[na'pasti]
bater (espancar)	бити	['biti]
espancar (vt)	побити	[po'biti]
tirar, roubar (dinheiro)	відібрати	[widi'brati]
esfaquear (vt)	зарізати	[za'rizati]
mutilar (vt)	покалічити	[poka'litʃiti]
ferir (vt)	поранити	[po'raniti]

chantagem (f)	шантаж (ч)	[ʃan'taʒ]
chantagear (vt)	шантажувати	[ʃantaʒu'wati]
chantagista (m)	шантажист (ч)	[ʃanta'ʒist]

extorsão (em troca de proteção)	рекет (ч)	['rɛkɛt]
extorsionário (m)	рекетир (ч)	[rɛkɛ'tir]
gângster (m)	гангстер (ч)	['ɦanɦstɛr]
máfia (f)	мафія (ж)	['mafiʲa]

carteirista (m)	кишеньковий злодій (ч)	[kiʃɛnʲ'kowij 'zlodij]
assaltante, ladrão (m)	зломщик (ч)	['zlomɕik]
contrabando (m)	контрабанда (ж)	[kontra'banda]
contrabandista (m)	контрабандист (ч)	[kontraban'dist]

falsificação (f)	підробка (ж)	[pid'robka]
falsificar (vt)	підробляти	[pidrob'lʲati]
falsificado	фальшивий	[falʲ'ʃiwij]

161. Viloação da lei. Criminosos. Parte 2

violação (f)	зґвалтування (с)	[zgwaltu'wanʲa]
violar (vt)	зґвалтувати	[zgwaltu'wati]

violador (m)	ґвалтівник (ч)	[gwaltiw'nik]
maníaco (m)	маніяк (ч)	[mani'ʲak]
prostituta (f)	проститутка (ж)	[prosti'tutka]
prostituição (f)	проституція (ж)	[prosti'tutsiʲa]
chulo (m)	сутенер (ч)	[sutɛ'nɛr]
toxicodependente (m)	наркоман (ч)	[narko'man]
traficante (m)	наркоторговець (ч)	[narkotor'ɦɔwɛʦ]
explodir (vt)	підірвати	[pidir'wati]
explosão (f)	вибух (ч)	['wibuh]
incendiar (vt)	підпалити	[pidpa'liti]
incendiário (m)	підпалювач (ч)	[pid'palʲuwatʃ]
terrorismo (m)	тероризм (ч)	[tɛro'rizm]
terrorista (m)	терорист (ч)	[tɛro'rist]
refém (m)	заручник (ч)	[za'rutʃnik]
enganar (vt)	обманути	[obma'nuti]
engano (m)	обман (ч)	[ob'man]
vigarista (m)	шахрай (ч)	[ʃah'raj]
subornar (vt)	підкупити	[pidku'piti]
suborno (atividade)	підкуп (ч)	['pidkup]
suborno (dinheiro)	хабар (ч)	[ha'bar]
veneno (m)	отрута (ж)	[ot'ruta]
envenenar (vt)	отруїти	[otru'jiti]
envenenar-se (vr)	отруїтись	[otru'jitisʲ]
suicídio (m)	самогубство (с)	[samo'ɦubstwo]
suicida (m)	самогубець (ч)	[samo'ɦubɛʦʲ]
ameaçar (vt)	погрожувати	[poɦ'rɔʒuwati]
ameaça (f)	погроза (ж)	[poɦ'rɔza]
atentar contra a vida de …	вчинити замах	[wtʃi'niti 'zamah]
atentado (m)	замах (ч)	['zamah]
roubar (o carro)	украсти	[uk'rasti]
desviar (o avião)	викрасти	['wikrasti]
vingança (f)	помста (ж)	['pomsta]
vingar (vt)	мстити	['mstiti]
torturar (vt)	катувати	[katu'wati]
tortura (f)	катування (с)	[katu'wanʲa]
atormentar (vt)	мучити	['mutʃiti]
pirata (m)	пірат (ч)	[pi'rat]
desordeiro (m)	хуліган (ч)	[huli'ɦan]
armado	озброєний	[oz'brɔɛnij]
violência (f)	насильство (с)	[na'silʲstwo]
ilegal	нелегальний	[nɛlɛ'ɦalʲnij]
espionagem (f)	шпигунство (с)	[ʃpi'ɦunstwo]
espionar (vi)	шпигувати	[ʃpiɦu'wati]

162. Polícia. Lei. Parte 1

justiça (f)	правосуддя (c)	[prawo'suddʲa]
tribunal (m)	суд (ч)	[sud]
juiz (m)	суддя (ч)	[sudˈdʲa]
jurados (m pl)	присяжні (мн)	[priˈsʲaʒni]
tribunal (m) do júri	суд (ч) присяжних	[sud priˈsʲaʒnih]
julgar (vt)	судити	[suˈditi]
advogado (m)	адвокат (ч)	[adwoˈkat]
réu (m)	підсудний (ч)	[pidˈsudnij]
banco (m) dos réus	лава (ж) підсудних	['lawa pidˈsudnih]
acusação (f)	обвинувачення (с)	[obwinuˈwatʃɛnʲa]
acusado (m)	обвинувачений (ч)	[obwinuˈwatʃɛnij]
sentença (f)	вирок (ч)	['wirok]
sentenciar (vt)	присудити	[prisuˈditi]
culpado (m)	винуватець (ч)	[winuˈwatɛts]
punir (vt)	покарати	[pokaˈrati]
punição (f)	покарання (с)	[pokaˈranʲa]
multa (f)	штраф (ч)	[ʃtraf]
prisão (f) perpétua	довічне ув'язнення (с)	[doˈwitʃnɛ uˈwʲaznɛnʲa]
pena (f) de morte	смертна кара (ж)	['smɛrtna 'kara]
cadeira (f) elétrica	електричний стілець (ч)	[ɛlɛktˈritʃnij stiˈlɛts]
forca (f)	шибениця (ж)	['ʃibɛnitsʲa]
executar (vt)	стратити	['stratiti]
execução (f)	страта (ж)	['strata]
prisão (f)	в'язниця (ж)	[wʲazˈnitsʲa]
cela (f) de prisão	камера (ж)	['kamɛra]
escolta (f)	конвой (ч)	[konˈwoj]
guarda (m) prisional	наглядач (ч)	[nahlʲaˈdatʃ]
preso (m)	в'язень (ч)	['wʲazɛnʲ]
algemas (f pl)	наручники (мн)	[naˈrutʃniki]
algemar (vt)	надіти наручники	[naˈditi naˈrutʃniki]
fuga, evasão (f)	втеча (ж)	['wtɛtʃa]
fugir (vi)	утекти	[utɛkˈti]
desaparecer (vi)	зникнути	['zniknuti]
soltar, libertar (vt)	звільнити	[zwilʲˈniti]
amnistia (f)	амністія (ж)	[amˈnistiʲa]
polícia (instituição)	поліція (ж)	[poˈlitsiʲa]
polícia (m)	поліцейський (ч)	[poliˈtsɛjsʲkij]
esquadra (f) de polícia	поліцейський відділок (ч)	[poliˈtsɛjsʲkij ˈwiddilok]
cassetete (m)	гумовий кийок (ч)	['humowij kiˈjɔk]
megafone (m)	рупор (ч)	['rupor]
carro (m) de patrulha	патрульна машина (ж)	[patˈrulʲna maˈʃina]

sirene (f)   сирена (ж)   [si'rɛna]
ligar a sirene   увімкнути сирену   [uwimk'nuti si'rɛnu]
toque (m) da sirene   виття (c) сирени   [wit'tʲa si'rɛni]

cena (f) do crime   місце (c) події   ['mistsɛ po'diji]
testemunha (f)   свідок (ч)   ['swidok]
liberdade (f)   воля (ж)   ['wolʲa]
cúmplice (m)   спільник (ч)   ['spilʲnik]
escapar (vi)   зникнути   ['zniknuti]
traço (não deixar ~s)   слід (ч)   [slid]

163. Polícia. Lei. Parte 2

procura (f)   розшук (ч)   ['rɔzʃuk]
procurar (vt)   розшукувати   [roz'ʃukuwati]
suspeita (f)   підозра (ж)   [pi'dɔzra]
suspeito   підозрілий   [pido'zrilij]
parar (vt)   зупинити   [zupi'niti]
deter (vt)   затримати   [za'trimati]

caso (criminal)   справа (ж)   ['sprawa]
investigação (f)   розслідування (c)   [roz'sliduwanʲa]
detetive (m)   детектив (ч)   [dɛtɛk'tiw]
investigador (m)   слідчий (ч)   ['slidtʃij]
versão (f)   версія (ж)   ['wɛrsiʲa]

motivo (m)   мотив (ч)   [mo'tiw]
interrogatório (m)   допит (ч)   ['dɔpit]
interrogar (vt)   допитувати   [do'pituwati]
questionar (vt)   опитувати   [o'pituwati]
verificação (f)   перевірка (ж)   [pɛrɛ'wirka]

batida (f) policial   облава (ж)   [ob'lawa]
busca (f)   обшук (ч)   ['ɔbʃuk]
perseguição (f)   погоня (ж)   [po'ɦɔnʲa]
perseguir (vt)   переслідувати   [pɛrɛs'liduwati]
seguir (vt)   слідкувати   [slidku'wati]

prisão (f)   арешт (ч)   [a'rɛʃt]
prender (vt)   заарештувати   [zaarɛʃtu'wati]
pegar, capturar (vt)   спіймати   [spij'mati]
captura (f)   затримання (c)   [za'trimanʲa]

documento (m)   документ (ч)   [doku'mɛnt]
prova (f)   доказ (ч)   ['dɔkaz]
provar (vt)   доводити   [do'wɔditi]
pegada (f)   слід (ч)   [slid]
impressões (f pl) digitais   відбитки (мн) пальців   [wid'bitki 'palʲtsiw]
prova (f)   доказ (ч)   ['dɔkaz]

álibi (m)   алібі (c)   ['alibi]
inocente   невинний   [nɛ'winij]
injustiça (f)   несправедливість (ж)   [nɛsprawɛd'liwistʲ]
injusto   несправедливий   [nɛsprawɛd'liwij]

criminal	кримінальний	[krimi'nalʲnij]
confiscar (vt)	конфіскувати	[konfisku'wati]
droga (f)	наркотик (ч)	[nar'kɔtik]
arma (f)	зброя (ж)	['zbrɔʲa]
desarmar (vt)	обеззброїти	[obɛz'zbrɔjiti]
ordenar (vt)	наказувати	[na'kazuwati]
desaparecer (vi)	зникнути	['zniknuti]
lei (f)	закон (ч)	[za'kɔn]
legal	законний	[za'kɔnij]
ilegal	незаконний	[nɛza'kɔnij]
responsabilidade (f)	відповідальність (ж)	[widpowi'dalʲnistʲ]
responsável	відповідальний	[widpowi'dalʲnij]

NATUREZA

A Terra. Parte 1

cosmos (m)	космос (ч)	['kɔsmos]
cósmico	космічний	[kos'miʧnij]
espaço (m) cósmico	космічний простір (ч)	[kos'miʧnij 'prɔstir]
mundo (m)	світ (ч)	[swit]
universo (m)	всесвіт (ч)	['wsɛswit]
galáxia (f)	галактика (ж)	[ɦa'laktika]
estrela (f)	зірка (ж)	['zirka]
constelação (f)	сузір'я (c)	[su'zirʲa]
planeta (m)	планета (ж)	[pla'nɛta]
satélite (m)	супутник (ч)	[su'putnik]
meteorito (m)	метеорит (ч)	[mɛtɛo'rit]
cometa (m)	комета (ж)	[ko'mɛta]
asteroide (m)	астероїд (ч)	[astɛ'rɔjid]
órbita (f)	орбіта (ж)	[or'bita]
girar (vi)	обертатися	[obɛr'tatisʲa]
atmosfera (f)	атмосфера (ж)	[atmos'fɛra]
Sol (m)	Сонце (c)	['sɔnʦɛ]
Sistema (m) Solar	Сонячна система (ж)	['sɔnʲaʧna sis'tɛma]
eclipse (m) solar	сонячне затемнення (c)	['sɔnʲaʧnɛ za'tɛmnɛnʲa]
Terra (f)	Земля (ж)	[zɛm'lʲa]
Lua (f)	Місяць (ж)	['misʲaʦ]
Marte (m)	Марс (ч)	[mars]
Vénus (f)	Венера (ж)	[wɛ'nɛra]
Júpiter (m)	Юпітер (ч)	[ʲu'pitɛr]
Saturno (m)	Сатурн (ч)	[sa'turn]
Mercúrio (m)	Меркурій (ч)	[mɛr'kurij]
Urano (m)	Уран (ч)	[u'ran]
Neptuno (m)	Нептун (ч)	[nɛp'tun]
Plutão (m)	Плутон (ч)	[plu'tɔn]
Via Láctea (f)	Чумацький Шлях (ч)	[ʧu'maʦkij ʃlʲah]
Ursa Maior (f)	Велика Ведмедиця (ж)	[wɛ'lika wɛd'mɛdiʦʲa]
Estrela Polar (f)	Полярна Зірка (ж)	[po'lʲarna 'zirka]
marciano (m)	марсіанин (ч)	[marsi'anin]
extraterrestre (m)	інопланетянин (ч)	[inoplanɛ'tʲanin]

alienígena (m)	прибулець (ч)	[pri'bulɛts]
disco (m) voador	літаюча тарілка (ж)	[li'taʲutʃa ta'rilka]

nave (f) espacial	космічний корабель (ч)	[kos'mitʃnij kora'bɛlʲ]
estação (f) orbital	орбітальна станція (ж)	[orbi'talʲna 'stantsiʲa]
lançamento (m)	старт (ч)	[start]

motor (m)	двигун (ч)	[dwi'ɦun]
bocal (m)	сопло (c)	['sɔplo]
combustível (m)	паливо (c)	['paliwo]

cabine (f)	кабіна (ж)	[ka'bina]
antena (f)	антена (ж)	[an'tɛna]
vigia (f)	ілюмінатор (ч)	[ilʲumi'nator]
bateria (f) solar	сонячна батарея (ж)	['sɔnʲatʃna bata'rɛʲa]
traje (m) espacial	скафандр (ч)	[ska'fandr]

imponderabilidade (f)	невагомість (ж)	[nɛwa'ɦɔmistʲ]
oxigénio (m)	кисень (ч)	['kisɛnʲ]

acoplagem (f)	стикування (c)	[stiku'wanʲa]
fazer uma acoplagem	здійснювати стикування	['zdijsnʲuwati stiku'wanʲa]

observatório (m)	обсерваторія (ж)	[obsɛrwa'tɔriʲa]
telescópio (m)	телескоп (ч)	[tɛlɛ'skɔp]
observar (vt)	спостерігати	[spostɛri'ɦati]
explorar (vt)	досліджувати	[do'slidʒuwati]

165. A Terra

Terra (f)	Земля (ж)	[zɛm'lʲa]
globo terrestre (Terra)	земна куля (ж)	[zɛm'na 'kulʲa]
planeta (m)	планета (ж)	[pla'nɛta]

atmosfera (f)	атмосфера (ж)	[atmos'fɛra]
geografia (f)	географія (ж)	[ɦɛo'ɦrafiʲa]
natureza (f)	природа (ж)	[pri'rɔda]

globo (mapa esférico)	глобус (ч)	['ɦlɔbus]
mapa (m)	карта (ж)	['karta]
atlas (m)	атлас (ч)	['atlas]

Europa (f)	Європа (ж)	[ɛw'rɔpa]
Ásia (f)	Азія (ж)	['aziʲa]

África (f)	Африка (ж)	['afrika]
Austrália (f)	Австралія (ж)	[aw'straliʲa]

América (f)	Америка (ж)	[a'mɛrika]
América (f) do Norte	Північна Америка (ж)	[piw'nitʃna a'mɛrika]
América (f) do Sul	Південна Америка (ж)	[piw'dɛna a'mɛrika]

Antártida (f)	Антарктида (ж)	[antark'tida]
Ártico (m)	Арктика (ж)	['arktika]

166. Pontos cardeais

norte (m)	північ (ж)	['piwnitʃ]
para norte	на північ	[na 'piwnitʃ]
no norte	на півночі	[na 'piwnotʃi]
do norte	північний	[piw'nitʃnij]
sul (m)	південь (ч)	['piwdɛnʲ]
para sul	на південь	[na 'piwdɛnʲ]
no sul	на півдні	[na 'piwdni]
do sul	південний	[piw'dɛnij]
oeste, ocidente (m)	захід (ч)	['zahid]
para oeste	на захід	[na 'zahid]
no oeste	на заході	[na 'zahodi]
ocidental	західний	['zahidnij]
leste, oriente (m)	схід (ч)	[shid]
para leste	на схід	[na 'shid]
no leste	на сході	[na 'shɔdi]
oriental	східний	['shidnij]

167. Mar. Oceano

mar (m)	море (с)	['mɔrɛ]
oceano (m)	океан (ч)	[okɛ'an]
golfo (m)	затока (ж)	[za'tɔka]
estreito (m)	протока (ж)	[pro'tɔka]
terra (f) firme	земля, суша (ж)	[zɛm'lʲa], ['suʃa]
continente (m)	материк (ч)	[matɛ'rik]
ilha (f)	острів (ч)	['ɔstriw]
península (f)	півострів (ч)	[pi'wɔstriw]
arquipélago (m)	архіпелаг (ч)	[arhipɛ'laɦ]
baía (f)	бухта (ж)	['buhta]
porto (m)	гавань (ж)	['ɦawanʲ]
lagoa (f)	лагуна (ж)	[la'ɦuna]
cabo (m)	мис (ч)	[mis]
atol (m)	атол (ч)	[a'tɔl]
recife (m)	риф (ч)	[rif]
coral (m)	корал (ч)	[ko'ral]
recife (m) de coral	кораловий риф (ч)	[ko'ralowij rif]
profundo	глибокий	[ɦli'bɔkij]
profundidade (f)	глибина (ж)	[ɦlibi'na]
abismo (m)	безодня (ж)	[bɛ'zɔdnʲa]
fossa (f) oceânica	западина (ж)	[za'padɨna]
corrente (f)	течія (ж)	['tɛtʃiʲa]
banhar (vt)	омивати	[omɨ'wati]
litoral (m)	берег (ч)	['bɛrɛɦ]

costa (f)	узбережжя (c)	[uzbɛ'rɛzʲa]
maré (f) alta	приплив (ч)	[prip'liw]
refluxo (m), maré (f) baixa	відлив (ч)	[wid'liw]
restinga (f)	мілина (ж)	[miliʲ'na]
fundo (m)	дно (c)	[dno]
onda (f)	хвиля (ж)	['hwilʲa]
crista (f) da onda	гребінь (ч) хвилі	['ɦrɛbinʲ 'hwili]
espuma (f)	піна (ж)	[pi'na]
tempestade (f)	буря (ж)	['burʲa]
furacão (m)	ураган (ч)	[uraɦan]
tsunami (m)	цунамі (c)	[tsu'nami]
calmaria (f)	штиль (ч)	[ʃtiⁱlʲ]
calmo	спокійний	[spo'kijnʲij]
polo (m)	полюс (ч)	['polʲus]
polar	полярний	[po'lʲarnʲij]
latitude (f)	широта (ж)	[ʃiro'ta]
longitude (f)	довгота (ж)	[dowɦo'ta]
paralela (f)	паралель (ж)	[para'lɛlʲ]
equador (m)	екватор (ч)	[ɛk'wator]
céu (m)	небо (c)	['nɛbo]
horizonte (m)	горизонт (ч)	[ɦoriʲ'zɔnt]
ar (m)	повітря (c)	[po'witrʲa]
farol (m)	маяк (ч)	[ma'ʲak]
mergulhar (vi)	пірнати	[pir'nati]
afundar-se (vr)	затонути	[zato'nuti]
tesouros (m pl)	скарби (мн)	[skar'bi]

168. Montanhas

montanha (f)	гора (ж)	[ɦo'ra]
cordilheira (f)	гірський ланцюг (ч)	[ɦirsʲ'kij lan'tsʲuɦ]
serra (f)	гірський хребет (ч)	[ɦirsʲ'kij hrɛ'bɛt]
cume (m)	вершина (ж)	[wɛr'ʃina]
pico (m)	шпиль (ч)	[ʃpilʲ]
sopé (m)	підніжжя (c)	[pid'nizʲa]
declive (m)	схил (ч)	[shil]
vulcão (m)	вулкан (ч)	[wul'kan]
vulcão (m) ativo	діючий вулкан (ч)	['diʲutʃij wul'kan]
vulcão (m) extinto	згаслий вулкан (ч)	['zɦaslij wul'kan]
erupção (f)	виверження (c)	['wiwɛrʒɛnʲa]
cratera (f)	кратер (ч)	['kratɛr]
magma (m)	магма (ж)	['maɦma]
lava (f)	лава (ж)	['lawa]
fundido (lava ~a)	розжарений	[roz'ʒarɛnij]
desfiladeiro (m)	каньйон (ч)	[kanʲ'jɔn]

garganta (f)	ущелина (ж)	[u'ɕɛlina]
fenda (f)	розщілина (ж)	[roz'ɕilina]
precipício (m)	прірва (ж), обрив (ч)	['prirwa], [ob'riw]
passo, colo (m)	перевал (ч)	[pɛrɛ'wal]
planalto (m)	плато (с)	['plato]
falésia (f)	скеля (ж)	['skɛlʲa]
colina (f)	пагорб (ч)	['paɦorb]
glaciar (m)	льодовик (ч)	[lʲodo'wik]
queda (f) d'água	водоспад (ч)	[wodos'pad]
géiser (m)	гейзер (ч)	['ɦɛjzɛr]
lago (m)	озеро (с)	['ɔzɛro]
planície (f)	рівнина (ж)	[riw'nina]
paisagem (f)	краєвид (ч)	[kraɛ'wid]
eco (m)	луна (ж)	[lu'na]
alpinista (m)	альпініст (ч)	[alʲpi'nist]
escalador (m)	скелелаз (ч)	[skɛlɛ'laz]
conquistar (vt)	підкоряти	[pidko'rʲati]
subida, escalada (f)	підйом (ч)	[pid'jɔm]

169. Rios

rio (m)	ріка (ж)	['rika]
fonte, nascente (f)	джерело (с)	[dʒɛrɛ'lɔ]
leito (m) do rio	річище (с)	['ritʃiɕɛ]
bacia (f)	басейн (ч)	[ba'sɛjn]
desaguar no ...	впадати у...	[wpa'dati u...]
afluente (m)	притока (ж)	[pri'tɔka]
margem (do rio)	берег (ч)	['bɛrɛɦ]
corrente (f)	течія (ж)	['tɛtʃiʲa]
rio abaixo	вниз за течією	[wniz za 'tɛtʃiɛʲu]
rio acima	уверх за течією	[u'wɛrh po 'tɛtʃiɛʲu]
inundação (f)	повінь (ж)	['pɔwinʲ]
cheia (f)	повінь (ж)	['pɔwinʲ]
transbordar (vi)	розливатися	[rozli'watisʲa]
inundar (vt)	затоплювати	[za'tɔplʲuwati]
banco (m) de areia	мілина (ж)	[mili'na]
rápidos (m pl)	поріг (ч)	[po'riɦ]
barragem (f)	гребля (ж)	['ɦrɛblʲa]
canal (m)	канал (ч)	[ka'nal]
reservatório (m) de água	водосховище (с)	[wodo'shɔwiɕɛ]
eclusa (f)	шлюз (ч)	[ʃlʲuz]
corpo (m) de água	водойма (ж)	[wo'dɔjma]
pântano (m)	болото (с)	[bo'lɔto]
tremedal (m)	трясовина (ж)	[trʲasowi'na]

remoinho (m)	вир (ч)	[wir]
arroio, regato (m)	струмок (ч)	[stru'mɔk]
potável	питний	['pitnij]
doce (água)	прісний	['prisnij]
gelo (m)	лід (ч), крига (ж)	[lid], ['kriɦa]
congelar-se (vr)	замерзнути	[za'mɛrznuti]

170. Floresta

floresta (f), bosque (m)	ліс (ч)	[lis]
florestal	лісовий	[liso'wij]
mata (f) cerrada	хаща (ж)	['haɕa]
arvoredo (m)	гай (ч)	[ɦaj]
clareira (f)	галявина (ж)	[ɦa'lʲawina]
matagal (m)	зарості (мн)	['zarosti]
mato (m)	чагарник (ч)	[ʧa'ɦarnik]
vereda (f)	стежина (ж)	[stɛ'ʒina]
ravina (f)	яр (ч)	[jar]
árvore (f)	дерево (с)	['dɛrɛwo]
folha (f)	листок (ч)	[lis'tɔk]
folhagem (f)	листя (с)	['listʲa]
queda (f) das folhas	листопад (ч)	[listo'pad]
cair (vi)	опадати	[opa'dati]
topo (m)	верхівка (ж)	[wɛr'hiwka]
ramo (m)	гілка (ж)	['ɦilka]
galho (m)	сук (ч)	[suk]
botão, rebento (m)	брунька (ж)	['brunʲka]
agulha (f)	голка (ж)	['ɦolka]
pinha (f)	шишка (ж)	['ʃiʃka]
buraco (m) de árvore	дупло (с)	[dup'lɔ]
ninho (m)	гніздо (с)	[ɦniz'dɔ]
tronco (m)	стовбур (ч)	['stɔwbur]
raiz (f)	корінь (ч)	['kɔrinʲ]
casca (f) de árvore	кора (ж)	[ko'ra]
musgo (m)	мох (ч)	[moh]
arrancar pela raiz	корчувати	[korʧu'wati]
cortar (vt)	рубати	[ru'bati]
desflorestar (vt)	вирубувати ліс	[wi'rubuwati lis]
toco, cepo (m)	пень (ч)	[pɛnʲ]
fogueira (f)	багаття (с)	[ba'ɦattʲa]
incêndio (m) florestal	лісова пожежа (ж)	[liso'wa po'ʒɛʒa]
apagar (vt)	тушити	[tu'ʃiti]
guarda-florestal (m)	лісник (ч)	[lis'nik]

proteção (f)	охорона (ж)	[oho'rɔna]
proteger (a natureza)	охороняти	[ohoro'nʲati]
caçador (m) furtivo	браконьєр (ч)	[brako'nʲɛr]
armadilha (f)	капкан (ч)	[kap'kan]
colher (cogumelos)	збирати	[zbi'rati]
colher (bagas)	збирати	[zbi'rati]
perder-se (vr)	заблукати	[zablu'kati]

171. Recursos naturais

recursos (m pl) naturais	природні ресурси (мн)	[pri'rɔdni rɛ'sursɨ]
minerais (m pl)	корисні копалини (мн)	['kɔrisni ko'palini]
depósitos (m pl)	поклади (мн)	['pɔkladi]
jazida (f)	родовище (с)	[ro'dɔwiɕɛ]
extrair (vt)	добувати	[dobu'wati]
extração (f)	добування (с)	[dobu'wanʲa]
minério (m)	руда (ж)	[ru'da]
mina (f)	копальня (ж)	[ko'palʲnʲa]
poço (m) de mina	шахта (ж)	['ʃahta]
mineiro (m)	шахтар (ч)	[ʃah'tar]
gás (m)	газ (ч)	[ɦaz]
gasoduto (m)	газопровід (ч)	[ɦazopro'wid]
petróleo (m)	нафта (ж)	['nafta]
oleoduto (m)	нафтопровід (ч)	[nafto'prɔwid]
poço (m) de petróleo	нафтова вишка (ж)	['naftowa 'wiʃka]
torre (f) petrolífera	свердлова вежа (ж)	[swɛrd'lɔwa 'wɛʒa]
petroleiro (m)	танкер (ч)	['tankɛr]
areia (f)	пісок (ч)	[pi'sɔk]
calcário (m)	вапняк (ч)	[wap'nʲak]
cascalho (m)	гравій (ч)	['ɦrawij]
turfa (f)	торф (ч)	[torf]
argila (f)	глина (ж)	['ɦlina]
carvão (m)	вугілля (с)	[wu'ɦilʲa]
ferro (m)	залізо (с)	[za'lizo]
ouro (m)	золото (с)	['zɔloto]
prata (f)	срібло (с)	['sriblo]
níquel (m)	нікель (ч)	['nikɛlʲ]
cobre (m)	мідь (ж)	[midʲ]
zinco (m)	цинк (ч)	['ʦink]
manganês (m)	марганець (ч)	['marɦanɛʦ]
mercúrio (m)	ртуть (ж)	[rtutʲ]
chumbo (m)	свинець (ч)	[swi'nɛʦ]
mineral (m)	мінерал (ч)	[minɛ'ral]
cristal (m)	кристал (ч)	[kris'tal]
mármore (m)	мармур (ч)	['marmur]
urânio (m)	уран (ч)	[u'ran]

A Terra. Parte 2

172. Tempo

tempo (m)	погода (ж)	[po'ɦɔda]
previsão (f) do tempo	прогноз (ч) погоди	[proɦ'nɔz po'ɦɔdi]
temperatura (f)	температура (ж)	[tɛmpɛra'tura]
termómetro (m)	термометр (ч)	[tɛr'mɔmɛtr]
barómetro (m)	барометр (ч)	[ba'rɔmɛtr]
húmido	вологий	[wo'lɔɦij]
humidade (f)	вологість (ж)	[woloɦistʲ]
calor (m)	спека (ж)	['spɛka]
cálido	гарячий	[ɦa'rʲatʃij]
está muito calor	спекотно	[spɛ'kɔtno]
está calor	тепло	['tɛplo]
quente	теплий	['tɛplij]
está frio	холодно	['hɔlodno]
frio	холодний	[ho'lɔdnij]
sol (m)	сонце (c)	['sɔntsɛ]
brilhar (vi)	світити	[swi'titi]
de sol, ensolarado	сонячний	['sɔnʲatʃnij]
nascer (vi)	зійти	[zij'ti]
pôr-se (vr)	сісти	['sisti]
nuvem (f)	хмара (ж)	['hmara]
nublado	хмарний	['hmarnij]
nuvem (f) preta	хмара (ж)	['hmara]
escuro, cinzento	похмурий	[poh'murij]
chuva (f)	дощ (ч)	[doɕ]
está a chover	йде дощ	[jdɛ doɕ]
chuvoso	дощовий	[doɕo'wij]
chuviscar (vi)	накрапати	[nakra'pati]
chuva (f) torrencial	проливний дощ (ч)	[proliw'nij doɕ]
chuvada (f)	злива (ж)	['zliwa]
forte (chuva)	сильний	['silʲnij]
poça (f)	калюжа (ж)	[ka'lʲuʒa]
molhar-se (vr)	мокнути	['mɔknuti]
nevoeiro (m)	туман (ч)	[tu'man]
de nevoeiro	туманний	[tu'manij]
neve (f)	сніг (ч)	[sniɦ]
está a nevar	йде сніг	[jdɛ sniɦ]

173. Tempo extremo. Catástrofes naturais

trovoada (f)	гроза (ж)	[ɦro'za]
relâmpago (m)	блискавка (ж)	['bliskawka]
relampejar (vi)	блискати	['bliskati]
trovão (m)	грім (ч)	[ɦrim]
trovejar (vi)	гриміти	[ɦri'miti]
está a trovejar	гримить грім	[ɦri'mitʲ ɦrim]
granizo (m)	град (ч)	[ɦrad]
está a cair granizo	йде град	[jdɛ ɦrad]
inundar (vt)	затопити	[zato'piti]
inundação (f)	повінь (ж)	['powinʲ]
terremoto (m)	землетрус (ч)	[zɛmlɛt'rus]
abalo, tremor (m)	поштовх (ч)	['poʃtowh]
epicentro (m)	епіцентр (ч)	[ɛpi'tsɛntr]
erupção (f)	виверження (с)	['wiwɛrʒɛnʲa]
lava (f)	лава (ж)	['lawa]
turbilhão, tornado (m)	смерч, торнадо (ч)	[smɛrtʃ], [tor'nado]
turbilhão (m)	смерч (ч)	[smɛrtʃ]
tornado (m)	торнадо (ч)	[tor'nado]
tufão (m)	тайфун (ч)	[taj'fun]
furacão (m)	ураган (ч)	[uraɦan]
tempestade (f)	буря (ж)	['burʲa]
tsunami (m)	цунамі (с)	[tsu'nami]
ciclone (m)	циклон (ч)	[tsik'lɔn]
mau tempo (m)	негода (ж)	[nɛ'ɦɔda]
incêndio (m)	пожежа (ж)	[po'ʒɛʒa]
catástrofe (f)	катастрофа (ж)	[kata'strɔfa]
meteorito (m)	метеорит (ч)	[mɛtɛo'rit]
avalanche (f)	лавина (ж)	[la'wina]
deslizamento (m) de neve	обвал (ч)	[ob'wal]
nevasca (f)	заметіль (ж)	[zamɛ'tilʲ]
tempestade (f) de neve	завірюха (ж)	[zawi'rʲuha]

Fauna

174. Mamíferos. Predadores

predador (m)	хижак (ч)	[hɨˈʒak]
tigre (m)	тигр (ч)	[tiɦr]
leão (m)	лев (ч)	[lɛw]
lobo (m)	вовк (ч)	[wowk]
raposa (f)	лисиця (ж)	[liˈsitsʲa]

jaguar (m)	ягуар (ч)	[jaɦuˈar]
leopardo (m)	леопард (ч)	[lɛoˈpard]
chita (f)	гепард (ч)	[ɦɛˈpard]

pantera (f)	пантера (ж)	[panˈtɛra]
puma (m)	пума (ж)	[ˈpuma]
leopardo-das-neves (m)	сніговий барс (ч)	[sniɦoˈwij bars]
lince (m)	рись (ж)	[risʲ]

coiote (m)	койот (ч)	[koˈjɔt]
chacal (m)	шакал (ч)	[ʃaˈkal]
hiena (f)	гієна (ж)	[ɦiˈɛna]

175. Animais selvagens

animal (m)	тварина (ж)	[twaˈrina]
besta (f)	звір (ч)	[zwir]

esquilo (m)	білка (ж)	[ˈbilka]
ouriço (m)	їжак (ч)	[jiˈʒak]
lebre (f)	заєць (ч)	[ˈzaɛts]
coelho (m)	кріль (ч)	[krilʲ]

texugo (m)	борсук (ч)	[borˈsuk]
guaxinim (m)	єнот (ч)	[ɛˈnɔt]
hamster (m)	хом'як (ч)	[hoˈmˀjak]
marmota (f)	бабак (ч)	[baˈbak]

toupeira (f)	кріт (ч)	[krit]
rato (m)	миша (ж)	[ˈmiʃa]
ratazana (f)	щур (ч)	[ɕur]
morcego (m)	кажан (ч)	[kaˈʒan]

arminho (m)	горностай (ч)	[ɦornoˈstaj]
zibelina (f)	соболь (ч)	[ˈsɔbolʲ]
marta (f)	куниця (ж)	[kuˈnitsʲa]
doninha (f)	ласка (ж)	[ˈlaska]
vison (m)	норка (ж)	[ˈnɔrka]

castor (m)	бобер (ч)	[bo'bɛr]
lontra (f)	видра (ж)	['widra]
cavalo (m)	кінь (ч)	[kinʲ]
alce (m)	лось (ч)	[losʲ]
veado (m)	олень (ч)	['ɔlɛnʲ]
camelo (m)	верблюд (ч)	[wɛr'blʲud]
bisão (m)	бізон (ч)	[bi'zɔn]
auroque (m)	зубр (ч)	[zubr]
búfalo (m)	буйвіл (ч)	['bujwil]
zebra (f)	зебра (ж)	['zɛbra]
antílope (m)	антилопа (ж)	[anti'lɔpa]
corça (f)	косуля (ж)	[ko'sulʲa]
gamo (m)	лань (ж)	[lanʲ]
camurça (f)	сарна (ж)	['sarna]
javali (m)	вепр (ч)	[wɛpr]
baleia (f)	кит (ч)	[kit]
foca (f)	тюлень (ч)	[tʲu'lɛnʲ]
morsa (f)	морж (ч)	[morʒ]
urso-marinho (m)	котик (ч)	['kɔtik]
golfinho (m)	дельфін (ч)	[dɛlʲ'fin]
urso (m)	ведмідь (ч)	[wɛd'midʲ]
urso (m) branco	білий ведмідь (ч)	['bilij wɛd'midʲ]
panda (m)	панда (ж)	['panda]
macaco (em geral)	мавпа (ж)	['mawpa]
chimpanzé (m)	шимпанзе (ч)	[ʃimpan'zɛ]
orangotango (m)	орангутанг (ч)	[oranɦu'tanɦ]
gorila (m)	горила (ж)	[ɦo'rila]
macaco (m)	макака (ж)	[ma'kaka]
gibão (m)	гібон (ч)	[ɦi'bɔn]
elefante (m)	слон (ч)	[slon]
rinoceronte (m)	носоріг (ч)	[noso'riɦ]
girafa (f)	жирафа (ж)	[ʒirafa]
hipopótamo (m)	бегемот (ч)	[bɛɦɛ'mɔt]
canguru (m)	кенгуру (ч)	[kɛnɦu'ru]
coala (m)	коала (ч)	[ko'ala]
mangusto (m)	мангуст (ч)	[ma'nɦust]
chinchila (m)	шиншила (ж)	[ʃin'ʃila]
doninha-fedorenta (f)	скунс (ч)	[skuns]
porco-espinho (m)	дикобраз (ч)	[diko'braz]

176. Animais domésticos

gata (f)	кішка (ж)	['kiʃka]
gato (m) macho	кіт (ч)	[kit]
cão (m)	собака, пес (ч)	[so'baka], [pɛs]

cavalo (m)	кінь (ч)	[kinʲ]
garanhão (m)	жеребець (ч)	[ʒɛrɛ'bɛts]
égua (f)	кобила (ж)	[ko'bɨla]
vaca (f)	корова (ж)	[ko'rɔwa]
touro (m)	бик (ч)	[bɨk]
boi (m)	віл (ч)	[wil]
ovelha (f)	вівця (ж)	[wiw'tsʲa]
carneiro (m)	баран (ч)	[ba'ran]
cabra (f)	коза (ж)	[ko'za]
bode (m)	козел (ч)	[ko'zɛl]
burro (m)	осел (ч)	[o'sɛl]
mula (f)	мул (ч)	[mul]
porco (m)	свиня (ж)	[swɨ'nʲa]
leitão (m)	порося (с)	[poro'sʲa]
coelho (m)	кріль (ч)	[krilʲ]
galinha (f)	курка (ж)	['kurka]
galo (m)	півень (ч)	['piwɛnʲ]
pata (f)	качка (ж)	['katʃka]
pato (macho)	качур (ч)	['katʃur]
ganso (m)	гусак (ч)	[ɦu'sak]
peru (m)	індик (ч)	[in'dɨk]
perua (f)	індичка (ж)	[in'dɨtʃka]
animais (m pl) domésticos	домашні тварини (мн)	[do'maʃni twa'rɨnɨ]
domesticado	ручний	[rutʃ'nɨj]
domesticar (vt)	приручати	[priru'tʃatɨ]
criar (vt)	вирощувати	[wɨ'rɔɕuwatɨ]
quinta (f)	ферма (ж)	['fɛrma]
aves (f pl) domésticas	свійські птахи (мн)	['swijsʲki pta'hɨ]
gado (m)	худоба (ж)	[ɦu'dɔba]
rebanho (m), manada (f)	стадо (с)	['stado]
estábulo (m)	конюшня (ж)	[ko'nʲuʃnʲa]
pocilga (f)	свинарник (ч)	[swɨ'narnɨk]
estábulo (m)	корівник (ч)	[ko'riwnɨk]
coelheira (f)	крільчатник (ч)	[krilʲ'tʃatnɨk]
galinheiro (m)	курник (ч)	[kur'nɨk]

177. Cães. Raças de cães

cão (m)	собака (ч)	[so'baka]
cão pastor (m)	вівчарка (ж)	[wiw'tʃarka]
pastor-alemão (m)	німецька вівчарка (ж)	[ni'mɛtsʲka wiw'tʃarka]
caniche (m)	пудель (ч)	['pudɛlʲ]
teckel (m)	такса (ж)	['taksa]
buldogue (m)	бульдог (ч)	[bulʲ'dɔɦ]

boxer (m)	боксер (ч)	[bok'sɛr]
mastim (m)	мастиф (ч)	[mas'tif]
rottweiler (m)	ротвейлер (ч)	[rot'wɛjlɛr]
dobermann (m)	доберман (ч)	[dobɛr'man]

basset (m)	басет (ч)	[ba'sɛt]
pastor inglês (m)	бобтейл (ч)	[bob'tɛjl]
dálmata (m)	далматинець (ч)	[dalma'tinɛts]
cocker spaniel (m)	кокер-спанієль (ч)	['kɔkɛr spani'ɛlʲ]

| terra-nova (m) | ньюфаундленд (ч) | [njufaund'lɛnd] |
| são-bernardo (m) | сенбернар (ч) | [sɛnbɛr'nar] |

husky (m)	хаскі (ч)	[haski]
Chow-chow (m)	чау-чау (ч)	[tʃau tʃau]
spitz alemão (m)	шпіц (ч)	[ʃpits]
carlindogue (m)	мопс (ч)	[mops]

178. Sons produzidos pelos animais

latido (m)	гавкіт (ч)	['hawkit]
latir (vi)	гавкати	['hawkati]
miar (vi)	нявкати	['nʲawkati]
ronronar (vi)	муркотіти	[murko'titi]

mugir (vaca)	мукати	['mukati]
bramir (touro)	ревіти	[rɛ'witi]
rosnar (vi)	ричати	[ri'tʃati]

uivo (m)	виття (с)	[wit'tʲa]
uivar (vi)	вити	['witi]
ganir (vi)	скиглити	['skihliti]

balir (vi)	бекати	['bɛkati]
grunhir (porco)	рохкати	['rohkati]
guinchar (vi)	верещати	[wɛrɛ'ɕati]

coaxar (sapo)	кумкати	['kumkati]
zumbir (inseto)	дзижчати	[dʑiʑ'tʃati]
estridular, ziziar (vi)	стрекотати	[strɛko'tati]

179. Pássaros

pássaro (m), ave (f)	птах (ч)	[ptah]
pombo (m)	голуб (ч)	['hɔlub]
pardal (m)	горобець (ч)	[horo'bɛts]
chapim-real (m)	синиця (ж)	[si'nitsʲa]
pega-rabuda (f)	сорока (ж)	[so'rɔka]

corvo (m)	ворон (ч)	['wɔron]
gralha (f) cinzenta	ворона (ж)	[wo'rɔna]
gralha-de-nuca-cinzenta (f)	галка (ж)	['halka]

gralha-calva (f)	грак (ч)	[ɦrak]
pato (m)	качка (ж)	['katʃka]
ganso (m)	гусак (ч)	[ɦu'sak]
faisão (m)	фазан (ч)	[fa'zan]
águia (f)	орел (ч)	[o'rɛl]
açor (m)	яструб (ч)	[ˈʲastrub]
falcão (m)	сокіл (ч)	['sɔkil]
abutre (m)	гриф (ч)	[ɦrif]
condor (m)	кондор (ч)	['kɔndor]
cisne (m)	лебідь (ч)	['lɛbidʲ]
grou (m)	журавель (ч)	[ʒura'wɛlʲ]
cegonha (f)	чорногуз (ч)	[ʧorno'ɦuz]
papagaio (m)	папуга (ч)	[pa'puɦa]
beija-flor (m)	колібрі (ч)	[ko'libri]
pavão (m)	пава (ж)	['pawa]
avestruz (m)	страус (ч)	['straus]
garça (f)	чапля (ж)	['ʧaplʲa]
flamingo (m)	фламінго (с)	[fla'minɦo]
pelicano (m)	пелікан (ч)	[pɛli'kan]
rouxinol (m)	соловей (ч)	[solo'wɛj]
andorinha (f)	ластівка (ж)	['lastiwka]
tordo-zornal (m)	дрізд (ч)	[drizd]
tordo-músico (m)	співучий дрізд (ч)	[spi'wuʧij 'drizd]
melro-preto (m)	чорний дрізд (ч)	['ʧornij 'drizd]
andorinhão (m)	стриж (ч)	['striʒ]
cotovia (f)	жайворонок (ч)	['ʒajworonok]
codorna (f)	перепел (ч)	['pɛrɛpɛl]
pica-pau (m)	дятел (ч)	['dʲatɛl]
cuco (m)	зозуля (ж)	[zo'zulʲa]
coruja (f)	сова (ж)	[so'wa]
corujão, bufo (m)	пугач (ч)	[pu'ɦaʧ]
tetraz-grande (m)	глухар (ч)	[ɦlu'har]
tetraz-lira (m)	тетерук (ч)	[tɛtɛ'ruk]
perdiz-cinzenta (f)	куріпка (ж)	[ku'ripka]
estorninho (m)	шпак (ч)	[ʃpak]
canário (m)	канарка (ж)	[ka'narka]
galinha-do-mato (f)	рябчик (ч)	['rʲabʧik]
tentilhão (m)	зяблик (ч)	['zʲablik]
dom-fafe (m)	снігур (ч)	[sni'ɦur]
gaivota (f)	чайка (ж)	['ʧajka]
albatroz (m)	альбатрос (ч)	[alʲbat'rɔs]
pinguim (m)	пінгвін (ч)	[pinɦ'win]

180. Pássaros. Canto e sons

cantar (vi)	співати	[spi'wati]
gritar (vi)	кричати	[kri'ʧati]
cantar (o galo)	кукурікати	[kuku'rikati]
cocorocó (m)	кукуріку	[kukuri'ku]
cacarejar (vi)	кудкудакати	[kudku'dakati]
crocitar (vi)	каркати	['karkati]
grasnar (vi)	крякати	['krʲakati]
piar (vi)	пискотіти	[pisko'titi]
chilrear, gorjear (vi)	цвірінькати	[ʦwi'rinʲkati]

181. Peixes. Animais marinhos

brema (f)	лящ (ч)	[lʲaɕ]
carpa (f)	короп (ч)	['kɔrop]
perca (f)	окунь (ч)	['ɔkunʲ]
siluro (m)	сом (ч)	[som]
lúcio (m)	щука (ж)	['ɕuka]
salmão (m)	лосось (ч)	[lo'sɔsʲ]
esturjão (m)	осетер (ч)	[osɛ'tɛr]
arenque (m)	оселедець (ч)	[osɛ'lɛdɛʦ]
salmão (m)	сьомга (ж)	['sʲomɦa]
cavala, sarda (f)	скумбрія (ж)	['skumbriʲa]
solha (f)	камбала (ж)	[kamba'la]
lúcio perca (m)	судак (ч)	[su'dak]
bacalhau (m)	тріска (ж)	[tris'ka]
atum (m)	тунець (ч)	[tu'nɛʦ]
truta (f)	форель (ж)	[fo'rɛlʲ]
enguia (f)	вугор (ч)	[wu'ɦor]
raia elétrica (f)	електричний скат (ч)	[ɛlɛkt'riʧnij skat]
moreia (f)	мурена (ж)	[mu'rɛna]
piranha (f)	піранья (ж)	[pi'ranʲa]
tubarão (m)	акула (ж)	[a'kula]
golfinho (m)	дельфін (ч)	[dɛlʲ'fin]
baleia (f)	кит (ч)	[kit]
caranguejo (m)	краб (ч)	[krab]
medusa, alforreca (f)	медуза (ж)	[mɛ'duza]
polvo (m)	восьминіг (ч)	[wosʲmi'niɦ]
estrela-do-mar (f)	морська зірка (ж)	[morsʲ'ka 'zirka]
ouriço-do-mar (m)	морський їжак (ч)	[morsʲ'kij ji'ʒak]
cavalo-marinho (m)	морський коник (ч)	[morsʲ'kij 'kɔnik]
ostra (f)	устриця (ж)	['ustritsʲa]
camarão (m)	креветка (ж)	[krɛ'wɛtka]

lavagante (m)   омар (ч)   [o'mar]
lagosta (f)   лангуст (ч)   [lan'ɦust]

182. Amfíbios. Répteis

serpente, cobra (f)   змія (ж)   [zmiˈʲa]
venenoso   отруйний   [ot'rujnij]

víbora (f)   гадюка (ж)   [ɦa'dʲuka]
cobra-capelo, naja (f)   кобра (ж)   ['kɔbra]
pitão (m)   пітон (ч)   [pi'tɔn]
jiboia (f)   удав (ч)   [u'daw]

cobra-de-água (f)   вуж (ч)   [wuʒ]
cascavel (f)   гримуча змія (ж)   [ɦri'mutʃa zmiˈʲa]
anaconda (f)   анаконда (ж)   [ana'kɔnda]

lagarto (m)   ящірка (ж)   [ˈʲaɕirka]
iguana (f)   ігуана (ж)   [iɦu'ana]
varano (m)   варан (ч)   [wa'ran]
salamandra (f)   саламандра (ж)   [sala'mandra]
camaleão (m)   хамелеон (ч)   [hamɛlɛ'ɔn]
escorpião (m)   скорпіон (ч)   [skorpi'ɔn]

tartaruga (f)   черепаха (ж)   [tʃɛrɛ'paha]
rã (f)   жаба (ж)   ['ʒaba]
sapo (m)   ропуха (ж)   [ro'puha]
crocodilo (m)   крокодил (ч)   [kroko'dil]

183. Insetos

inseto (m)   комаха (ж)   [ko'maha]
borboleta (f)   метелик (ч)   [mɛ'tɛlik]
formiga (f)   мураха (ж)   [mu'raha]
mosca (f)   муха (ж)   ['muha]
mosquito (m)   комар (ч)   [ko'mar]
escaravelho (m)   жук (ч)   [ʒuk]

vespa (f)   оса (ж)   [o'sa]
abelha (f)   бджола (ж)   [bdʒo'la]
mamangava (f)   джміль (ч)   [dʒmilʲ]
moscardo (m)   овід (ч)   ['ɔwid]

aranha (f)   павук (ч)   [pa'wuk]
teia (f) de aranha   павутиння (с)   [pawu'tinʲa]

libélula (f)   бабка (ж)   ['babka]
gafanhoto-do-campo (m)   коник (ч)   ['kɔnik]
traça (f)   метелик (ч)   [mɛ'tɛlik]

barata (f)   тарган (ч)   [tar'ɦan]
carraça (f)   кліщ (ч)   [kliɕ]

pulga (f)	блоха (ж)	['blɔha]
borrachudo (m)	мошка (ж)	['mɔʃka]
gafanhoto (m)	сарана (ж)	[sara'na]
caracol (m)	равлик (ч)	['rawlik]
grilo (m)	цвіркун (ч)	[tswir'kun]
pirilampo (m)	світлячок (ч)	[switlʲa'tʃɔk]
joaninha (f)	сонечко (с)	['sɔnɛtʃko]
besouro (m)	хрущ (ч)	[hruɕ]
sanguessuga (f)	п'явка (ж)	['pʲʲawka]
lagarta (f)	гусениця (ж)	['ɦusɛnitsʲa]
minhoca (f)	черв'як (ч)	[tʃɛr'wʲʲak]
larva (f)	личинка (ж)	[li'tʃinka]

184. Animais. Partes do corpo

bico (m)	дзьоб (ч)	[dzʲob]
asas (f pl)	крила (мн)	['krila]
pata (f)	лапка (ж)	['lapka]
plumagem (f)	пір'я (с)	['pirʲʲa]
pena, pluma (f)	перо (с)	[pɛ'rɔ]
crista (f)	чубчик (ч)	['tʃubtʃik]
brânquias, guelras (f pl)	зябра (мн)	['zʲabra]
ovas (f pl)	ікра (ж)	[ik'ra]
larva (f)	личинка (ж)	[li'tʃinka]
barbatana (f)	плавець (ч)	[pla'wɛts]
escama (f)	луска (ж)	[lus'ka]
canino (m)	ікло (с)	['iklo]
pata (f)	лапа (ж)	['lapa]
focinho (m)	морда (ж)	['mɔrda]
boca (f)	паща (ж)	['paɕa]
cauda (f), rabo (m)	хвіст (ч)	[hwist]
bigodes (m pl)	вуса (мн)	['wusa]
casco (m)	копито (с)	[ko'pito]
corno (m)	ріг (ч)	[riɦ]
carapaça (f)	панцир (ч)	['pantsir]
concha (f)	мушля (ж)	['muʃlʲa]
casca (f) de ovo	шкаралупа (ж)	[ʃkara'lupa]
pelo (m)	шерсть (ж)	[ʃɛrstʲ]
pele (f), couro (m)	шкура (ж)	['ʃkura]

185. Animais. Habitats

hábitat	середовище (с) проживання	[sɛrɛ'dɔwiɕɛ proʒi'wanʲa]
migração (f)	міграція (ж)	[miɦ'ratsiʲa]

montanha (f)	гора (ж)	[ɦoˈra]
recife (m)	риф (ч)	[rif]
falésia (f)	скеля (ж)	[ˈskɛlʲa]

floresta (f)	ліс (ч)	[lis]
selva (f)	джунглі (мн)	[ˈdʒunɦli]
savana (f)	савана (ж)	[saˈwana]
tundra (f)	тундра (ж)	[ˈtundra]

estepe (f)	степ (ч)	[ˈstɛp]
deserto (m)	пустеля (ж)	[pusˈtɛlʲa]
oásis (m)	оаза (ж)	[oˈaza]

mar (m)	море (с)	[ˈmɔrɛ]
lago (m)	озеро (с)	[ˈɔzɛro]
oceano (m)	океан (ч)	[okɛˈan]

pântano (m)	болото (с)	[boˈlɔto]
de água doce	прісноводний	[prisnoˈwɔdnij]
lagoa (f)	ставок (ч)	[staˈwɔk]
rio (m)	ріка (ж)	[ˈrika]

toca (f) do urso	барліг (ч)	[barˈliɦ]
ninho (m)	гніздо (с)	[ɦnizˈdɔ]
buraco (m) de árvore	дупло (с)	[dupˈlɔ]
toca (f)	нора (ж)	[noˈra]
formigueiro (m)	мурашник (ч)	[muraʃˈnik]

Flora

186. Árvores

árvore (f)	дерево (c)	['dɛrɛwo]
decídua	листяне	[listʲa'nɛ]
conífera	хвойне	['hwɔjnɛ]
perene	вічнозелене	[witʃnozɛ'lɛnɛ]
macieira (f)	яблуня (ж)	['ʲablunʲa]
pereira (f)	груша (ж)	['ɦruʃa]
cerejeira (f)	черешня (ж)	[tʃɛ'rɛʃnʲa]
ginjeira (f)	вишня (ж)	['wiʃnʲa]
ameixeira (f)	слива (ж)	['sliwa]
bétula (f)	береза (ж)	[bɛ'rɛza]
carvalho (m)	дуб (ч)	[dub]
tília (f)	липа (ж)	['lipa]
choupo-tremedor (m)	осика (ж)	[o'sika]
bordo (m)	клен (ч)	[klɛn]
espruce-europeu (m)	ялина (ж)	[ja'lina]
pinheiro (m)	сосна (ж)	[sos'na]
alerce, lariço (m)	модрина (ж)	[mod'rina]
abeto (m)	ялиця (ж)	[ja'litsʲa]
cedro (m)	кедр (ч)	[kɛdr]
choupo, álamo (m)	тополя (ж)	[to'pɔlʲa]
tramazeira (f)	горобина (ж)	[ɦoro'bina]
salgueiro (m)	верба (ж)	[wɛr'ba]
amieiro (m)	вільха (ж)	['wilʲha]
faia (f)	бук (ч)	[buk]
ulmeiro (m)	в'яз (ч)	[wʲʲaz]
freixo (m)	ясен (ч)	['ʲasɛn]
castanheiro (m)	каштан (ч)	[kaʃ'tan]
magnólia (f)	магнолія (ж)	[maɦ'nɔliʲa]
palmeira (f)	пальма (ж)	['palʲma]
cipreste (m)	кипарис (ч)	[kipa'ris]
mangue (m)	мангрове дерево (c)	['manɦrowɛ 'dɛrɛwo]
embondeiro, baobá (m)	баобаб (ч)	[bao'bab]
eucalipto (m)	евкаліпт (ч)	[ɛwka'lipt]
sequoia (f)	секвоя (ж)	[sɛk'wɔʲa]

187. Arbustos

arbusto (m)	кущ (ч)	[kuɕ]
arbusto (m), moita (f)	чагарник (ч)	[tʃaɦar'nik]

| videira (f) | виноград (ч) | [wino'ɦrad] |
| vinhedo (m) | виноградник (ч) | [wino'ɦradnik] |

framboeseira (f)	малина (ж)	[ma'lina]
groselheira-preta (f)	чорна смородина (ж)	['tʃɔrna smo'rɔdina]
groselheira-vermelha (f)	порічки (мн)	[po'ritʃki]
groselheira (f) espinhosa	аґрус (ч)	['agrus]

acácia (f)	акація (ж)	[a'katsiˈa]
bérberis (f)	барбарис (ч)	[barba'ris]
jasmim (m)	жасмин (ч)	[ʒas'min]

junípero (m)	ялівець (ч)	[jali'wɛts]
roseira (f)	трояндовий кущ (ч)	[tro'ˈandowij kuɕ]
roseira (f) brava	шипшина (ж)	[ʃip'ʃina]

188. Cogumelos

cogumelo (m)	гриб (ч)	[ɦrib]
cogumelo (m) comestível	їстівний гриб (ч)	[jis'tiwnij ɦrib]
cogumelo (m) venenoso	отруйний гриб (ч)	[ot'rujnij ɦrib]
chapéu (m)	шапка (ж)	['ʃapka]
pé, caule (m)	ніжка (ж)	['niʒka]

boleto (m)	білий гриб (ч)	['bilij 'ɦrib]
boleto (m) alaranjado	підосичник (ч)	[pido'sitʃnik]
míscaro (m) das bétulas	підберезник (ч)	[pidbɛ'rɛznik]
cantarela (f)	лисичка (ж)	[li'sitʃka]
rússula (f)	сироїжка (ж)	[siro'jiʒka]

morchella (f)	зморшок (ч)	['zmɔrʃok]
agário-das-moscas (m)	мухомор (ч)	[muho'mɔr]
cicuta (f) verde	поганка (ж)	[po'ɦanka]

189. Frutos. Bagas

fruta (f)	фрукт, плід (ч)	[frukt], [plid]
frutas (f pl)	фрукти, плоди (мн)	[frukti], [plo'di]
maçã (f)	яблуко (с)	['ˈabluko]
pera (f)	груша (ж)	['ɦruʃa]
ameixa (f)	слива (ж)	['sliwa]

morango (m)	полуниця (ж)	[polu'nitsˈa]
ginja (f)	вишня (ж)	['wiʃnˈa]
cereja (f)	черешня (ж)	[tʃɛ'rɛʃnˈa]
uva (f)	виноград (ч)	[wino'ɦrad]

framboesa (f)	малина (ж)	[ma'lina]
groselha (f) preta	чорна смородина (ж)	['tʃɔrna smo'rɔdina]
groselha (f) vermelha	порічки (мн)	[po'ritʃki]
groselha (f) espinhosa	аґрус (ч)	['agrus]
oxicoco (m)	журавлина (ж)	[ʒuraw'lina]

laranja (f)	апельсин (ч)	[apɛlʲ'sin]
tangerina (f)	мандарин (ч)	[manda'rin]
ananás (m)	ананас (ч)	[ana'nas]
banana (f)	банан (ч)	[ba'nan]
tâmara (f)	фінік (ч)	['finik]
limão (m)	лимон (ч)	[li'mɔn]
damasco (m)	абрикос (ч)	[abri'kɔs]
pêssego (m)	персик (ч)	['pɛrsik]
kiwi (m)	ківі (ч)	['kiwi]
toranja (f)	грейпфрут (ч)	[ɦrɛjp'frut]
baga (f)	ягода (ж)	['ʲaɦoda]
bagas (f pl)	ягоди (мн)	['ʲaɦodi]
arando (m) vermelho	брусниця (ж)	[brus'nitsʲa]
morango-silvestre (m)	суниця (ж)	[su'nitsʲa]
mirtilo (m)	чорниця (ж)	[tʃor'nitsʲa]

190. Flores. Plantas

flor (f)	квітка (ж)	['kwitka]
ramo (m) de flores	букет (ч)	[bu'kɛt]
rosa (f)	троянда (ж)	[tro'ʲanda]
tulipa (f)	тюльпан (ч)	[tʲulʲ'pan]
cravo (m)	гвоздика (ж)	[ɦwoz'dika]
gladíolo (m)	гладіолус (ч)	[ɦladi'ɔlus]
centáurea (f)	волошка (ж)	[wo'lɔʃka]
campânula (f)	дзвіночок (ч)	[dzwi'nɔtʃok]
dente-de-leão (m)	кульбаба (ж)	[kulʲ'baba]
camomila (f)	ромашка (ж)	[ro'maʃka]
aloé (m)	алое (c)	[a'lɔɛ]
cato (m)	кактус (ч)	['kaktus]
fícus (m)	фікус (ч)	['fikus]
lírio (m)	лілея (ж)	[li'lɛʲa]
gerânio (m)	герань (ж)	[ɦɛ'ranʲ]
jacinto (m)	гіацинт (ч)	[ɦia'tsint]
mimosa (f)	мімоза (ж)	[mi'mɔza]
narciso (m)	нарцис (ч)	[nar'tsis]
capuchinha (f)	настурція (ж)	[nas'turtsiʲa]
orquídea (f)	орхідея (ж)	[orhi'dɛʲa]
peónia (f)	півонія (ж)	[pi'wɔniʲa]
violeta (f)	фіалка (ж)	[fi'alka]
amor-perfeito (m)	братки (мн)	[brat'ki]
não-me-esqueças (m)	незабудка (ж)	[nɛza'budka]
margarida (f)	стокротки (мн)	[stok'rɔtki]
papoula (f)	мак (ч)	[mak]
cânhamo (m)	коноплі (мн)	[ko'nɔpli]

hortelã (f)	м'ята (ж)	['m²Iata]
lírio-do-vale (m)	конвалія (ж)	[kon'waliIa]
campânula-branca (f)	пролісок (ч)	['prɔlisok]

urtiga (f)	кропива (ж)	[kropɨ'wa]
azeda (f)	щавель (ч)	[ɕa'wɛlI]
nenúfar (m)	латаття (с)	[la'tattIa]
feto (m), samambaia (f)	папороть (ж)	['paporotI]
líquen (m)	лишайник (ч)	[lɨ'ʃajnik]

estufa (f)	оранжерея (ж)	[oranʒɛ'rɛIa]
relvado (m)	газон (ч)	[ɦa'zɔn]
canteiro (m) de flores	клумба (ж)	['klumba]

planta (f)	рослина (ж)	[ros'lina]
erva (f)	трава (ж)	[tra'wa]
folha (f) de erva	травинка (ж)	[tra'winka]

folha (f)	листок (ч)	[lɨs'tɔk]
pétala (f)	пелюстка (ж)	[pɛ'lIustka]
talo (m)	стебло (с)	[stɛb'lɔ]
tubérculo (m)	бульба (ж)	['bulIba]

broto, rebento (m)	паросток (ч)	['parostok]
espinho (m)	колючка (ж)	[ko'lIutʃka]

florescer (vi)	цвісти	[ʦwis'ti]
murchar (vi)	в'янути	['w²Ianuti]
cheiro (m)	запах (ч)	['zapah]
cortar (flores)	зрізати	['zrizati]
colher (uma flor)	зірвати	[zir'wati]

191. Cereais, grãos

grão (m)	зерно (с)	[zɛr'nɔ]
cereais (plantas)	зернові рослини (мн)	[zɛrno'wi ros'lini]
espiga (f)	колос (ч)	['kɔlos]

trigo (m)	пшениця (ж)	[pʃɛ'nɨtsIa]
centeio (m)	жито (с)	['ʒito]
aveia (f)	овес (ч)	[o'wɛs]

milho-miúdo (m)	просо (с)	['prɔso]
cevada (f)	ячмінь (ч)	[jatʃ'minI]

milho (m)	кукурудза (ж)	[kuku'rudza]
arroz (m)	рис (ч)	[ris]
trigo-sarraceno (m)	гречка (ж)	['ɦrɛtʃka]

ervilha (f)	горох (ч)	[ɦo'rɔh]
feijão (m)	квасоля (ж)	[kwa'sɔlIa]
soja (f)	соя (ж)	['sɔIa]
lentilha (f)	сочевиця (ж)	[sotʃɛ'witsIa]
fava (f)	боби (мн)	[bo'bi]

175

GEOGRAFIA REGIONAL

192. Política. Governo. Parte 1

política (f)	політика (ж)	[po'litika]
política	політичний	[poli'titʃnij]
político (m)	політик (ч)	[po'litik]

estado (m)	держава (ж)	[dɛr'ʒawa]
cidadão (m)	громадянин (ч)	[ɦromadʲa'nin]
cidadania (f)	громадянство (с)	[ɦroma'dʲanstwo]

| brasão (m) de armas | національний герб (ч) | [natsio'nalʲnij 'ɦɛrb] |
| hino (m) nacional | державний гімн (ч) | [dɛr'ʒawnij ɦimn] |

governo (m)	уряд (ч)	['urʲad]
Chefe (m) de Estado	керівник (ч) країни	[kɛriw'nik kra'jini]
parlamento (m)	парламент (ч)	[par'lamɛnt]
partido (m)	партія (ж)	['partiʲa]

| capitalismo (m) | капіталізм (ч) | [kapita'lizm] |
| capitalista | капіталістичний | [kapitalis'titʃnij] |

| socialismo (m) | соціалізм (ч) | [sotsia'lizm] |
| socialista | соціалістичний | [sotsialis'titʃnij] |

comunismo (m)	комунізм (ч)	[komu'nizm]
comunista	комуністичний	[komunis'titʃnij]
comunista (m)	комуніст (ч)	[komu'nist]

democracia (f)	демократія (ж)	[dɛmok'ratiʲa]
democrata (m)	демократ (ч)	[dɛmok'rat]
democrático	демократичний	[dɛmokra'titʃnij]
Partido (m) Democrático	демократична партія (ж)	[dɛmokra'titʃna 'partiʲa]

| liberal (m) | ліберал (ч) | [libɛ'ral] |
| liberal | ліберальний | [libɛ'ralʲnij] |

| conservador (m) | консерватор (ч) | [konsɛr'wator] |
| conservador | консервативний | [konsɛrwa'tiwnij] |

república (f)	республіка (ж)	[rɛs'publika]
republicano (m)	республіканець (ч)	[rɛspubli'kanɛts]
Partido (m) Republicano	республіканська партія (ж)	[rɛspubli'kansʲka 'partiʲa]

eleições (f pl)	вибори (мн)	['wibori]
eleger (vt)	обирати	[obi'rati]
eleitor (m)	виборець (ч)	['wiborɛts]
campanha (f) eleitoral	виборча компанія (ж)	['wibortʃa kom'paniʲa]
votação (f)	голосування (с)	[ɦolosu'wanʲa]

| votar (vi) | голосувати | [ɦolosu'wati] |
| direito (m) de voto | право (c) голосу | ['prawo 'ɦolosu] |

candidato (m)	кандидат (ч)	[kandi'dat]
candidatar-se (vi)	балотуватися	[balotu'watisʲa]
campanha (f)	кампанія (ж)	[kam'paniʲa]

| da oposição | опозиційний | [opozi'tsijnij] |
| oposição (f) | опозиція (ж) | [opo'zitsiʲa] |

visita (f)	візит (ч)	[wi'zit]
visita (f) oficial	офіційний візит (ч)	[ofi'tsijnij wi'zit]
internacional	міжнародний	[miʒna'rɔdnij]

| negociações (f pl) | переговори (мн) | [pɛrɛɦo'wɔri] |
| negociar (vi) | вести переговори | ['wɛsti pɛrɛɦo'wɔri] |

193. Política. Governo. Parte 2

sociedade (f)	суспільство (c)	[sus'pilʲstwo]
constituição (f)	конституція (ж)	[konsti'tutsiʲa]
poder (ir para o ~)	влада (ж)	['wlada]
corrupção (f)	корупція (ж)	[ko'ruptsiʲa]

| lei (f) | закон (ч) | [za'kɔn] |
| legal | законний | [za'kɔnij] |

| justiça (f) | справедливість (ж) | [sprawɛd'liwistʲ] |
| justo | справедливий | [sprawɛd'liwij] |

comité (m)	комітет (ч)	[komi'tɛt]
projeto-lei (m)	законопроект (ч)	[zakonopro'ɛkt]
orçamento (m)	бюджет (ч)	[bʲu'dʒɛt]
política (f)	політика (ж)	[po'litika]
reforma (f)	реформа (ж)	[rɛ'fɔrma]
radical	радикальний	[radi'kalʲnij]

força (f)	сила (ж)	['sila]
poderoso	могутній	[mo'ɦutnij]
partidário (m)	прибічник (ч)	[pri'bitʃnik]
influência (f)	вплив (ч)	[wpliw]

regime (m)	режим (ч)	[rɛ'ʒim]
conflito (m)	конфлікт (ч)	[kon'flikt]
conspiração (f)	змова (ж)	['zmɔwa]
provocação (f)	провокація (ж)	[prowo'katsiʲa]

derrubar (vt)	скинути	['skinuti]
derrube (m), queda (f)	повалення (c)	[po'walɛnʲa]
revolução (f)	революція (ж)	[rɛwo'lʲutsiʲa]

golpe (m) de Estado	переворот (ч)	[pɛrɛwo'rɔt]
golpe (m) militar	військовий переворот (ч)	[wijsʲ'kowij pɛrɛwo'rɔt]
crise (f)	криза (ж)	['kriza]

recessão (f) económica	економічний спад (ч)	[ɛkono'mitʃnij spad]
manifestante (m)	демонстрант (ч)	[dɛmon'strant]
manifestação (f)	демонстрація (ж)	[dɛmon'stratsiʲa]
lei (f) marcial	воєнний стан (ч)	[wo'ɛnij stan]
base (f) militar	військова база (ж)	[wijsʲ'kɔwa 'baza]
estabilidade (f)	стабільність (ж)	[sta'bilʲnistʲ]
estável	стабільний	[sta'bilʲnij]
exploração (f)	експлуатація (ж)	[ɛksplua'tatsiʲa]
explorar (vt)	експлуатувати	[ɛkspluatu'wati]
racismo (m)	расизм (ч)	[ra'sizm]
racista (m)	расист (ч)	[ra'sist]
fascismo (m)	фашизм (ч)	[fa'ʃizm]
fascista (m)	фашист (ч)	[fa'ʃist]

194. Países. Diversos

estrangeiro (m)	іноземець (ч)	[ino'zɛmɛts]
estrangeiro	іноземний	[ino'zɛmnij]
no estrangeiro	за кордоном	[za kor'dɔnom]
emigrante (m)	емігрант (ч)	[ɛmih'rant]
emigração (f)	еміграція (ж)	[ɛmih'ratsiʲa]
emigrar (vi)	емігрувати	[ɛmihru'wati]
Ocidente (m)	Захід (ч)	['zahid]
Oriente (m)	Схід (ч)	[shid]
Extremo Oriente (m)	Далекий Схід (ч)	[da'lɛkij shid]
civilização (f)	цивілізація (ж)	[tsiwili'zatsiʲa]
humanidade (f)	людство (с)	['lʲudstwo]
mundo (m)	світ (ч)	[swit]
paz (f)	мир (ч)	[mir]
mundial	світовий	[swito'wij]
pátria (f)	батьківщина (ж)	[batʲkiw'ɕina]
povo (m)	народ (ч)	[na'rɔd]
população (f)	населення (с)	[na'sɛlɛnʲa]
gente (f)	люди (мн)	['lʲudi]
nação (f)	нація (ж)	['natsiʲa]
geração (f)	покоління (с)	[poko'linʲa]
território (m)	територія (ж)	[tɛri'toriʲa]
região (f)	регіон (ч)	[rɛhi'ɔn]
estado (m)	штат (ч)	[ʃtat]
tradição (f)	традиція (ч)	[tra'ditsiʲa]
costume (m)	звичай (ч)	['zwitʃaj]
ecologia (f)	екологія (ж)	[ɛko'lɔhiʲa]
índio (m)	індіанець (ч)	[indi'anɛts]
cigano (m)	циган (ч)	[tsi'han]

| cigana (f) | циганка (ж) | [tsi'hanka] |
| cigano | циганський | [tsi'hansʲkij] |

império (m)	імперія (ж)	[im'pɛriʲa]
colónia (f)	колонія (ж)	[ko'loniʲa]
escravidão (f)	рабство (c)	['rabstwo]
invasão (f)	навала (ж)	[na'wala]
fome (f)	голодомор (ч)	[holodo'mor]

195. Grupos religiosos mais importantes. Confissões

| religião (f) | релігія (ж) | [rɛ'lihiʲa] |
| religioso | релігійний | [rɛli'hijnij] |

crença (f)	віра (ж)	['wira]
crer (vt)	вірити	['wiriti]
crente (m)	віруючий (ч)	['wiruʲutʃij]

| ateísmo (m) | атеїзм (ч) | [atɛ'jizm] |
| ateu (m) | атеїст (ч) | [atɛ'jist] |

cristianismo (m)	християнство (c)	[hristiʲ'anstwo]
cristão (m)	християнин (ч)	[hristiʲ'anin]
cristão	християнський	[hristiʲ'ansʲkij]

catolicismo (m)	Католицизм (ч)	[katoli'tsizm]
católico (m)	католик (ч)	[ka'tolik]
católico	католицький	[kato'litskij]

protestantismo (m)	Протестантство (c)	[protɛs'tantstwo]
Igreja (f) Protestante	Протестантська церква (ж)	[protɛs'tantsʲka 'tsɛrkwa]
protestante (m)	протестант (ч)	[protɛs'tant]

ortodoxia (f)	Православ'я (c)	[prawo'slawʲia]
Igreja (f) Ortodoxa	Православна церква (ж)	[prawos'lawna 'tsɛrkwa]
ortodoxo (m)	православний (ч)	[prawo'slawnij]

presbiterianismo (m)	Пресвітеріанство (c)	[prɛswitɛri'anstwo]
Igreja (f) Presbiteriana	Пресвітеріанська церква (ж)	[prɛswitɛri'ansʲka 'tsɛrkwa]
presbiteriano (m)	пресвітеріанин (ч)	[prɛswitɛri'anin]

| Igreja (f) Luterana | Лютеранська церква (ж) | [lʲutɛ'ransʲka 'tsɛrkwa] |
| luterano (m) | лютеранин (ч) | [lʲutɛ'ranin] |

| Igreja (f) Batista | Баптизм (ч) | [bap'tizm] |
| batista (m) | баптист (ч) | [bap'tist] |

| Igreja (f) Anglicana | Англіканська церква (ж) | [anhli'kansʲka 'tsɛrkwa] |
| anglicano (m) | англіканець (ч) | [anhli'kanɛtsʲ] |

mormonismo (m)	Мормонство (c)	[mor'monstwo]
mórmon (m)	мормон (ч)	[mor'mon]
Judaísmo (m)	Іудаїзм (ч)	[iuda'jizm]

judeu (m)	іудей (ч)	[iu'dɛj]
budismo (m)	Буддизм (ч)	[bud'dizm]
budista (m)	буддист (ч)	[bud'dist]

| hinduísmo (m) | Індуїзм (ч) | [indu'jizm] |
| hindu (m) | індуїст (ч) | [indu'jist] |

Islão (m)	Іслам (ч)	[is'lam]
muçulmano (m)	мусульманин (ч)	[musulʲ'manin]
muçulmano	мусульманський	[musulʲ'mansʲkij]

| Xiismo (m) | Шиїзм (ч) | [ʃiˈjizm] |
| xiita (m) | шиїт (ч) | [ʃiˈjit] |

| sunismo (m) | Сунізм (ч) | [su'nizm] |
| sunita (m) | суніт (ч) | [su'nit] |

196. Religiões. Padres

| padre (m) | священик (ч) | [swʲaˈɕɛnik] |
| Papa (m) | Папа Римський | ['papa 'rimsʲkij] |

monge (m)	чернець (ч)	[tʃɛr'nɛts]
freira (f)	черниця (ж)	[tʃɛr'nitsʲa]
pastor (m)	пастор (ч)	['pastor]

abade (m)	абат (ч)	[a'bat]
vigário (m)	вікарій (ч)	[wi'karij]
bispo (m)	єпископ (ч)	[ɛ'piskop]
cardeal (m)	кардинал (ч)	[kardi'nal]

pregador (m)	проповідник (ч)	[propo'widnik]
sermão (m)	проповідь (ж)	['propowidʲ]
paroquianos (pl)	парафіяни (мн)	[parafiˈʲani]

| crente (m) | віруючий (ч) | ['wiruʲutʃij] |
| ateu (m) | атеїст (ч) | [atɛ'jist] |

197. Fé. Cristianismo. Islão

| Adão | Адам (ч) | [a'dam] |
| Eva | Єва (ж) | ['ɛwa] |

Deus (m)	Бог (ч)	[boɦ]
Senhor (m)	Господь (ч)	[ɦos'pɔdʲ]
Todo Poderoso (m)	Всесильний (ч)	[wsɛ'silʲnij]

pecado (m)	гріх (ч)	[ɦrih]
pecar (vi)	грішити	[ɦriˈʃiti]
pecador (m)	грішник (ч)	['ɦriʃnik]
pecadora (f)	грішниця (ж)	['ɦriʃnitsʲa]
inferno (m)	пекло (с)	['pɛklo]

paraíso (m)	рай (ч)	[raj]
Jesus	Ісус (ч)	[i'sus]
Jesus Cristo	Ісус Христос (ч)	[i'sus hris'tɔs]
Espírito (m) Santo	Святий Дух (ч)	[swʲa'tij duh]
Salvador (m)	Спаситель (ч)	[spa'sitɛlʲ]
Virgem Maria (f)	Богородиця (ж)	[boɦo'rɔditsʲa]
Diabo (m)	диявол (ч)	[diʲʲawol]
diabólico	диявольський	[diʲʲawolʲsʲkij]
Satanás (m)	Сатана (ч)	[sata'na]
satânico	сатанинський	[sata'ninsʲkij]
anjo (m)	ангел (ч)	['anɦɛl]
anjo (m) da guarda	ангел-охоронець (ч)	['anɦɛl oɦo'rɔnɛts]
angélico	ангельський	['anɦɛlʲsʲkij]
apóstolo (m)	апостол (ч)	[a'pɔstol]
arcanjo (m)	архангел (ч)	[ar'hanɦɛl]
anticristo (m)	антихрист (ч)	[an'tihrist]
Igreja (f)	церква (ж)	['tsɛrkwa]
Bíblia (f)	Біблія (ж)	['bibliʲa]
bíblico	біблійний	[bib'lijnij]
Velho Testamento (m)	Старий Завіт (ч)	[sta'rij za'wit]
Novo Testamento (m)	Новий Завіт (ч)	[no'wij za'wit]
Evangelho (m)	Євангеліє (с)	[ɛ'wanɦɛliɛ]
Sagradas Escrituras (f pl)	Священне Писання (с)	[swʲa'ɕɛnɛ pʲi'sanʲa]
Céu (m)	Небо (с)	['nɛbo]
mandamento (m)	заповідь (ж)	['zapowidʲ]
profeta (m)	пророк (ч)	[pro'rɔk]
profecia (f)	пророцтво (с)	[pro'rɔtstwo]
Alá	Аллах (ч)	[a'lah]
Maomé	Магомет (ч)	[maɦo'mɛt]
Corão, Alcorão (m)	Коран (ч)	[ko'ran]
mesquita (f)	мечеть (ж)	[mɛ'tʃɛtʲ]
mulá (m)	мула (ч)	[mu'la]
oração (f)	молитва (ж)	[mo'litwa]
rezar, orar (vi)	молитися	[mo'litisʲa]
peregrinação (f)	паломництво (с)	[pa'lɔmnitstwo]
peregrino (m)	паломник (ч)	[pa'lɔmnik]
Meca (f)	Мекка (ж)	['mɛkka]
igreja (f)	церква (ж)	['tsɛrkwa]
templo (m)	храм (ч)	[hram]
catedral (f)	собор (ч)	[so'bɔr]
gótico	готичний	[ɦo'titʃnij]
sinagoga (f)	синагога (ж)	[sina'ɦɔɦa]
mesquita (f)	мечеть (ж)	[mɛ'tʃɛtʲ]
capela (f)	каплиця (ж)	[kap'litsʲa]
abadia (f)	абатство (с)	[a'batstwo]

| convento (m) | монастир (ч) | [monas'tir] |
| mosteiro (m) | монастир (ч) | [monas'tir] |

sino (m)	дзвін (ч)	[dzwin]
campanário (m)	дзвіниця (ж)	[dzwi'nitsʲa]
repicar (vi)	дзвонити	[dzwo'niti]

cruz (f)	хрест (ч)	[hrɛst]
cúpula (f)	купол (ч)	['kupol]
ícone (m)	ікона (ж)	[i'kɔna]

alma (f)	душа (ж)	[du'ʃa]
destino (m)	доля (ж)	['dɔlʲa]
mal (m)	зло (c)	[zlo]
bem (m)	добро (c)	[dob'rɔ]

vampiro (m)	вампір (ч)	[wam'pir]
bruxa (f)	відьма (ж)	['widʲma]
demónio (m)	демон (ч)	['dɛmon]
espírito (m)	дух (ч)	[duh]

| redenção (f) | спокута (ж) | [spo'kuta] |
| redimir (vt) | спокутувати | [spo'kutuwati] |

missa (f)	служба (ж)	['sluʒba]
celebrar a missa	служити	[slu'ʒiti]
confissão (f)	сповідь (ж)	['spowidʲ]
confessar-se (vr)	сповідатися	[spowi'datisʲa]

santo (m)	святий (ч)	[swʲa'tij]
sagrado	священний	[swʲa'ɕɛnij]
água (f) benta	свята вода (ж)	[swʲa'ta wo'da]

ritual (m)	ритуал (ч)	[ritu'al]
ritual	ритуальний	[ritu'alʲnij]
sacrifício (m)	жертвування (c)	['ʒɛrtwuwanʲa]

superstição (f)	забобони (мн)	[zabo'boni]
supersticioso	забобонний	[zabo'bonij]
vida (f) depois da morte	загробне життя (c)	[zaɦ'robnɛ ʒit'tʲa]
vida (f) eterna	вічне життя (c)	['witʃnɛ ʒit'tʲa]

TEMAS DIVERSOS

198. Várias palavras úteis

ajuda (f)	допомога (ж)	[dopo'mɔɦa]
barreira (f)	перепона (ж)	[pɛrɛ'pɔna]
base (f)	база (ж)	['baza]
categoria (f)	категорія (ж)	[katɛ'ɦɔriʲa]
causa (f)	причина (ж)	[pri'ʧina]
coincidência (f)	збіг (ч)	[zbiɦ]
coisa (f)	річ (ж)	[riʧ]
começo (m)	початок (ч)	[po'ʧatok]
cómodo (ex. poltrona ~a)	зручний	[zruʧ'nij]
comparação (f)	порівняння (c)	[poriw'nʲanʲa]
compensação (f)	компенсація (ж)	[kompɛn'satsiʲa]
crescimento (m)	зростання (c)	[zros'tanʲa]
desenvolvimento (m)	розвиток (ч)	['rɔzwitok]
diferença (f)	різниця (ж)	[riz'nitsʲa]
efeito (m)	ефект (ч)	[ɛ'fɛkt]
elemento (m)	елемент (ч)	[ɛlɛ'mɛnt]
equilíbrio (m)	баланс (ч)	[ba'lans]
erro (m)	помилка (ж)	[po'mɪlka]
esforço (m)	зусилля (c)	[zu'siɫʲa]
estilo (m)	стиль (ч)	[stiɫʲ]
exemplo (m)	приклад (ч)	['priklad]
facto (m)	факт (ч)	[fakt]
fim (m)	закінчення (c)	[za'kintʃɛnʲa]
forma (f)	форма (ж)	['fɔrma]
frequente	приватний	[pri'watnij]
fundo (ex. ~ verde)	фон (ч)	[fon]
género (tipo)	вид (ч)	[wid]
grau (m)	ступінь (ч)	['stupinʲ]
ideal (m)	ідеал (ч)	[idɛ'al]
labirinto (m)	лабіринт (ч)	[labi'rint]
modo (m)	спосіб (ч)	['spɔsib]
momento (m)	момент (ч)	[mo'mɛnt]
objeto (m)	об'єкт (ч)	[o'bʲɛkt]
obstáculo (m)	перешкода (ж)	[pɛrɛʃ'kɔda]
original (m)	оригінал (ч)	[oriɦi'nal]
padrão	стандартний	[stan'dartnij]
padrão	стандарт (ч)	[stan'dart]
paragem (pausa)	перерва (ж)	[pɛ'rɛrwa]
parte (f)	частина (ж)	[ʧas'tina]

partícula (f)	частка, частина (ж)	['tʃastka], [tʃas'tina]
pausa (f)	пауза (ж)	['pauza]
posição (f)	позиція (ж)	[po'zitsiʲa]
princípio (m)	принцип (ч)	['printsip]
problema (m)	проблема (ж)	[prob'lɛma]
processo (m)	процес (ч)	[pro'tsɛs]
progresso (m)	прогрес (ч)	[proɦ'rɛs]
propriedade (f)	властивість (ж)	[wlas'tiwistʲ]
reação (f)	реакція (ж)	[rɛ'aktsiʲa]
risco (m)	ризик (ч)	['rizik]
ritmo (m)	темп (ч)	[tɛmp]
segredo (m)	таємниця (ж), секрет (ч)	[taɛm'nitsʲa], [sɛk'rɛt]
série (f)	серія (ж)	['sɛriʲa]
sistema (m)	система (ж)	[sis'tɛma]
situação (f)	ситуація (ж)	[situ'atsiʲa]
solução (f)	рішення (с)	['riʃɛnʲa]
tabela (f)	таблиця (ж)	[tab'litsʲa]
termo (ex. ~ técnico)	термін (ч)	['tɛrmin]
tipo (m)	тип (ч)	[tip]
urgente	терміновий	[tɛrmi'nɔwij]
urgentemente	терміново	[tɛrmi'nɔwo]
utilidade (f)	користь (ж)	['kɔristʲ]
variante (f)	варіант (ч)	[wari'ant]
variedade (f)	вибір (ч)	['wibir]
verdade (f)	істина (ж)	['istina]
vez (f)	черга (ж)	['tʃɛrɦa]
zona (f)	зона (ж)	['zɔna]

www.ingramcontent.com/pod-product-compliance
Lightning Source LLC
LaVergne TN
LVHW051522080426
835509LV00017B/2172